대안마르크스주의

새로운 세계를 위한 마르크스주의적 대안

Altermarxisme
by Jacques BIDET and Gérard DUMENIL
Copyright © PRESSES UNIVERSITAIRES DE FRANCE
Korean Translation Copyright © GREENBEE PUBLISHING Co.
All rights reserved.
First published 2007
This translated edition arranged with GREENBEE PUBLISHING Co. through Shinwon
Agency Co. in Korea.

대안마르크스주의: 새로운 세계를 위한 마르크스주의적 대안

발행일 초판 1쇄 2014년 11월 5일 | **지은이** 자크 비데, 제라르 뒤메닐 | **옮긴이** 김덕민
펴낸이 노수준, 박순기 | **펴낸곳** (주)그린비출판사 | **주소** 서울 마포구 동교로17길 7, 4층(서교동, 은혜빌딩)
전화 02-702-2717 | **이메일** editor@greenbee.co.kr | **등록번호** 제313-1990-32호

ISBN 978-89-7682-783-8 04300   978-89-7682-717-3 (세트)
이 도서의 국립중앙도서관 출판예정도서목록(CIP)은 서지정보유통지원시스템 홈페이지(http://seoji.nl.go.kr)와 국가자
료공동목록시스템(http://www.nl.go.kr/kolisnet)에서 이용하실 수 있습니다.(CIP제어번호: CIP2014026604)

나를 바꾸는 책, 세상을 바꾸는 책 www.greenbee.co.kr

트랜스 소시올로지 020
Trans Sociology

대안마르크스주의

새로운 세계를 위한 마르크스주의적 대안

자크 비데, 제라르 뒤메닐 지음 | 김덕민 옮김

Alter
MARX
ISM E

그린비

서문

이 책은 철학자와 경제학자로서 수십 년 동안 서로 독립적인 연구를 지속해 온 두 저자의 만남에서 시작되었고, 서로 대조적인 접근들과 다양한 학문분과의 요구들 사이의 대면을 통해 서술되었다. 이는 마르크스적 전통의 재해석에서 출발하여 민족적이며 세계적인 차원으로 현대 사회의 질서를 설명하는 시론적 형태를 취하고 있다. 방법상의 차이와 특정한 분석적 차이에도 불구하고 그것은 일반적 주장과 정치적 결론상의 심오한 수렴을 보여 준다. 이는 긴밀한 협력의 결과이다. 그들 각자는 다른 이들이 끊임없이 수행한 조정과 수정으로부터 도움을 받았다.[*]

2007년 5월, 파리

자크 비데, 제라르 뒤메닐

---

[*] 우리는 아니 비데 모르드렐(Annie Bidet-Mordrel)과 도미니크 레비(Dominque Lévy)의 도움에 감사하고 있다.

한국어판 서문

이 책은 2008년에 폭발하여 지금까지 지속되고 있는 대위기 이전에 쓰여졌다. 우리는 지난 2세기 동안에 일어난 사회주의와 자본주의 사이의 대결을 서술할 것이다. 새로운 위기는 뜻하지 않게 출현하였고 이는 이전에 발생된 장기적인 계열 속에 새롭게 추가된 것이었다. 이로 인해 다층적인 경제적·사회적·정치적 및 지적 시간성 속에서 고려되어야 하는 바로 그 현대 역사에 대한 장기적인 분석의 필연성이 확증되었다.

이 책에서 우리는, '급진적'이라고 일컬을 수 있는 우리와 다른 이들이 수행했던 수십 년 동안의 연구와 반성을 증언하고 있다. 1970년대까지, 좌파들은 마치 필수적인 것처럼 마르크스를 참고해야만 했고, 자본주의와 동시에 자기 선언적 사회주의를 비판하였다. 해방적 유토피아에 대한 적대가 만연한 가운데, 그들은 근본적 텍스트들 속에서 영감을 갱신하려고 시도하였다. 이러한 공공연한 '갱신'의 과정은 대개 다양한 '수정주의'로 이어지는 그 기원들로의 '복귀' 형태를 취하였다. 이는 역설적으로 오래된 것임을 확인할 수 있을 것이다. 마르크스주의는 그 원래의 정식으로 복귀함으로써 이득을 얻은 것 같았다. 대안마르크스주의는 본질적으로 바로 그러한 과정을 거친 마르크스주의에 대한 재독해를 통해 탄생하였다.

1980년대 전 세계적인 지적·사회적·경제적 정세가 완전히 새로운 상황을 직면했다는 점을 인식하는 데는, 10년 이상 걸리지 않았다. 구 중심부인 유럽과 미국은 새로운 국면으로 진입하였고, 오래지 않아 세계 다른 모든 지역들도 그러한 국면으로 진입하게 되었다. 신자유주의 이데올로기가 승리하였고, 비판적 사상의 자리는 남아 있지 않게 되었다.

이러한 전환은 모든 대안적 사상의 역사적 패배를 의미하는 듯 보였다. 하지만 그로 인해 관련된 것들이 명확히 해명될 수도 있었다. 한편으로 소련과 중국의 사회주의적이자 마르크스주의적인 사회적 해방의 프로젝트에 동반되었던 모호한 측면들은, 이들이 [신자유주의로의] 새로운 도정을 선택하기에 이르자 해소되었다. 다른 한편으로 노동자운동의 패배라는 환경과 세계적 차원의 이중적 "체계들"[자본주의와 사회주의 체계]로부터 벗어난 자본주의는 파렴치하게도 과거의 세기를 연상시키는 더 잔인한 형태로 재탄생하였다. 그것은 [오히려] 마르크스가 일반적인 수준에서 행했던 자본주의 분석에 명증성을 부여하였다. 신자유주의적 형태를 취하고 있는 자본주의 내에서 계급적인 역사 동역학의 중요성과 주요 역사적 분기를 결정하는 계급투쟁의 기본적 역할이 재차 확증되고 있다. 양차 세계대전 이후 나타난 사회적 타협의 구성요소 중 하나인 케인스주의도 비판적 역할을 하였다. 하지만 새로운 시대를 대처하는 데 필수적인 분석적 갱신의 기초를 제공하는 것은 바로 마르크스주의이다. '신자유주의적 자본주의 비판'은 따라서 원하든 그렇지 않든 간에 '마르크스주의'를 의미한다. **대안마르크스주의**는 이러한 의미에서 새로운 계급투쟁 형태와 신자유주의적 세계화의 글로벌화된 형세에 접근할 수 있도록 한다.

1990년대 후반 미국 경제의 동역학은 정보통신기술에 기반한 신경제에 의해 지탱되는 신자유주의적 신격화로서 찬양되었다. 국제적 위계 속에서 격상된 주변부의 특정 국가들의 발전 속도는 '거만한 자본주의' 이데올로기를 촉진시키는 데 기여하였다. 이렇게 빠른 속도로 발전하고 있는 주변국들을 '신자유주의'라 규정하는 데 좀더 신중할 필요가 있음에도 불구하고 어떤 사람들은 이를 신자유주의적 세계화 덕택이라고 평가하였다. 하지만 공공연히 자본가들에게 점점 더 배타적으로 봉사하는 정책들로의 일탈이 보다 심각한 모순에 직면하고 있다는 점은 분명해졌나. 2000~2001년의 경기후퇴와 증권시장의 붕괴는 2007년과 2008년에 도래한 주요한 전환의 전조――2005년까지도 유럽 및 미국과 같은 구 중심부의 경제 내의 위기의 규모를 예상하기 어려웠지만――로서 해석될 수 있다. '신자유주의의 위기'는 그러한 경제의 내재적 불안정성과 마르크스를 포함하는 자본주의 사회의 계급적 본질에 대한 가장 정교화된 고발의 생생한 증거가 될 수 있다. '신자유주의'를 '마르크스주의'적으로 '분석'한다면 그것이 의미하는 바는 무엇인가? 우리가 연대기적 사건들을 따라 **대안마르크스주의**를 넘어 여기까지 이르게 되었다면, 사람들은 우리가 또 다른 분석적 차원을 주장하고 있다는 점을 이해할 수 있을 것이다.

사람들이 우리의 분석을 위기 이전의 비판적 급진 사상에 대한 갱신으로 이해할 수 있기는 하지만, 그 목표는 훨씬 넓은 것이었다. 이러한 범위 내에서 우리는 현재의 무질서를 증언하는 계급동맹과 지배의 혼돈을 예견하였다. 특히 유럽 국가들에서, 상위 권력들 사이의 게임과 아래로부터의 투쟁은, 이 책에서 쓰이고 있는 개념인 '네오마르크스주의'로만 독해(décrypter)될 수 있으며, '국내/국제적 차원'이 추가되어 엄격한 계급 규정 이상으로 확대되는 '대안마르크스주의'의 긴급한 필요성을 명확히 증거하고 있다.

2012년 말 위기의 새로운 국면은 한편으로는 자본소유자, 다른 한편으로는 사회 상위 범주와 연결된 특정한 지식의 독점을 의미하는 기업 및 행정부 관리자들 사이에서 발생한 신자유주의적이고 자본주의적인 동맹을 확증해 주고 있다. 전후 '사회-민주주의' 내의 사회당들과 같은 전통적 좌파당들은 자본가들에 대한 관리직의 자율성을 촉진하였다. 조직은 게다가 자본가의 이익에 원칙적으로 봉사하지는 않았다. 그것은 고용 및 교육과 보건에 있어 사회적 연대성을 강조하는 정책으로 이어졌다. 좌파적 정책(정치가들)은 좌파의 언어를 말하였고, 그러한 선택권을 표현하는 정강을 통해 보조를 맞췄다. 그러나 암묵적이든 인식하고 있었든 간에 관리직 및 전문가와 노동자와 종업원, 그리고 중소상인과 장인들 사이에서 나타났던 이러한 형태의 동맹은 사회적 위계 상층부의 연합전선에 자리를 넘겨주게 되었다.

미국과 유럽 및 아시아에서 이러한 동맹상의 큰 변화가 발생하였다. 물론 이는 라틴아메리카와 같은 예외적인 사례를 포함하고 있다. 유럽의 현실적 위기는 분명하고도 극적인 증거를 보여 준다. 그러나 정치·사회적 후퇴가 모든 나라들에 충격을 주고 있다. 사회적 역할을 구상하고 조직할 책임이 있는 사회-민주적 좌파는 구조적 위기의 근본적 원인을 파악할 수 없는 것 같다. 그들은 점진적으로 신자유주의적 금융 질서에 봉사하는 쪽으로 나아가고 있다. 이 책은 또 다른 정치, 즉 민중의 정치와 민중들의 정치 생성을 위한 도구로서 쓰였다.

2013년 4월
저자들을 대표해서 제라르 뒤메닐

차례

자크 비데와 제라르 뒤메닐의 저작 및 약어표

자크 비데 Jacques Bidet

축약어	원제
Que faire du Capital?	J. Bidet. *Que faire du Capital?*, Paris: Klincksieck, 1985. Seconde édition, Paris: PUF, 2000. [『자본의 경제학, 철학, 이데올로기』, 박창렬, 김석진 옮김, 새날, 1995.]
Théorie de la modernité	J. Bidet. *Théorie de la modernité*, Paris: PUF, 1990. [현대성의 이론]
John Rawls	J. Bidet. *John Rawls et la théorie de la justice*, Paris: PUF, 1995. [존 롤스와 정의론]
Théorie générale	J. Bidet. *Théorie générale: théorie du droit, de l'économie et de la politique*, Paris, PUF, 1999. [일반이론: 정치·경제·법에 대한 이론]
Dictionnaire Marx	J. Bidet & E. Kouvélakis éds. *Dictionnaire Marx contemporain*, Paris: PUF, 2001. [현대 마르크스 사전]
Explication et reconstruction du Capital	J. Bidet, *Explication et reconstruction du Capital*, Paris: PUF, 2004. [『자본』의 설명과 재구성]

※ 웹페이지: http://perso.orange.fr/jacques.bidet/ 다양한 언어로 번역된 이 작업들의 목록과 『자본』 1권, 2권, 3권에 대한 논평 및 이러한 주제들에 대한 논문들을 찾아볼 수 있다.

제라르 뒤메닐 Gérard Duménil 또는 Gérard Duménil & Dominique Lévy

축약어	원제
La position de classe	G. Duménil. *La position de classe des cadres et employés*, Grenoble: Press Universitaires de Grenoble, 1975. [관리직과 직원의 계급적 지위]
Le concept de loi	G. Duménil. *Le concept de loi économique dans 'Le Capital', avant-propos de Louis Althusser*, Paris: François Maspero, 1978. [『자본』의 경제법칙 개념]
La dynamique	G. Duménil & D. Lévy. *La dynamique du capital: Un siécle d'économie américaine*, Paris: PUF, 1996. [자본의 동역학: 미국경제의 한 세기]
Crise	G. Duménil & D. Lévy. *Crise et sortie de crise: Ordre et désordres néolibéraux*, Paris, PUF, 2000. [『자본의 반격』, 이강국, 장시복 옮김, 필맥, 2006.]
Économie marxiste	G. Duménil & D. Lévy. *Économie marxiste du capitalisme*, Paris: La Découverte('Repéres' 349), 2003. [『현대 마르크스주의 경제학』, 김덕민 옮김, 그린비, 2009.]

※ 웹페이지: http://www.jourdan.ens.fr/levy/

서론

미래는 어떤 이름을 갖고 있었다. 그 이름은 '사회주의', '공산주의'와 같은 것이었다. 그리고 마르크스주의는 미래의 전달자를 자처하였다. 오늘날 유행하고 있는 비트겐슈타인의 "말할 수 없는 것에 대해서는 침묵해야 한다"라는 말이 있다. 그것은 '다른 세계'에 대한 염원 자체를 금지하지는 않지만, 그 명명 자체만으로는 승인된 아무런 긍정적 내용을 전달할 수가 없음을 이야기하고 있다.

마르크스주의는 공동의 세계를 건설하는 것에 대해 사유해 왔다. 그것은 다양한 민족들의 프론톤(fronton)[1)에 기입된 평등과 자유 등의 현대성(modernité)의 문구로부터 출발했으며, 자본주의적 지배를 통해 조롱당해 온 이러한 약속이 어떻게 달성될 수 있는지를 탐구하였다. 우리는 역사가 다른 경로를 따라갔다는 것을 알고 있다.

도대체 어디에서 실패한 것인가? 그리고 그러한 기획을 다시 시작할

---

1) 프론톤은 건축물 위에 올라가는 삼각형 모양 또는 아치 모양의 장식으로 각종 문구나 모양이 새겨진다. 이를테면 프랑스에서는 모든 학교나 관공사 건물의 프론톤에 자유, 평등, 박애가 들어가 있다. 바로 현대성의 문구이다.—옮긴이

수 있을까? 이 책에서 우리는 이러한 엄청난 질문들을 제기하려고 한다.

우리가 미래를 새롭게 구상할 수 있을까? 이는 우리가 오늘날 벌어지고 있는 일들을 파악할 수 있다는 점을 전제로 한다. 인류는 급격한 소용돌이 속으로 빠져들고 있는 상황이다. 바로 이러한 것이 이 연구의 궁극적 대상이라 할 수 있는 또 다른 세계를 위한, 또 다른 마르크스주의인 '대안마르크스주의'에 주어진 임무이다.

이 연구는 고전 마르크스주의, 즉 마르크스의 마르크스주의 또는 그 이후에 마르크스주의라고 주장된 마르크스주의와의 비교를 전제로 한다. 그리고 우리는 그 마르크스주의의 불충분성의 기원과 본질에 대해 규정하고, 그것을 개선하려고 시도한다. 바로 그것은 그 원칙적 대상이 계급구조 분석인 '네오마르크스주의'의 예비적 임무이다.

마르크스의 마르크스주의

마르크스가 '마르크스주의'의 기초를 제공한 사람임에도 불구하고 사상적 스승을 찾고 있던 러시아의 [근대] 초기 혁명가들에게 "어떤 경우라도 나는 마르크스주의자가 아니다"라고 응답한 것은 사람들에게 잘 알려져 있다.

우선 마르크스주의는 프랑스혁명에서 승리하고 19세기 동안 전 유럽을 불타오르게 했던 거대한 정치·사회적 운동의 연장선에서 형성되었다. 그것은 정치적 공간에 존재했던 해방에 대한 관점을 경제적 공간으로 연결시켜 확장하였다. 마르크스는 보편적 투표권을 쟁취하려는 차티스트들의 편에서 투쟁하였고, 정치적 평등을 첫번째 기획으로 상정하였다. 그는 정치적 평등이 '민주주의자들의 당'과 '공산주의자들의 당' 모두에게 해당되는 일이라 역설하였고, 바로 그것은 정치적 평등이 '당이 쟁취해야 할 것'으로 상정되어야 한다는 의미였다(사람들은 그 안에서 당파를 선택한다). 정치 공간에서 선언된 '자유주의적' 원칙에 적합한 사회 질서가 공산주의라는 이름 아래서 효과적으로 실현될 수 있다고 이해되었다.

마르크스는 자신의 독창적이고 유토피아적인 정식의 사회주의를 명확히 하려고 애썼다. 그는 [새로운] 사회를 단번에 계획해 내려고 한 것이 아니라 우선 현대 사회와 그 경향들, 그리고 그것의 동역학이 미래에 열어놓을 가능성에 대해 이해하려고 하였다. 그는 비판을 수행하기 위해 스미스와 리카도 같은 고전파의 의해 소개된 경제 분석을 다시 손질하였다. 그는 그러한 작업을 통해 우리가 상호 균형 잡힌 교환사회 속에 살지 않음을 드러내었다. 임금소득자는 자신이 임금 형태로 받는 것보다 더 생산한다. 따라서 착취당한다. 자본가의 부가 끊임없이 증대하는 것은 이러한 착취 덕분이다. 설사 특정한 개인들의 사회적 지위(position)는 변화할지라도 체계는 그 자체로 재생산된다. 경제적으로 **지배적인**(dominant) 계급은 사회적인 기능을 하는 제도 전체를 통해 정치·이데올로기·문화 면에서 **지도적인**(dirigeant) 계급이 될 수 있는 수단을 보유한다.

하지만 이러한 급진적인 비판적 계급분석은 역사에 대한 '진보적' 관점 속에 기입되어 있다. 이전의 어떤 체계보다 더 생산적이며 거대기업 체계로 발전한 자본주의는 사회적 생산과정에 의해 더 집중되고 교육된 임금소득자의 수를 증대시키는 경향이 있다. 자본주의는 불가피하게 자기 자신의 '무덤을 파는 사람'을 만들어 낸다. 사회가 사적 소유와 시장의 맹목적인 메커니즘으로부터 벗어날 수 있는 순간이 도래한다. 하지만 그것은 노동자계급과 다른 피착취계급의 정치·사회적인 조직에 의해서만 도달될 수 있을 것이다. 시장과 마찬가지로 민족적 틀을 넘는 단계로 나아간다. "만국의 노동자여, 단결하라!"

마르크스 이후로 이런 식의 개념이 매우 도식적인 형태로 우선 독일에서 그리고 19세기 말에는 유럽 전역과 나머지 지역의 노동자운동에서 점점 주도적 위치를 차지하게 되었다.

20세기 역사 속의 마르크스주의

이 시기에 북반구, 즉 아메리카와 유럽에서는 산업자본주의가 승리하였고, 제국주의 국가들 사이의 세계 분할이 특징적이었으며, 또한 노동자운동은 특히 대중 정당과 조합들로 조직화되었다. 이러한 조직들은 궁극적으로 마르크스가 개시한 관점에 따라 사회주의를 수립하는 데 전념하였다. 생산에 대한 계획적인 조직화를 시행하며, 근본적이고 물질적이며 문화적인 필요에 대한 충족과 사회·정치적 민주주의를 지향하였다. 제2인터내셔널은 그것을 직접적으로 대표하였다.

주요 제국주의적 국가들 사이의 모순에 의해 1차세계대전이 발발하면서, 마르크스주의 내부에서도 **수정주의적** 및 **혁명주의적** 조류 사이의 분할로 이어진 거대 위기가 발생하게 되었다. 수정주의는 지배적 국가들의 민족적 논리 속으로 슬그머니 들어가는 걸 용인하였다. 레닌은 주변부 국가들만큼이나 중심부들, 또는 중심부 국가들의 대다수 피지배 및 피착취 대중의 해방적 봉기와 전쟁에 대한 저항논리를 수정주의적 조류에 대립시켰다. 이러한 [혁명주의적] 맥락에 있는 마르크스주의는 사회·정치적 혁명 이론이 되었고 군사적 기술 속에서 그 기준의 일부를 가져왔으며, 세력관계, 전위(avant-garde) 전략 및 대중적 동원과 동일시되었다.

이러한 유형의 혁명, 즉 러시아의 볼셰비키적 혁명은 전(前) 자본주의와 구체제 그리고 이러한 지형에서 서서히 드러나고 있던 자본주의적 구조를 파괴할 수 있는 역량을 갖고 있었다. 마르크스주의의 운명은 프롤레타리아의 주도로 구성될 새로운 질서에 대한 규정으로 변화되었다. 이는 유일당(le parti unique)이 현대적인 국가장치를 통솔하며, 주요 생산수단을 집산화(collectivise)하고, 시장을 보편적 계획으로 대체하는 것을 의미한다. 스탈린주의 정권에 의해 '마르크스-레닌주의'로서 지칭된 기준을 따르는 '현실 사회주의'――지금부터 꽤 논쟁적인 이 용어를 사용할 것이다――의 시대였다.

하지만 레닌이 주도한 혁명은 보편적 울림을 갖고 있었다. 그것은 세계 전역에서 나타난 거대한 해방운동에 영감을 주었다. 첫번째 장소는 중국이었다. 2차세계대전 말 거대 권력 소련의 출현으로 세계는 양극화되었다. 이러한 맥락에서 제3세계 투쟁은 민족해방과 동시에 사회주의를 전면에 내세웠다. 서구 마르크스주의는 그 시기 민주적이고 사회적인 성과를 달성하는 데 결정적인 역할을 하였다. 그러나 이후 마르크스주의는 사회민주주의 내부에서 점점 기준적 독트린의 지위를 상실하게 되었다. 공산주의자들은, 때때로 '사회주의 조국'과는 갈등적 관계를 형성하면서, 더 급진적인 목표를 지향하곤 하였다. 하지만 그들이 신자유주의의 폭풍우 한가운데 있음을 발견하는 데는 그리 오랜 시간이 걸리지 않았다.

고전 마르크스주의의 문화적 차원

마르크스주의는 정치를 계급투쟁의 관점에서 접근하는 법을 열어 놓았다. 착취자는 누구이고, 착취당하는 사람들은 누구인가? 우리의 적은 누구이고, 누구와 동맹할 수 있는가? 이러한 질문들은 20세기 탈식민주의자들과 제3세계주의자들, 그리고 더 일반적으로는 마르크스주의를 따르는 조직들이 수행하는 역사적 혁명 전략의 중심에 있었다.

하지만 마르크스주의는 단순한 정치적 독트린과는 매우 다른 것이다. 마르크스주의는 레닌과 힐퍼딩의 제국주의와 금융자본에 대한 분석은 물론이고, 불평등교환 및 종속과 관련한 제3세계적 접근법과 신자유주의와 관련된 현대적 이론화 과정까지 지속적으로 전개된 경제분석의 근거가 되어 왔다. 게다가 좌파 케인스주의 또는 프랑스 조절학파(régulation approach)와 같은 주류적 질서에 반대하는 이단적 흐름에도 큰 영향을 주었다. 그리고 우파 이데올로그들은 항상 (종종 관련이 없는 곳에서조차도) 그에 대해 민첩하게 대응하고 있다.

마르크스주의는 20세기 지식 형태에 매우 깊숙이 침투하였다. 사회주의를 내세우지는 않았지만 베버 사회학의 특징이 되었고, 계급관계 분석을 확대하려고 한 부르디외에게도 영향을 주었다. 아날학파와 같은 다양한 역사학의 학파들에도 영향을 주었다. 또한 직접적으로는 인류학 및 문화 비판이론과 같은 다양한 학문 분야에 대한 새로운 접근 방식에 자극을 주었다. 영화와 문학에도 영감을 불어넣었으며, 현대예술, 표현주의, 초현실주의, 그리고 사실주의의 다양한 전위 형태들과 경향들에 연루되어 있었다. 최고의 것이기도 하였고, 때때로 최악의 것이기도 하였다.

'세계관'으로서 그것은, 다양한 철학적 코드로 표현되었다. 본래 헤겔주의적인 변증법에 기초하고 있기는 하지만, 현상학적 방식과 스피노자적 유물론으로, 영미권의 분석철학 속에서, 그리고 또 해방신학으로 나타나기도 하였다. 마르크스주의는 자신의 주위에 개별 학파로 발전된 그람시, 루카치, 아도르노, 알튀세르, 벤야민 및 기타 여러 다른 지식인들을 만들어 내었다. 그리고 롤스, 멀게는 하버마스 또는 푸코와 같은 외관상 반대되는 관점에도 쉽사리 결합하게 되었다. 마르크스주의는 오로지 그러한 환경과의 동화 과정에서만 존재하였을 따름이다.

이와 마찬가지로 만일 '마르크스주의'라는 그 용어가 이러한 산포된 영역들 전체 사이의 관계에 의해서만 의미를 갖는다고 한다면, 비판적 방식으로 바로 그러한 유산들을 수용하고 있는 '네오마르크스주의' 또는 '대안마르크스주의'의 소망은 극히 불확실한 것으로 드러날 것이다.

그리고 그것은 '마르크스-레닌주의'라는 이름으로 스탈린주의 교과서에 의해 선전된 교리의 그늘이 마르크스주의에 투영되었기 때문이기도 하며, 더 좋게는 진부한 유토피아로, 더 나쁘게는 전체주의적 계획을 위한 이데올로기적 혼선을 초래한다는 이중적 의심을 받았기 때문이기도 하다.

마르크스주의의 이름으로 이루어진 프로젝트의 실패와 마르크스의 가상적 '복귀'

사실상 마르크스의 이름으로 실행된 역사적 기획이 적어도 어떤 부분에서는, 명백히 실패했다는 점을 받아들여야만 한다. 그것이 오직 소비에트 시대의 비참한 결말, 중국 및 우리가 최근 제3세계라 부르고 있는 곳에서 일어난 급진적 변화에만 관련되어 있는 것은 아니다. 이와 동시에 미국의 비호 아래 벌어진 신자유주의가 대성공했고, 마르크스를 표방하던 노동조합과 정당들조차 거의 사라지다시피 하였으며, 유럽 대륙에서 만들어진 사회주의적 이념과 사회보장체계 또한 실패하였다. 우리는 많은 사람들의 눈에 마르크스주의가 과거의 것으로 보인다고 해서 놀라지는 않을 것이다.

당연히 '마르크스주의'의 기치 아래서 전개된 것들 ——착취론, 지배와 차별에 대한 비판, 집단적인 해방투쟁, 조직적인 사회적 실천, 보편적 비전—— 을 오늘날 다른 패러다임 ——생태학, 페미니즘, 급진민주주의와 대안세계화주의 ——에서도 쉽게 발견할 수 있다. 하지만 이를 통해 급진적 좌파의 일부는 마르크스주의가 필요치 않다고 느끼게 되었다. 그렇기는 하지만 우리가 '이윤의 논리'를 배제하고 생태적 재앙 또는 불안정노동의 일반화를 이해할 수 있겠는가? '제국주의'에 의거하지 않고 남반구와 북반구의 대립 또는 포스트식민주의적 인종주의를 해명할 수 있겠는가? 이러한 가장 고전적인 마르크스주의적 개념이 매우 선명한 방식으로 의사 일정에 오르고 있는 순간에 어떤 비판적 사상가와 활동가가 마르크스주의 없이 '실천'할 수 있다고 상상할 수 있는가?

그렇지만 '마르크스로의 복귀'가 자동적으로 이루어질 것이라 보는 건 어리석은 생각이다. 하지만 이를 '마르크스로의 복귀'의 징후로 보기에는 충분하다. 실제로 마르크스주의의 어떤 것은 분명히 기능을 정지하였다. 생존할 것과 사망한 것들을 분류하려는 모색은 이러한 문제의 어려움을 말해 주는 것이다. 이는 또한 자본주의의 변혁을 넘어 우리가 해명해야만 하는 진실 및 거짓, 그리고 그 시작부터 부적절했던 것과 관련되어 있다. 그리고 모든 질문은 우리가 고전 마르크스주의에 대한 비판에 어떤 내용을 부여해야만 하는지 정확히 인식하는 일에 대한 것이다.

물론 마르크스의 계승자들은 현실 사회주의의 완전한 실패를 인지하고 있다. 그리고 그들은 그것이 상징적으로 한 시대의 종말을 표시하는 베를린 장벽의 붕괴 이전으로부터 시작되었다는 데 동의하고 있다. 여전히 설명이 요구되는 것들이 남아 있다. 사실 우리는 사회주의 ─ 프롤레타리아 혁명은, 오늘날 모두 정당하다고 보지만, 그 의미가 쇠퇴하였다 ─ 의 실행이 어려우며 그것에 오류들과 과오들이 존재한다는 생각에 만족해할 수는 없을 것이다. 그리고 이번에는 민주적 방식으로 선한 의지를 가진 사람들 사이에서 그러한 경험이 다시 시작되고 있는 중이다. '마르크스주의자들'은 계급 없는 사회를 목표로 했던 전위의 혁명가들조차 그들의 실천을 가로막는 명백한 계급관계에 속하였다고 지적해야만 한다. "모든 권력을 소비에트로!"라는 행동 지침이 숨기고 있는 것 이면에는 어떤 계급적 지위가 내재하고 있는 것 아닌가? 그렇다면 어떤 지위인가? 거기에 풀려야만 하는 문제들이 있다. 어떤 사회적 지배의 가능성이 마르크스주의의 이름으로 행해진 혁명적 과정 속에 은밀하게 기입되어 있다고 판명되었는가?

하지만 '마르크스주의의 이름으로' 행해진 것들에 대해서만 비판이 요구되는 것은 아니다. 재검토의 문제는 마르크스주의 그 자체에도 존재하고 있다. 우리는 마르크스주의의 자기비판이 결코 존재하지 않았다고 본다. 마르크스주의가 결코 스스로 그 자신과 거리를 둘 수 없기 때문이다. 마르크스주의는 자신의 역사 및 더 정확하게는 자기생산의 현실적 조건을 인식할 줄 몰랐다. 하지만 그러한 자기비판이 재구성의 예비적 단계인 네오마르크스주의를 낳게 되었다.

네오마르크스주의의 명제들

물론 많은 마르크스주의들, 특히 트로츠키주의적 흐름에 있는 사람들이 스탈린주의에 대항하여 투쟁하였다. 서구의 고전 마르크스주의는 다양한 방식으로 자기 자신을 다듬어 나갔다. 마르크스주의적 조직들과 정당들은 자신을 개혁하고 쇄신하려는(aggiornamento) 시도를 멈추지 않았다. 외부에서의 비판도 부족함이 없었으며, 대체로 매우 정당한 것으로 인정되었다. 하지만 그 순환이 이미 끝나 버린 고전적 형태 내에서 마르크스주의에 대한 비판을 산출하는 건 당연히 충분하지 않다. 우리는 여기에서 마르크스주의 비판이 출현한 역사적이고 사회적인 조건들을 명확하게 하는 조건들에 도달할 수 있다.

이 책에서 우리는 마르크스주의와 동시에 **계급 담론**이 어떤 계급 간의 **동맹**을 드러내는 담론임을 확립하는 주장을 할 것이다. 이 책은 마르크스주의와 동일하게 '인민 대중'(masses populaires) ──이 책에서 제시하고 있는 개념화에 따라서는 현대 사회의 형태 속에 존재하고 있는 근본계급들(classes fondamentales)——을 다루지만, 또 다른 범주에서 특히 20세기에 중요한 역할을 한 **관리직과 전문가 계급**(cadres et compétents)과도 관련된다는 것을 보여 줄 것이다. 따라서 이 책에서 우리는 고전적 형태의 마르크스주의가 바로 그러한 해결하기 어려운 역사적 동맹에 대한 담론이며 단순히 피착취자의 담론은 아님을 주장할 것이다. 그것은 어떠한 모호성에서 비롯되는 것이며, 우리는 그에 대해서 명확히 할 필요가 있다.

하지만 여기서 채택된 관점은 포스트마르크스주의의 관점은 아니다. 포스트마르크스주의의 프로젝트가 마르크스를 넘어 마르크스주의적 도전을 제기하는 것은 옳다. 그리고 우리는 이러한 이론적 전투를 마르크스 그 자신이 관계했던 것——특히 새로운 사회계급론을 제시하면서——과 동일선상에 올려놓기를 원한다. 따라서 우리는 그러한 이론적 기획을 개조하려고 모색한다. 이는 과학의 역사 속에서도 고찰될 수 있다. 가장 풍부한 이론들은 어떤 불충분성을 드러냄으로서 완결될 것이다. 그 상대적 진리는 관계된 현실을 더 많이 이해할 수 있는 더 일반적인 이론화 과정 내에 포함될 때만 보존될 수가 있다. 이는 이러한 프로젝트가 사회과학의 역사 속에 포함된다는 의미이다.

이러한 점에서 지금 문제가 되고 있는 작업은 마르크스주의적인 이론화에 대한 경제학적 비판과 철학적 비판 사이의 독특한 수렴으로부터 유래하는 것이다. 그러한 경제·철학적인 기본 개념들로부터 비판은 계속된다. 그것은 마르크스주의 이론화의 전 차원——경제학·철학·정치학·법·역사학과 사회학——을 따라서 재편성하려고 노력하였다. 다른 한편으로 구체적이고, 경험적이며, 포괄적인 연구로 발전시킬 것이다. 그것은 자본주의와 사회주의, 그리고 현대 신자유주의적 세계화와 그것의 전략 및 지

양에서 정점에 도달한 타협, 승리, 실패를 포함하는 20세기의 사회·경제적
인 역사의 독해에 대한 새로운 원리를 제안한다.

대안마르크스주의의 개념

세계는 변화한다. 그리고 네오마르크스주의는 '대안마르크스주의'로 발전
하지 않는다면 무용하다. 다시 말하자면 그것은 현대 세계의 새로움을 해
명하기 위한 분석 도구 및 '세계를 변화'시키기 위한 정치적 관점으로서 사
용되어야만 한다.

　따라서 대안마르크스주의는 세계에 대한 또 다른 이론을 제시한다. 그
것은 제국주의에 대한 고전적 접근 및 '체계'로서의 자본주의적 세계와 관
련된 1960년대 제3세계주의자들이 내세운 쇄신에 준거를 두고 있다. 현
대 민족국가를 이해하기 위한 조건으로 네오마르크스주의를 내세움과 동
시에 이러한 분석을 개조하려고 한다. 그로부터 출발하여 그 분석의 중심
에 민족들——자본주의가 존재하고 있는 범위이며 '현대성' 그 자체가 존
재하고 있는 범위인——사이의 비대칭적인 폭력을 위치시킨다. 하지만 그
것은 동시에 이러한 민족국가의 형상이 가까운 장래에 잉태될 궁극적 세
계-국가의 형태——진정으로 신자유주의적 제국주의의 위계질서 속에 깊
이 뒤얽혀 있는——로 재탄생하고 있다는 관점을 재편성하고 연장한다. 세
계와 사회에 대한 이러한 비전에 상응하는 정치는 4중적 형상 속에서 표현
된다. 근본계급 내부의 **단결**(unité)의 정치, 규정해야 할 상대 계급과의 **동
맹**(alliance)의 갈등적 정치, 제국주의적 폭력에 맞선 **인민**(peuples)의 정
치, 하나의 '우리'를 가능케 하도록 구성되어야 할 새로운 주체로서의 **인류**
(humanité)의 정치가 그것이다. 그러한 정치는 마르크스의 공산주의가 도
전을 제기하려고 했던 현대적 약속들을 담당할 것이다.

지금 문제시되고 있는 연구는 모든 문제를 그와 같은 프로그램에 끼워 넣으려는 경솔한 주장이 아니라 오직 어떤 관점을 열려는 것뿐이라 할 수 있다. 그것은 특히 여기에서는 간접적인 방식으로만 환기될 젠더의 문제 또는 사회적 성별 관계(rapports sociaux de sexe)와 같은 문제이다. 그것은 이러한 거대한 영역의 문제가 마르크스주의보다는 다른 원천으로부터 그 근거를 찾을 때만 문제를 제기할 수 있다는 이유에서이다. 현대 사회과학과 정치철학에서 행할 수 있었던 것과는 다른 비판과 다분과적인 인류학적 대상에 대한 집중을 필요로 한다. 그것을 마르크스주의의 개념적 장치에 대한 작업인 우리의 연구에 구체적으로 연결시키는 것은 하나의 중대한 탐구라고 할 수 있다. 여기에서 우리는 페미니스트들의 현실적 작업과의 어떤 연관——성과 인종, 계급 간의 또 다른 관계——을 제안하는 것으로 한정할 것이다.

이론적 갱신의 정치적 목적

우리는 합의(consensus)와 포기의 담론에 맞서 벌이는 전투에 관한 책을 쓰기를 원했다. 그것은 유토피아에 대한 것도 아니다. 하지만 세기 초에 나타났던 엄청난 투쟁에 대한 것이다.

과거의 혁명은 부르주아의 비호 아래 거대한 대중운동을 통해 전 자본주의적인 과거의 생산양식을 무너뜨렸다. 20세기의 혁명을 통해 조직되고 계몽된 엘리트들의 지도 아래에서 식민지의 민중들은 해방되었다. 하지만 엘리트들은 자본주의에 대한 대안적인 사회를 수립하겠다는 약속을 저버린 채, 민중으로부터 권력을 빼앗았다. 21세기의 혁명은 우리가 '근본계급'이라고 부르는 계급의 과업일 것이다. 다중(multitude)이 '아래에서부터' 일구어 내고 공동의 삶을 보증하는 그러한 혁명이다. 뿐만 아니라 그러한 일은 오랜 시간 동안 진행되어 왔으며, 그들은 우리 세계에 그들의 문명화된 모습을 부여해 왔다.

우리가 수립하려고 하는 테제는 다음과 같다. 마르크스와 레닌이 우리에게 남겨 놓은 유산은 미래에도 강력하고 풍부하다. 하지만 그것들이 야기한 의문에 대해 응답하면서 발본적 비판을 제기할 때에만 그러한 유산을 획득할 수 있다. 바로 이것이 우리가 이 책의 마지막에 우리 시대를 위한 정치의 재구성을 시도하면서 이끌어 가려는 사상적 맥락이다.

자본주의 사회 속에서 다양하게 배치되어 혼잡한 민중계급의 형태를 취하고 있는, 마르크스가 프롤레타리아라고 부른 이들에게 오늘날 우선적으로 요구되는 것은, 바로 단결이다. 신자유주의로 인해 국내·국제적 차원의 원대한 기획이 분해되고, 조합들의 힘이 산산조각 난 이후, 프롤레타리아 계급은 불안정하고 가변적이며 분산된 형태를 갖는 경향이 있다. 프롤레타리아들의 투쟁은 그것에 긴밀하게 착종되어 있는 다른 것들——항상적으로 되살아나는 남성의 지배에 대항한 여성들의 투쟁과 모든 유형의 소수자 및 배제자들의 투쟁——에 의해 관통되고 있다. 그들은 모든 부류의 범위에서 도달된 다양성 안에 있는 일관된 일반적 원인을 파악해야만 한다. 우리 시대의 이 모든 특징들이 융해되어 있는 도가니를 형성하고 있는 것은 바로 이윤의 논리이다. 그것은 중심부 국가들 내의 사회적 위험, 불안, 차별로부터 주변적 대중들을 탄압하고 자연을 파괴하며, 그것을 절멸시킬 수 있는 역량이 탐욕스러운 세력들에게 집중되고 있다는 점까지 포함한다.

신자유주의는 지난 세기 대중 힘으로 민족국가 내에서 형성되었던 연대성의 형태를 파괴하려고 하고 있다. 자본가들은 권력과 수입을 회복하였고, 특권을 복원시켰다. 국가 내에서와 마찬가지로 국제적 차원에서도 그들은 무자비한 계급투쟁을 주도하였다. 따라서 이 자본가계급이 그들의 손아귀에 집중시킨 사회적 활동——하지만 적재적소에서 수행할 수 있는——에도 불구하고 기생적이라고 말하는 것으로는 불충분하다. 자본가계급을 쫓아낼 필요가 있다. 따라서 자본가계급을 철폐하는 것이 이에 이바지할 수 있는 모든 세력들 사이의 동맹이 이루어 내야 할 두번째 과제이다. 그러한 세력들은 가변적이기 때문에 현대의 근본계급은 '관리직 및 전문가'들에서만 그들의 파트너를 찾을 수 있다는 점을 알고 있다. 역사적인 지속적 진보가 가능한 것——개혁이나 혁명——은 바로 이러한 조건 아래서이다. 하지만 우리는 이러한 동맹이 항상 복귀할 준비가 되어 있는 계급적 관계, 즉 투쟁의 대상으로 남아 있음을 잊어서는 안 된다. 우리는 난관에 봉착했던 현실 사회주의의 역사적 경험을 통해 그것을 이미 본 바 있다. 또한 오늘날, 자본의 수익성에 봉사하기를 갈망하면서, 사회국가의 책무를 포기하고, 그에 대한 투자를 축소하려는 엘리트들을 통해 그러한 유사한 사태를 목격할 수 있다.

근본계급이 달성해야 할 세번째 도전은 **세계적 층위의 주체를 구성**하는 것이다. 제국주의는 신자유주의의 중추를 형성하고 있으며, 그것은 모든 민족적 연대성에 반하여 그 효력을 새로운 형태로 발전시키면서 순수 이윤논리를 부과하고 있다. 자본가계급과 가장 거대한 수퍼국가임을 자임하는, 미국의 비호 아래 있는 열강들은 보편적 법칙과 새로운 관습법을 만드는 데 동의하였다. 하지만 지구 전체를 관통하는 교통의 일반화 및 경제의 일반적 통합과 더불어 세계적 국가성이 불가피하게 입증되고 있다. 잉태 중인 세계-국가는 민족국가들의 현대적인 역사적 결과의 마지막 현실태로서 예상되고 있다. 그러한 국가성은 자본주의 중심국가들이 독점하고 있는 주요 기관인 UN, IMF 또는 WTO이며, 이들에게 양도된 형태로 실행되고 있다. 하지만 이는 이미 이러한 조건들 속에서 인류의 공간이 정치적 공동체를 형성한다는 것을 의미한다. 그리고 바로 여기가 우리 모두를 위협하는 위험과 이제부터의 공통의 운명적 도전에 맞서 세계-인민이, 앞으로 올 세기의 투쟁을 위해 그 힘을 찾아내야만 하는 정당성의 중심이다.

바로 그것이 5부로 이루어진 이 책의 이론적 여정이다. 1부에서는 마르크스주의에 대한 재영유가 목적이며, 그 모호한 지점을 발견한다. 2부에서는 20세기를 다시 읽고, 억압되었던 것을 드러낸다. **자본주의적 시장**에 대해 잠재적 힘을 발휘하게 되는 **조직**의 양면적 힘을 본다. 3부에서는 현대 자본주의의 계급요소인 시장과 조직이라는 두 개의 지주(支柱) 위에서 새로운 체계를 구성하는 '네오마르크스주의'에 대한 재고찰을 시도한다. 4부에서는 제국주의적 체계에 삽입된 세계-국가의 보편적 조직화를 해독——모든 계급적 양면성과 더불어——하는 '대안마르크스주의적' 재편성을 시도하고, 5부에서는 세계-인민을 위한 정치적 관점을 이야기한다.

[보충설명 1] 이론가이자 혁명가였던 마르크스

1818년 트리어에서 출생한 마르크스는 최초의 완전한 유럽인이다. 철학을 공부한 이후 프랑스와 벨기에에서 살았고, 런던에서 32년간 거주하였으며, 거기에서 주요 작업들을 행하였다. 레닌은 그가 독일의 철학·문화와 프랑스의 정치적 실천 및 영국 경제학의 수렴점을 형성하였다고 말하였다.

우리는 그의 철학적 훈련 과정에 본질적인 수단을 제공한 헤겔주의적 방식 이외에도, 스피노자를 결합시킨 19세기 프랑스 유물론의 영향 및 명목주의적 독해를 경유한 아리스토텔레스의 영향까지 고려해야 할 것이다. 그는 그러한 방식으로 개별적이면서(singuliers), 동시에 살아 있는 현실적 개인들의 행위로서 역사에 접근하였다. 그러나 정확히 말해서 그 개인들은 변증법적으로 해독할 수 있는 실천적인 상호관계를 통해서만 삶을 영위한다.

그는 독일 시기에 법 연구로부터 출발하여 '사회과학'에 입문하게 되었으며, 항상 특수한 복잡성 안에 구체화된 사건을 고려하는 능력을 이에 결합시켰다. 이는 그의 사변적 재능과 부합하는 것이었다.

그는 1842년 자유주의적 잡지였던 『라인 신문』에 참여하면서 민주주의적 정치참여를 시작하였고, 엥겔스를 만난 것이 바로 이 시기였다.

1843년 파리에 도착한 마르크스는 정치에 대한 자유주의적 해방 개념에서 점진적으로 사회혁명의 관점에 이르게 되었고, 이를 통해 급진적인 철학적 작업을 계속하였다. 이는 『유대인 문제』, 『신성가족』, 그리고 『1844년 경제학-철학 초고』에 잘 나타나 있다. 그는 헤겔좌파에서 가져온 개념들을 정교화하기 시작하였다. 바로 철학을 하늘에서 땅으로 끌어내리는 일이었다. 파리에서 그는 독일 이민공동체를 매개로 하여, 그 당시 출현하였던 다양한 유토피아 사회주의를 접할 수 있었다.

1845년 1월에는 벨기에로 추방되었으며, 『포이어바흐에 관한 테제』, 『독일이데올로기』를 통해 역사유물론의 기초가 되는 견해를 만들었다. 그는 경제·철학 범주의 문제 이외에도, 특히 기술·정치·문화와 연결된, '사회적 생산양식'의 문제설정에 따라 이해될 수 있는 사회계급 및 국가, 그리고 계급투쟁에 대한 새로운 개념을 발전시켰다.

그와 동시에 유럽 전역의 다양한 노동자연합을 공조시키고 조직하는 과정에 연루되어 있었다. 거기에서 그는 프루동(『철학의 빈곤』에서 비판의 대상이 되었던)과 같은 다른 지도자들과 관계를 맺으며 상당한 영향력을 끼치고 있었다. 의인동맹(der Bund der Gerechten)과 공산주의자 연락 위원회(엥겔스가 만들었다)는 공산주의동맹으로 합병되었고, 1847년 12월 유명한 『공산주의자 선언』이 작성되었다. 1848년에는 엥겔스와 함께 혁명에 참여하였고, 쾰른에서 『신라인 신문』을 출간하였다. 그 신문을 빌려 파리의 노동자 봉기를 지지하였고, 프러시아 절대군주에 맞서 자유주의 부르주아와 동맹할 것을 제안했다. 이는 특히 『프랑스에서의 계급투쟁』으로 출판되기에 이르렀다.

1849년부터 무국적자의 신분으로 런던에 살았고, 종종 금전적 어려움을 겪기도 하면서, 정치적 행동주의와 이론적 노동을 그 계기에 따라 두루 행하였다. 그는 그 당시에 가장 큰 신문사였던 『뉴욕 트리뷴』의 저널리스트(특히 금융 분야)로 활동을 했고, 『루이 보나파르트의 브뤼메르 18일』(1852)을 발표하기도 하였다. 그는 순식간에 수백만의 회원이 집결했던 국제노동자협회, 즉 제1인터내셔널에서 개회사와 '창립선언문'(1864)을 발표하였으며, 그와 관련된 활동을 열정적으로 수행하였다. 그는 그가 전념했던 급진적이고 민주주의적 사회혁명의 기본적 윤곽이 파리코뮌 안에서 나타났다는 점을 높이 평가하였다(『프랑스 내전』, 1871).

그의 가장 중요한 저작인 『자본』의 집필은 바로 이 영국 [체류] 시절에 이루어졌다. 이 책을 쓰기 위해 그는 중농학파로부터 스미스, 리카도, 맬서스와 같은 고전파 경제학의 작업을 비판의 대상으로 삼았다. 첫번째 초고가 1857~1858년 사이에 집필되었는데, 그것이 『정치경제학 비판 요강: 경제학 비판을 위한 에세이』이다. 마르크스는 계획된 작업 중 첫번째 편의 출판에 직접적으로 관여하였다. 그것이 1859년에 나온 『정치경제학 비판을 위하여』이다. 하지만 이는 사실 거대한 작업이었다. 계속된 원고 집필 끝에 3권으로 구성되기에 이르렀고, 각 권은 생산, 유통, 자본주의 생산의 총 과정으로 분리되었다. 이전의 경제학 사상 비판과 역사를 담은 또 다른 책이 준비되었는데, 이것이 『잉여가치학설사』이다. 마침내 1867년 『자본』 1권의 초판이 출판되었고, 뒤이어 1873년 두번째판(여기에서 그 바로 중요한 1장이 상당히 개편되었다)과 마르크스 본인이 수정하고 개역한 프랑스어판이 출간되었다. 『자본』 2권과 3권은 최종적으로 마르크스가 남긴 다양한 원고들을 기반으로 엥겔스에 의해 출간되었다.

뒤이은 몇 년 동안 마르크스는 러시아의 혁명을 주시하면서 화폐 및 지대에 대한 또 다른 작업을 개시할 수 있는 연구를 지속하였다. 그는 다시 한번 독일 사회주의 운동의 구성에 개입하였는데, 이것이 『고타강령비판』(1875)이다. 1883년 오랜 지병으로 인해 사망하였다.

| 일러두기 |

1 이 책은 Jacques Bidet와 Gérard Duménil의 *Altermarxisme: Un autre marxisme pour un autre monde*(PUF: 2007)를 완역한 것이다.

2 본문의 주석은 모두 각주로 표시했으며, 옮긴이 주는 '─옮긴이'라고 표시했다. 본문 내용 중 옮긴이가 추가한 내용은 대괄호([ ])로 묶어 표시했다.

3 원서에서 이탤릭체로 강조된 부분들은 고딕체로 표시했다.

4 각주에 나오는 해외 문헌들 중 한국어 번역본이 있는 것들에 대해서는 한국어판 서지사항을 적어 주었다.

5 단행본·정기간행물 등에는 겹낫표(『 』)를, 논문 등에는 낫표(「 」)를 사용했다.

6 외국 인명·지명은 2002년에 국립국어원에서 펴낸 '외래어 표기법'에 따라 표기했다.

1부

마르크스의 마르크스주의

우리는 몇 페이지나 장들로 마르크스의 사상을 설명하려는 것은 아니다. 그것은 더구나 이 책의 의도도 아니다. 이 책 1장의 목적은 궁극적인 개조와 발전 및 비판, 분석을 준비하는 것이다.

첫번째 장에서는 경제학에 대한 이론적 비판가로서 마르크스를 다룰 것이다. 그것은 원칙적으로 『자본』에 대한 것인데, 여기에서는 마르크스의 분석적인 이론적 관점과 그의 정치적 개입 사이의 관계에 대한 질문이 중심에 있다. 그것은 자본주의적 생산의 계급적인 본질에 대한 고발이며, 그에 대한 혁명적 지양을 예고하는 '경향'을 식별하는 일이다. 이 장은 역사이론에 관한 간단한 설명으로 끝맺는데, 마르크스가 그러한 역사이론적 진술이 필요로 하는 '초안'을 만들어 낸 적은 결코 없었다. 또한 이 장에서는 이 책의 나머지 부분의 중추에 존재하고 있을 메커니즘과 개념들 전체를 소개하는 기회가 될 것이다. 이러한 의미에서 이 장은 예비적 성격을 지닌다. 결국에는 필수적일 정보 요소들을 독자들에게 제시할 것을 목표로 하고 있다.

두번째 장은 이 책 전체에서 내내 전개될 논쟁을 개시한다. 이 장에서 우리는 『자본』의 저자를 현대성의 이론가로서 논의하고, 이런 의미에서 그의 작업에 대한 해석을 시도한다. 마르크스는 명백하게 그 사회·정치적 차원에서 고려되는 현대 사회에 대한 일반이론 속에 자신의 경제적 담론을 기입하였다. 그는 경제를 이러한 '전체' 역사 속에 삽입함으로써 경제를 전복시켰다. 순전히 상품의 논리, 즉 사실상 이윤의 논리로부터 모든 이들 사이의 합의에 기초한 조직과 연합(association)의 논리로 이어지는 혁명적이고 역사적인 관점이 확인되는 것도 바로 이러한 맥락 속에서 그러하다. 우리가 어떤 조건들 속에서 오늘날 마르크스가 제시했던 그러한 흐름을 재개시킬 수 있는지 깨닫기 위해서는 바로 그 유토피아적인 '거대서사'의 심급들 자체를 검토하는 것이 필수적이다.

1장

혁명에 봉사하는 경제학

우선 주목할 것이 있다. 지금 이 장에서 우리는 어떤 새로운 것을 주장하지는 않는다. 그것은 이후의 작업들에서 발전될 연구 과정 속에도 등장하지 않는다. 이는 원칙적으로 『자본』의 세계에 대해 미리 준비되지 않은 독자들을 친숙하게 하고, 어떤 공인된 이념을 분리시키려는 것이다.

마르크스는 과학과 혁명을 한 쌍으로 보았다. 기존의 질서를 정당화하려는 부르주아적 이론가들은 제한된 지평 속에 유폐되어 있다. 마르크스에 따르면 자본주의에 대한 과학적 접근은 새롭게 싹트고 있는 프롤레타리아가 보편적 해방의 운명을 가지고 있다는 사실을 드러내야만 한다. 따라서 과학은 프롤레타리아의 편이다.[1]

---

1) 이 장은 특히 제라르 뒤메닐의 *Le concept de loi*와 자크 비데의 *Que faire du Capital*, 그리고 뒤메닐과 도미니크 레비가 함께 쓴 *Économie marxiste*로부터 많은 부분을 빌려 왔다. 여기서 마르크스의 저작에 관련된 다른 연구자들의 수많은 저작들을 평가하기는 불가능하며, 이 장의 대상도 아니다.

경제학 비판

과학과 정치적 투쟁의 관계에 대한 이러한 전개 방식은 마르크스가 그 시대의 주류 경제학에 대해서 품고 있던 양가적인 관계 속에서 표현된다. 그에게는 자본주의적 지배의 발전 그 자체에 내재한 '이론에서의 계급투쟁'을 선도하는 비굴한 경제학들의 형성에 대한 경멸밖에 없었다. 하지만 '고전파 경제학자들'로서 지칭되는 몇몇 경제학자들은 이러한 판단으로부터 벗어나 있었다. 이전 시기에 존재했던 봉건적 요구에 맞서 18세기 말부터 출현한 자본주의적 생산관계는 진보를 구체화하였다. 그리고 창문이 열렸고, 그곳에서 긍정적인 바람이 불어왔다. 계몽 정신이 경제학의 장에 나타났다. 마르크스는 스미스와 리카도가[2], 이후에 그 후계자들을 통해 왜곡되기는 했지만, 부르주아 경제의 기초를 파악했다고 보았다. 마르크스는 그들의 작업을 충분히 활용할 수 있었다. 그 시대 경제학의 가장 좋은 부분을 모방하면서, 마르크스가 열어 놓은 '비판적' 생산물은 지속적으로 부르주아 경제학을 곤란하게 만들었기 때문에 우리는 그것의 단맛과 쓴맛에 대해 모두 말할 수 있다.

마르크스는 단순히 부르주아 경제학에 대한 반증, '경제학 비판'을 목표로 한 것이 아니라 피지배계급의 수중에서 무기가 될 과제를 갖고 있는 새로운 사회'과학'을 목표로 하였다. 그것은 '법칙들'로서 지칭될 수 있으며 현대 사회와 자본주의적 생산의 본질을 관통하도록 하는 새로운 개념들을 만들어 내었다. 혁명적 목표와 과학적 목적이 주어져 있었지만 각각

---

2) A. Smith, *Enquête sur la nature et les causes de la richesse des nations*(1976), Paris: PUF, 1995[『국부론』, 김수행 옮김, 비봉출판사, 2007].; D. Ricardo, *Des Principles de l'economie politique et de impôt*(1817), Paris: Flammarion, 1917[『정치경제학 및 과세의 원리』, 정윤형 옮김, 비봉출판사, 1991].

을 엄격하게 제약하였다.

폭로된 착취

마르크스는 그의 주요 저작이자 미완성의 금자탑이라 할 수 있는 『자본』 중 1권만을 출판하였다. 이 난해한 텍스트는 다양한 본질적 요소들을 보여주고 있다. 기초 개념들(상품, 화폐, 자본, 잉여가치, 이윤, 지대 등)과 자본주의 생산양식의 법칙(자본주의적 축적 법칙, 이윤율 저하 경향의 법칙 등), 제도적 틀(매뉴팩처, 주식회사 등), 메커니즘(신용, 위기[3] 등), 역사적 국면(시초 축적), 그리고 극적으로 미완성의 작업인 채 남게 된 계급 분석을 포함한다.

마르크스는 우선 자본가와 프롤레타리아가 대립하고 있는 계급구조인 자본주의 관계를 적나라하게 드러내려고 하였다. 이는 자본주의 착취에 대한 이론, 즉 잉여가치론이 주도적 역할을 맡고 있다. 착취 메커니즘에 대한 분석과 그 메커니즘의 은폐된 과정에 대한 고발, 다시 말해 잉여가치의 존재에 대한 증명이 자본주의적 관계를 설명하는 이론적 기초를 구성하고 있으며, 이를 통해 사회·정치적 요구를 정당화한다.

구성원 중 그 외 다른 분파가 행한 노동의 결과 중 일부를 영유할 때 착취가 존재한다. 과거에는 자연적 특권이 결합된 사회적 신분 차이(귀족과 지주)에 의해 착취가 이데올로기적으로 '정당화'될 수 있었다. 주인에게 노동 시간이나 수확물의 일부를 지불해야만 하는 노예제나 농노제에는 경제학적 개념이 그다지 필요하지 않았다. 자본주의 내의 상황은 보다 모호

---

3) 이 책에서는 panic의 의미인 공황이라는 단어는 "절대적으로" 삼가고 있다. 다만 1930년대 발생한 '대공황'에 대해서는 '대불황'이라고 표현하자는 의견도 있지만 그전에 해왔던 방식 그대로 '대공황'이라고 표현하였다. ─옮긴이

하다. 그 안의 착취 방식이 복잡하기 때문이다. 그것은 노동자의 노동할 수 있는 능력 ──말하자면 **노동력** ──과 생산수단의 사적 소유 및 다양한 부문으로의 잉여가치의 분할과 이전 메커니즘을 포함하고 있다.

가치의 매개

『자본』은 상품 및 시장분석으로부터 시작된다. 상품은 명백히 '시장'을 전제로 한다(「보충설명2」). 상품은 인간 노동의 결과이며, 생산자의 필요를 직접적으로 만족시키기 위해서가 아니라 시장에서 판매되기 위해 만들어진 생산물이다. 마르크스의 정식에 따르면 오직 정교화된 자본주의적 생산만이 "모든 생산물을 상품으로 전화(轉化)"시킨다. 하지만 그에 대한 논증은 자본주의적 관계의 존재가 추상된 상품에 대한 연구로부터 시작한다.

따라서 마르크스는 우선 가치 개념을 정교화하여야 했다. 상품을 통해 서로 자신들의 노동을 교환하는 사람들을 설명하였다. 이러한 사회적 신진대사 과정은 인간 노동의 신진대사 과정이다. 농부의 노동과 수선공의 노동이 교환된다. 그러한 은유에 따르면 어떤 '사회적 실체'가 그와 같이 순환한다. 그것이 가치이다. 가치 척도는 어떤 정상적 조건을 이용하는 ──여기에서는 그 내용에 대해서는 논의하지 않는다 ──생산에 필요한 노동시간이다. 하지만 이러한 이론을 통해 [단순히] 상품이 투하된 가치에 따라 교환된다고 이야기되는 것은 아니라는 점에 주목하자. 다만 이 이론은 전체적으로 다른 맥락 ──이윤율 주위에서 벌어지는 경쟁 ──속의 현실에서 작용하는 논리를 규정할 뿐이다. 따라서 현실의 가격은 가치에 비례하지 않는다. 교환 ──일반화된 교환과 화폐에 대한 분석은 상품에 대한 분석으로부터 나온다.

하지만 왜 이러한 전제조건이 필요했던 것인가? 그것은 자본주의에서 착취 메커니즘에 대한 분석이 노동자들에 의해 **창조된 가치**(가내에 고용된 경우처럼 그러한 노동의 직접적 이익으로서는 아니고)의 일부에 대한 영유로서 분석하는 것이기 때문이다. 잉여가치(plus-value)는 마르크스가 말하는 것처럼 자본주의에 의해 강탈된 '초과가치'(survaleur)[4]이자 영유된 '잉여노동'의 가치이다. 우리가 가치를 규정하지 않고 이를 이해하기는 불가능하다.

가치와 착취 사이의 이러한 관계는 자본에 대한 정의 ——**자기 증식 운동 속에 있는 가치**——그 자체 안에서 발현된다. 자본가는 매 순간 작업장 내의 생산에 필요한 노동력을 포함한 상품(원료 또는 최종생산물), 기계 또는 여타 다른 필수적인 요소들에 대해 투자를 한다. 하지만 그것은 단순한 가치의 소재이며, 자본가의 자산에서 사라졌을 때 가치는 다른 형태로 변화한다. 예를 들어 판매될 때에 가치는 상품에서 자본가들이 받는 화폐로 이동한다.

따라서 마르크스가 수립하고자 하는 중심 테제는 노동자들이 박탈당하고 있다고 생각하는 잉여노동 생산물에 대한 영유(領有)에 대한 것이다. 하지만 거기에만 머무르는 것이 아니다. 더 정확하게는 생산과 교환의 긴 순환 과정 전체를 따라 이러한 사회적 실체, 즉 착취의 대상으로서의 가치의 발생과 순환을 추적하기를 요구한다. 그것은 가치[라는 개념]를 조금이라도 포기하는 것이 아니다. [그러한 테제로부터 전개된] 가치의 크기와 '형태 변화들'은 명확히 규정되고 있다.

이러한 과정에서 잉여가치의 증식과 영유의 다양한 장치들이 구상된

---

4) 프랑스어 plus-value와 survaleur는 같은 표현이며, 내용상의 차이가 없으나 잉여노동(초과노동-surtravail)에 대구를 이루도록 번역하였다. ——옮긴이

다. 그것은 대공업 방식의 매뉴팩처(manufacture)와 생산기술 및 조직화 양태로 귀착한다. 하지만 이러한 형태의 이론적 과정 속에 '삽입된' 역사적 현상이 등장한다고 해서, 마르크스가 이 부분에 대해 그의 연구 대상과의 관계 속에서 적은 관심만을 표명했다는 것을 뜻하지는 않는다. 그것은 잉여가치의 기원과 가치에서 시작된 신중한 과정의 결과이다. 그리고『자본』 1권은 자본을 확장시키는 잉여가치 축적 과정에 대한 연구로 종결된다.

이는 자본주의를 사회적 계급질서로서 폭로하고 분석하려는 주된 시도들이 달성되었음을 의미한다. 훌륭하게 응축된 표현과 연결된 전개를 가로질러 나가면서 마르크스는 그러한 목표를 충실히 수행하였다. 착취관계의 식별을 통해 자본주의적 생산양식의 역사성과 사회 변화에 대한 이론의 기초를 세웠다. 그것은 혁명가의 목표이고, 이론가적 과정이었다.

엄청난 기획이었다. 하지만 마르크스는 자본주의의 전 과정을 처리하는 데 그의 에너지를 집중하였다.

『자본』 2권은 자본의 각 원자(原子)들이 그 요소들 중의 하나로부터 다른 것으로 이동——상품, 화폐, 생산적 자본의 성분——하는 '자본-가치의 유통'을 분석하였다. 실제로 가치는 공기 중에 떠도는 것이 아니다. 결국 어떤 조건에서 체계가 균형적인 방식으로 재생산되는지를 나타낼 필요가 있다.

자본주의적 생산의 복잡한 경로가 갖고 있는 명백한 모순 전체를 해결해야 할 필요가 있다. 잉여가치는 복잡한 방식으로 배분된다. 그것은 각 자본가가 사용한 노동만큼 강탈되지만 이러한 자본가가 투자한 자본에 따라 실현되고 수취된다. 착취는 그와 같이 집합적 메커니즘(각자가 그 기여에 따라 이익을 얻는 유한책임회사la société anonyme의 경우처럼)이 된다.[5] 이러한 재분배 과정 이후 잉여가치는 다시 한번 토지소유자들을 위한 **지대**와 기업 경영 외부 범주에 있는 자본가들, 즉 채권자와 주주에게 귀속되는 이자와 배당으로 분할된다. 그러한 분석은 몇몇 자본가들이 생산을 위해서가 아니라 이윤율을 극대화하기 위해 노동자들을 고용하는 조건들에 대해서도 설명해야만 한다.

마르크스는 이러한 과정에 따라서 착취이론이 집합적이고 복잡화된 메커니즘 속에서도 유지되고 있음을 논증한다. 그가 '속류경제학'이라고 부른 것의 급격한 발전 속에서도, 잉여가치가 띠는 외양적 형태——기업의 이윤, 배당 및 이자, 지대——에 대한 잉여가치의 우선적 논리를 다시 확인하는 『자본』의 마지막 장들에서 착취이론은 균형 있게 마무리된다. 자본주의적 착취관계는 그 토대와 복잡성 속에서 그 열매를 거두어들이는 다양한 행위자들——기업가, 금리생활자, 토지소유자——에 따라 수립된다.

마르크스는 자본주의적 소유가 띠고 있는 제도적 형태들——주식회사, 은행 등——을 이해할 수 있는 목록을 작성하기도 한다. 그는 그 시절 그러한 제도적 형태들의 맹아적 형태들을 인식하고 있었다. 이러한 새로운 제도적 틀은 19세기에서 20세기로 넘어가는 과정에서 일반화되었다.

---

5) 이는 잉여가치의 생산과 분배 사이의 모순이다. 잉여가치는 어떤 부문 또는 기업에서 만들어지지만 실현은 또 다른 부문 또는 기업에서 이루진다는 마르크스의 독특한 개념이다. 정상적 조건하에서 잉여가치는 투입된 노동량에 비례하여 자본가에 의해 영유되지만 이윤은 시장에서 형성되는 (생산)가격에 따라 투자된 총자본에 비례하여 실현된다. 단순히 노동자가 생산물 중 일부만을 받는다고 설명하거나 착취가 한 기업 내에서 이루어지는 총수입과 임금 사이의 차이라고 말한다면 위와 같은 논의는 불필요하다. 즉 가치 개념은 필요 없으며, 가격과 수량만으로 충분히 설명할 수 있다. 하지만 이러한 정의는 착취에 대한 기술적(technique) 정의에만 머무르게 한다. 이와는 다르게 마르크스는 자본주의 사회에서 발생하는 '집합적' 성격을 갖는 착취에 대해서 말하고 있다. 이와 관련된 뒤메닐의 더 자세한 논의를 살펴보기 위해서는 *Économie marxiste*[『현대 마르크스주의 경제학』, 김덕민 옮김, 96~99쪽과 옮긴이 후기]를 참고하라. 이는 사실 스라파주의자들(잉여접근법)이나 여타 반(反)마르크스주의자들의 마르크스주의에 대한 비판에 대한 반비판이며, 이는 그들의 비판에 직면하여 마르크스를 새롭게 혁신하고 해석하려는 시도에서 비롯되었다.─옮긴이

마르크스는 결코 그의 탐구의 끝에 도달하지는 못했지만 그와 같은 다양한 관점들을 열어 놓았다.

현대적 담론 속에서 '시장경제'라는 표현이 '자본주의'라는 표현의 대체물로 사용될 정도로, 시장 개념은 광범위하게 활용되고 있다. 그 동기는 알기 쉽다. 자본은 이윤 및 투기 등을 암시한다. 시장은 생산자들의 소시민적 세계를 가리키고, 게다가 중앙화된 계획화, 다시 말해 전체주의에 대한 반대를 지칭한다. 하지만 그러한 고리는 다시 정의될 수 있다. 시장이라는 용어를 하나의 의미로 한정하지 않고 복수적으로 고려해 볼 수 있다. 무엇보다도 금융시장은 세계를 지배하고 있는 이해하기 어려운 힘으로서 인식되고 있다. 그것은 완전히 예측 불가능한 세계로서, 통제 밖에 있는 사회·경제적 운동의 새로운 규칙을 암시하고 있다.

분석적 관점에서 보면, 시장이라는 용어에 부여되고 있는 일반적 단순성은 환상에 불과하다. 우선 시장이 삽입될 수도 있는 서로 다른 맥락을 검토하기 이전에 가장 큰 범위의 일반성 수준에서 '시장'을 이해할 필요가 있다.

가장 일반적인 수준에서 보면 시장은 수요/공급 메커니즘을 의미한다. 그러한 메커니즘 속에서 수요자와 공급자의 만남을 통해 야기되는 결과는 사전적으로 정해져 있는 것은 아니지만, 수요자의 재량에 달려 있다. 처음에 등장하는 기관 또는 개인 행위자, 즉 공급자는 특정한 조건에서 처분하려는 상품을 보유하고 있다. 그것이 시장에 나오고, 수요자가 결국에는 그러한 상품을 처분해 준다. 시장관계를 정의하는 것은 생산 행위가 승인될 수 있는지에 대한 기대(직접적으로 또는 간접적으로 공급자가 생산자라면)와 판로의 모색이다.

우선 서비스와 관련된 곤란한 지점이 있는데, 이는 약간 중요하다. 이러한 경우에는 공급자가 재화를 갖고 있는 것이 아니라 완성되어야 하는 총체적 행위(미용, 교통, 경영컨설팅)를 보유하고 있다. 서비스는 수요자가 그것을 원하는 순간 실현된다. 따라서 사후적 승인은 또 다른 모습을 가지고 있다. 공급자가 행동 역량, 장비, 재료를 가지고 시장에 자신의 모습을 드러내고, 마찬가지로 수요를 예상한다. 약간 유사한 방식으로 생산은 주문(commande)을 통해 선행될 수 있다. 이러한 조건, 즉 용역회사에서 일하는 것과 비견될 만한 상황에서 일하는 생산자는 잠재적 역량을 보유한 채, 주문이 이루어지길 기대하면서 시장에 등장한다.

전반적으로 이러한 메커니즘은 생산 행위 및 다양한 형태의 거래 행위를 작동시키면서 사후적 균형으로 이어진다. 시장체계 안에서, 일반적으로는 수요가 우세하다. 동일한 재화 또는 서비스의 공급자들이 시장에서 서로 대면하고 있는 한에서 '경쟁'이 마법의 주문으로 작동한다. 생산논리는 시장으로 소급된다.

바로 그러한 시장관계가 다양한 사회 및 경제 유형 속에서 존재할 수 있다.

◆ 시장관계는 개별적 소생산자와 별개의 시간에 있는 동일한 수요자들이라는 틀을 상징하고 있다. 이는 '소상품생산'과 관련되어 있다. 이러한 틀이 경제·정치적 사고 내에서 주요한 역할을 하고 있다. 화폐라는 수단으로 승인되는 **구매**와 **판매** 메커니즘을 내포하고 있다. 그로부터 가격 결정 등과 관련된 규칙이 유래한다.

◆ 하지만 이 장에서 언급하고 있는 마르크스의 생각에 따르면 시장관계는 자본주의적 생산 속에서 무르익게 된다. 자본주의적 시장은 명백히 그 고유한 메커니즘과 특성을 지니고 있다. 자본주의 내에서 생산과 공급은 기업에 의해 이루어지며, 그것은 잠재적으로 점점 더 큰 기업으로 발전한다. 무엇보다도 개별적 노동력은 그 자체로 상품화되고, 그것에 대한 수요의 일반적 지배(잠재적 노동자들은 그들의 노동력을 공급한다. 우리들은 종종 이에 대해 일자리를 구한다고 표현한다. 그러한 일자리는 매우 위계적인 형태로 표현된다)에 종속된다. 공급과 수요는 특수한 메커니즘, 즉 수익성의 기준에 따른 생산 능력의 구성(투자)에 의해 좌우된다.

◆ 하지만 이러한 시장논리가 본질적으로 자본주의에만 종속되어 있는 것은 아니다. 그러한 논리는 생산수단의 또 다른 형태, 즉 협업, 국가 또는 또 다른 형태의 집산적 소유와도 양립할 수 있다. 결정적인 기준은 수요의 승인이 어떤 사회적인 지위(statut)를 통해서 이루어지는가를 아는 데 있다. 우리는 시장과 계획 사이의 긴장인 현실 사회주의 국가에서, 특히 두 논리 사이의 경계가 수정되고 있다고 여겨졌던 개혁 기간에 그것이 주요한 쟁점이 되었다는 사실을 상기할 필요가 있다.

일반적인 방식으로 경제체계는 여러 수준에서 시장을 대신하는 다양한 규율을 가지고 있다. 모든 기업들은 시장에 고유한 불확실성에 대비하기 위해 사전적 예상과 조사를 하는 데 전력을 기울인다. 광고는 수요를 모으기 위한 수단이다. 특정 유형의 생산 과정(부동산 건축이나 대형선박 건조와 관련된)에서는 불확실성이 공급에 따른 위험을 줄일 수 있는 사전적 조정을 통해 감소된다.

자본주의 내부의 경향과 그것을 넘어서려는 경향

이 줄기로부터 주요한 가지들이 뻗어져 나온다. 이 책의 서론에서 낙관주의적 사고라고 일컬은 것, 즉 지양(dépassement)의 관점이 착취에 대한 고발에 덧붙여지게 된다. 혁명가 또는 예언가의 목소리가 종종, 때로는 우렁차게 들렸다. 하지만 마치 활동가가 초조함을 억제하지 못하는 것처럼 그러한 개입은 오히려 부수적이고 성급한 것이었다. 작업의 순서를 규정하는 건 그러한 개입이 아니라 체계의 객관적 경향들에 대한 고찰이다.

우선 자본주의적 사회체계의 가장 강력한 엔진은 마르크스가 '생산력'이라고 부른 것이다. 그는 자본주의적 체계가 확장되어 나감에 따라 부의 분배가 자원의 부족으로부터 해방된 사회를 수립할 수 있는 조건이 형성된다고 보았다. 거기에 생산력의 '사회화'라고 부르는 과정이 덧붙여지고 있다. 그는 사회화를 통해 사회 전체가 필요로 하는 자원을 집합적으로 취득하는 수준에 이른다고 보았다. 시장을 초월하는 내적 기능 요소를 갖고 있는 거대 기업은 생산의 사회화가 일어나는 하나의 장소이다. 적어도 국가적 차원의 계획에 따른 생산 업무의 조정(coordination)은 집산화 과정에 완성된 모습을 부여할 것이다. 그러한 현상의 다른 한편에서 노동자들은 자신들의 조직 역량을 파생할 수 있는 거대한 생산 단위에 함께 모여 있다고 느끼게 된다.

하지만 마르크스는 자본주의가 촉진하는 이러한 사회화가 생산수단의 사적 소유라는 논리와 모순을 겪을 것이라 보았다. 자본의 총체적인 '관리자'(administratirces) 자리에 오르게 되는 금융기관 또는 주식회사와 같은 자본주의적 소유를 위탁받은 제도적 형태들은 지렛대이자 제약들로 동시에 나타난다. 그것은 조직된 노동자들에 의해 실행되는 집단적 소유로의 이행을 예비하지만, 동시에 그만큼 그러한 경향을 제지시키기도 한다. 따라서 지배계급에 대한 비굴한 태도로부터 해방된 지식에 의해 인도되는 혁명적 투쟁은 어떤 의미에서는 사회화 경향을 조화롭고 완성된 형태로 이동시키는 것을 목표로 한다.

다른 한편으로 마르크스는 앞으로 도래할 미래와 상관관계를 갖는 자본주의적 발전의 시작과 끝을 특징짓는 폭력을 나타내려고 하였다.

우선『자본』1권 제7편 25장[6]은 자본주의적 **축적**의 **일반법칙**에 할애되어 있다. 자본이 고능률의 새로운 기계로 대체된다고 해서, 고용이 축적과 비례적으로 증대하지는 않는다. 그와 같이 자본가들은 실업 상태에 있는 노동 '예비군'을 만들어 낸다. 이를 통해 자본가들은 위기 순간에 발생하는 변동성에 대처할 수 있다. 맬서스식의 체계에 대한 냉소적 변호론이 진정한 비판에 직면하게 된 것이었다. 여기서 혁명가는 이론가보다 앞서 나가는 경향이 있는데, 이는 앞선 일반법칙이 최종적으로 논증된 바 없다는 사실과 관련되어 있을 것이다. 때때로 노동자계급의 '궁핍화'라는 용어가 남용되기도 한다.

우리는 제8편의 **시초축적** 부분에 제시하고 있는 또 다른 각도의 관점에서 이러한 폭력의 문제를 발견하기도 한다. 마르크스는『자본』1권의 말미에서, 자본주의의 고유한 생산적 논리에서는 이해될 수 없고, 아직 자신만의 고유한 논리가 수립되지 않은 자본주의의 **출발점**에 대한 독특한 질문

---

6) 카를 마르크스,『자본』I-2, 강신준 옮김, 길, 2010, 837~960쪽.—옮긴이

을 제기한다. 이러한 시초축적 과정이 나타남에 따라 온갖 종류의 권력자들은 자본주의적 이윤율을 얻기 위해 수단과 방법을 가리지 않는 상황으로 이끌어진다. 시작은 항상 '되풀이'된다. 본질적으로 자본주의적 발전은 진행됨에 따라 재생산되도록 되어 있다. 그 어느 때보다 오늘날에는 더하다.

하지만 체계의 예정된 종말을 확증하는 듯 보이는 더 유명한 명제가 이윤율의 저하 경향——자본주의 내의 기술 변화에 대한 구체적 성격과 결합된 경향——에 대한 것이다. 마르크스가 보기에, 고전파 경제학자들은 이미 이윤율 저하 경향이라는 것을 인식하고 있었고, 그것에 대해 두려워하고 있었지만, 그 원인에 대해서는 혼동하고 있었다. 이러한 수익성 저하가 감지될 때, 다양한 반(反) 경향들에도 불구하고 자본주의는 생산의 수축(경기후퇴 또는 침체), 투기, 금융위기와 결합된 위기 국면에 접어들게 된다. 우리는 『공산주의자 선언』의 문제설정——자본주의라는 '도제 마법사'——, 즉 억제될 수 없는 발전의 선도자라는 모습을 다시 발견할 수 있다.

마르크스는 '경제순환'이라는 이름하에서 지칭했던 것을 더 정확하게 묘사하고 이론화를 시도하기 위해 여러 번이고 다시 분석을 갱신하였다. 우리가 오늘날 '경기 순환'이라고 부르는 이러한 해석은 '가공 자본'이라 부르는 유가증권 포트폴리오 축적의 엄청난 증대와 관련된 금융 불안정성에 대한 주제와 결합된다. 1848년처럼 대중적 투쟁이 폭발한 상황에서 자본주의적 생산의 급격한 동요를 해석하고 진단할 수 있는 도구가 모두 거기에 있다.[7]

---

7) 이러한 '마르크스주의 경제학'의 이론적 역량, 특히 현대 자본주의 안에서 작동하고 있는 메커니즘을 설명할 수 있는 능력은 매우 과소평가되어 있다. 이러한 제라르 뒤메닐과 도미니크 레비의 작업은 이러한 평가를 배경으로 한 것이다. 뒤메닐과 레비가 함께 쓴 *La dynamique* 와 *Économie marxiste*를 참고하라.

'혁명적 이론가'는 그와 같이 거대한 비전을 열어 놓았다. 계급사회로서의 자본주의는 자신만의 동역학을 갖는데, 그것은 조직된 프롤레타리아에 의해 인도될 혁명적 정세로 귀착하며, 자본주의 지양의 고유한 필연성을 규정한다. 그를 통해 그 '생산양식'에 종언이 고해진다

생산양식

『자본』그 자체는 자본주의적 생산양식에 대한 부분적인 시각만을 제공한다. 『자본』1권은 생산과정을 다루고 있으며, 자본주의의 고유한 형태가 잉여가치 생산──가치-자본의 자기증식──이라는 걸 알 수 있다. 2권은 유통, 즉 다양한 존재형태──화폐, 상품과 생산적 자본──하의 가치-자본의 유통을 분석한다. 3권은 '전 과정의 구조화'를 분석한다. 바로 그 3권을 통해 자본의 전체 개념들(이윤 개념과 같은)과 일단 자본의 톱니바퀴들을 분해해서만 이해될 수 있는 메커니즘 및 법칙들이 소개된다. 마르크스가 『자본』에서 행하고 있는 연구는 관례적으로 '경제적 기초'라고 지칭되는 것에 제한되어 있다. 하지만 그러한 연구는 자본주의적 생산양식이라는 이름을 갖는 더 넓은 사회적 맥락 속에 포함되어 있다. 생산양식 분석의 핵심을 구성하는 자본에 대한 경제적 분석은 특히 그 분석 안에 계급구조가 내재하고 있으며, 국가 관계 속에 존재할 수도 있다는 예상을 포함하고 있다.

만약 이 작업이 자본에 대한 정의에 앞서 상품과 화폐에 대한 연구로부터 시작했다면, 우리가 보았듯이 그것은 그 개념들이 자본에 대한 연구에 필수적인 전제조건이기 때문이다. 하지만 여기에서 문제가 제기될 수 있다. 자본이 자본주의 이전의 사회에도 존재하고, 자본에 대한 이론으로 자본주의 생산양식에 대한 이론이 완성되지 못한다고 하더라도, '자본'이라는 개념은 사실상 '자본주의'라는 개념을 상기시킨다. 하지만 동일한 방

식으로 '상품'이 '상품생산'으로 귀착되지는 않는다. 우리는 자본주의 이전에 존재했던 생산양식이라는 의미의 '상품생산'이 아니라, '자본주의적 생산양식'에 대해서 말할 수 있다. 이는 논리적인 개념적 연쇄에 대한 신화적이고 역사적인 단계를 반영한다. 상품에 대한 개념을 전개하지 않고 자본 개념을 설명하는 것은 불가능하지만 우리가 자본주의적 생산양식 이전에 존재했던 상품생산양식의 선재성(先在性)을 추론하는 것도 가능하지 않다.

바로 그것이 마르크스의 "오직 자본주의만이 모든 생산물을 상품으로 전화시킨다"라는 정식의 의미이다. 상품생산의 논리는 자본주의 경제의 맥락 속에서만 완전히 발현된다. 그러나 자본에 대한 이론적 설명은 자본을 추상하면서 시작된다. 시장은 생산양식이 아니다. 마르크스에 따르면 그것은 자본주의적 생산양식의 논리를 정의하게 될 **또 다른** 논리로부터 시작하는 사회적 논리이다.

결국 마르크스는 **자본주의적** 생산양식이 또 다른 생산양식들 중에 하나일 뿐이라고 보았다. 따라서 우리는 사실상 그러한 분석이 기입되는 더 일반적 이론을 그려 내면서 우선적인 개괄적 검토를 완성할 필요가 있다.

역사과학: 역사유물론

마르크스는 『독일 이데올로기』 이후 오랜 뒤에 고전적으로는 '역사유물론'이라고 부르는 역사에 대한 일반이론을 통해 현대 자본주의 세계에 자신의 접근 방식을 전개하였다. 극도로 농축된 형태의 이러한 방식으로 인해 그것은 일부 남아 있는 널리 알려진 작업들을 제외하고는 [정작] 그의 차후의 작업 속에서 체계적으로 재등장하지는 않았다.

1859년[8] 「서문」을 보자. 마르크스는 여기에 **생산력과 생산관계**라는 개념을 등장시킨다. 그것은 매 시기 기술적 원리(즉, 기술savoir-faire)와 사회·

정치적 관계 사이에는 일종의 '조응'(correspondance)관계가 있다는 것이다. 그것은 이미 1750년대 자유주의적 스코틀랜드인인 애덤 스미스가 기틀을 다져 놓은 사상이었다. 그는 바로 목축, 농업, 산업과 상업과 같은 계속된 시기에 윤곽을 드러내는 비전의 창시자였다. 그것은 단순한 기술적 계열(séquence)의 문제가 아니었다. 각 단계에서 사실상 이러한 사상가들이 어떤 특정한 '시민사회'라고 부르는 것의 형태를 만들어 내었다. 시민사회는 매번 특정한 방식으로 노동과 생산물의 분배양식 및 생산에 대한 감독과 통제, 능력과 권리의 분배를 규제하는 제도들의 총체였다. 바로 그러한 문제설정은 오늘날에도 다양한 형태로 상당히 일반적으로 통용되고 있다. 하지만 그것은 마르크스에게 어떤 종별적인 것으로 나타났다. 마르크스주의적 역사이론에 적합한 것이었다.

한편으로 마르크스는 생산력 주위에서 벌어지는 대립이 개인적 사태들만은 아니라는 문제를 제기하였다. 왜냐하면 이 대립이 (적어도 농업 및 목축과 더불어 사적 소유가 존재하는 그 순간부터) 노동하고 있는 사람들과 생산할 수 있는 수단을 영유하고 생산을 관리하며 통제하는 다른 사람들과의 대립 속에서 실현되기 때문이었다. 그와 같이 생산력을 통해 그 특정한 본질에 따라 매번 구체적인 계급관계가 형성된다. 다시 말해 착취관계 및 그 시기에 특수한(singulier) 지배 형태가 부과된다. 따라서 생산력에 '조응하는' 사회적 관계를 말하는 것은 우선 모든 기술이 사회적으로 동일한 방식으로 통제되거나 영유될 수 있다는 걸 의미하지는 않으며, 동일한 방식으로 생산자들을 착취할 수 있거나 '예속화시킬 수 있다는' 의미도 아

---

8) Karl Marx, *Contribution à la critique de l'economie politique*, Paris, Editions Sociales, 1957, pp.4~5. 원제 *Zur Kritik der politischen 'Okonomie'*[『정치경제학 비판을 위하여』, 김호균 옮김, 중원문화사, 2007].

니다. 나일 강 유역의 관개 기술은 이러한 [강의] 흐름을 통합하는 공간 속에서 나타나는, 정치·사회적으로 매우 집중화된 구조화와 조응할 것이다. 스텝지역의 목축업은 변동성이 매우 큰 소유의 분할과 관계된 또 다른 계급관계에 조응할 것이다.

하지만 또 다른 생각이 거기에 추가된다. 왜냐하면 마르크스주의적 도식은 그 일반성에도 불구하고 현대 사회와 밀접히 관련되어 있고, 그 사회에 적합하며 그것을 대상으로 하는 듯 보이기 때문이다. 사실상 조응 개념은 실제적일 뿐 아니라 매우 구체적이며, 어떤 동역학적인 의미를 함축하고 있다. 생산력들에 '조응'하는 사회적 생산관계는 본질적으로 발전의 추동력이 된다. 따라서 여기에서 비롯되는 지배관계는 동시에 기술적 발전의 요소이기도 하다. 하지만 기술적 발전은 잠재적으로 생산자 및 착취자와 피착취자 사이의 관계를 변형시킨다(변증법적 전환). 그처럼 소유와 경쟁에 기초하고 있는 자본주의적 생산양식은 기계화된 생산의 필요조건에 매우 부합하며, 기계화된 생산을 촉진하지만, 그 반대의 상황은 불가능하다. 왜냐하면 생산력이 그 자체로 존재하는 어떤 **경향적** 벡터(vecteur)는 아니기 때문이다. 생산력은 **사회적**으로 규정된 논리 속에서만 성장한다. 하지만 그 여파로 자본주의적인 사회적 논리는 자신이 생산력 발전 운동에 사로잡혀 있다는 것을 발견하게 된다. 자본주의는 대공업을 발전시켰고 대공업은 자본주의에 충격을 가하면서 종언을 고한다. 대공업은 자본주의를 대신할 수 있는 새로운 사회적 생산관계의 잠재성을 명백히 드러낸다. 마르크스는 말하길, 우리는 '**혁명**'의 시기에 접어들었다.

『자본』에서, 이러한 예정화된 선언, 즉 보편역사에 대한 절대적인 도식이 명시적으로 되풀이되고 있는 건 아니다. 하지만 마르크스가 여기에서 동일한 '기준선'을 뒤따르는 것 같기는 하다. 이러한 상황에서 어떻게

'혁명'적 과제에 도달하게 될 것인가? 의심할 바 없이 마르크스주의가 우리가 살고 있는 시대에 대해 문제시되고 있는 것도 바로 이곳이다. 어느 역사유물론도 그러한 원리와 무관하지 않다. 정보과학 혁명이 사회관계 속에 있는 혁명적 잠재성을 충분히 열어 놓으리라는 생각은 대중적으로 익숙해졌다. 문제는 그러한 모든 것들이 어디에 도달하며 마르크스가 『자본』에서 열어 놓은 관점이 유효한지 ──정치와 기술 사이의 관계에 대해 밝혀내고 우리의 역사를 해석하는 데 있어 ──에 대한 것이다. 그가 우리에게 제시하고 있는 이야기를 평가해야만 한다.

2장

마르크스주의의 '거대서사'

마르크스는 이전 학자들의 일반적 경향에 반발하여, 경제적 현상을 역사 특수적인 사회 전체 행위의 구성 요소로서 논의하였다. 시간을 초월한, 관념적인 학문으로 자신을 발전시킨 고전파적 경향에 반대하여 마르크스가 '경제학 비판'을 수행한다는 건 바로 이런 의미에서 그러하다. 말하자면 이러한 비판은 분명히 경제학 이론이다. 그리고 그 고유한 이론적 성격은 현대 사회에 대한 이론과 분리할 수 없다는 데 있다. 마르크스는 자본주의를 현대성의 차원에서 이해하였다. 이러한 현대성은 르네상스 여명의 시기에 열리게 된 새로운 시대를 지칭하는 용어라는 고전적 의미를 지니고 있다. 그의 경제학은 현대 사회에 대한 비판이론 속에 포함되어 있다. 그것이 우리가 여기서 평가하려고 시도하는 질문이다.[1]

이번 장에서는 이전 장에 이어서 『자본』 1권에 대한 문제설정적(inter-rogative) 독해를 제안한다. 한편으로는 마르크스 분석의 궁극적인 정치적

---

1) 이 장에서는 *Que faire Capital?*에서 시작하여, '메타구조' 개념과 그와 관련된 일련의 개념들을 도입한 자크 비데의 *Théorie générale*에서 발전되어 *Explication et reconstruction du Capital*에서 체계적인 방식으로 전개된 『자본』에 대한 해석을 연장하고 있다.

목표에 본질적인 부분을 드러내고, 또 다른 한편으로는 이 책에서 이후에 계속될 현대 사회 및 자본주의와 새로운 질서로의 자본주의의 지양에 대한 그의 접근을 실행할 수 있는 비판의 기준을 제시하려고 한다.

마르크스적 유토피아

마르크스 이전에는 특히 프랑스의 역사가들이 계급투쟁과 계급의 용어로 역사를 고찰했다. 하지만 마르크스의 연구는 모든 계급관계의 폐지를 목표로 하는 정치·경제적 조건의 전체에 대한 급진적 분석으로 이어졌기 때문에, 이러한 문제설정을 새로운 용어로 계승하였다.

그는 모든 종류의 기능적 분할을 넘어서는 결정적인 사회관계 ——생산수단을 소유하고 있는 계급과 생산수단을 소유하지 못해 필연적으로 임노동자로 일하는 계급들 사이의 대립——를 이끌어 냈다. 임노동을 수행하는 계급들은 그들이 받는 것보다 더 생산한다. 이는 그들을 고용한 계급들을 위해서 그러하다. 그리고 그 결과로 모든 생산된 사회적 부는 자본가계급의 수중에 항상 증대된 규모로 축적된다.

거기에 남아 있는 것은 절망, 폭로 또는 반역의 목소리뿐이다. 그것은 우리가 본 것처럼 질문을 완전히 다르게 발전시킨 것이다. 자본주의 생산양식은 필연적으로 그 종말을 고하게 된다. 경쟁은 사실상 대기업의 형성으로 이어지고 따라서 새로운 계급, 즉 생산과정 그 자체에 의해 착취되고 있지만, 교육받고 점점 더 많은 수로 구성되어 단결된 프롤레타리아가 출현한다. 이 계급은 언젠가 생산수단을 집단적으로 영유하게 될 것이다. 그리고 그들은 그때부터 사회적 삶 전체를 (사적 이익을 넘어) 획득하게 될 것이다. 이를 통해 적어도 동시에 **정치적** 자유주의로서 존재하고 있는 그 권리 주장 내에 있는 자유주의가 단지 약속하고만 있었던 것, 다시 말해 그 운명을 자유롭게 규정하는 사회 내부에서 평등하고 해방된 인간들의 관계가 실현될 수 있을 것이었다.

우리는 이러한 것을 마르크스주의적 '거대서사'라고 대략적으로 요약할 수 있다. 그것은 인간의 권리에 대한 현대적 선언 속에 기입된 자유주의적 약속에서 시작하여 그 약속을 반전시키는 세력의 출현, 즉 그것을 파렴치하게 무시하면서 전체를 표방하고 있는 경제체제의 동역학을 드러낸다. 그리고 새로운 사회적 질서 속에서 어떤 방식으로 그러한 약속들이 실현되는지를 보여 준다. 마르크스주의적 거대서사는 20세기 거대한 유토피아——착취받고 있으며 모욕당한 다수의 인간들이 그러한 명목하에서 '최종적 투쟁'을 위해 봉기하게 되는——를 그와 같이 그려 내고 있다.

우리는 역사가 그러한 방식으로 결론나지 않았음을 알고 있다. 어떤 부분에 오류가 있었다고 할 수 있을까? 만약 세계를 변화시키기를 포기한다면 마르크스주의는 무엇이 될까? 만약 우리가 오늘날 이러한 무모한 기획에 대해 판단을 내리고자 한다면, 의심할 바 없이 우선 거대서사 내에 투사된 '거대 이론'의 범위를 정하는 데 합의해야 할 것이다. 시대의 차이를 고려하면서, 진술되고 있는 엄격한 순서, 마르크스에게 결정적인 중요성을 갖고 있었던 '설명 순서'를 한걸음씩 뒤따라 가면서 해석할 것이다. 그리고 그것은 정말로 역설적일 것이다.

상품사회: 천상의 서곡[2]

마르크스적 접근은 적어도 그 시작에 있어서는 자유주의적인 접근과 유사하다. 『자본』 1권 제1편은 전적으로 상품생산논리에 할애되어 있다. 그

---

2) 괴테의 『파우스트』 참고. ─옮긴이

리고 이전 장에서 우리가 본 것과 같이 마르크스는 여기서 여전히 전적으로 고유하게 **자본주의적**이라고 부르는 것을 자본주의 내에서 추상했음을 강조하면서, 이후에 자본주의적 축적의 경제적 기초를 구성하는 임노동과 착취에 대해서는 다루지 않고 있다. 그것은 자유로운 경쟁의 조건하에서 교환을 위한 생산과, 사적 소유를 기초로 한 상품적 논리라는 범위 내의 현대적인 생산논리에 대한 분석 이상으로 나아가지 않는다. 이러한 틀이 '사회적 필요 노동시간'으로 가치론을 정의할 수 있도록 해준다. 바로 그러한 노동시간은 기술적 발전 수준이 어느 정도이건 간에 경쟁 관계의 동역학적 맥락에서 출발하여 사회적으로 정의된다는 점을 보일 필요가 있었다. 그리고 그것은 합리적(rationnel) 생산 체계(여기서 '합리적'이란 말은 사회적으로 승인된 사용가치들을 더 적은 시간을 들여 생산하는 걸 지향한다는 의미이다)로서의 경쟁 시장에 대한 분석에서 시작하고 있다. 사적 생산자들 사이의 경쟁은 이러한 의미에서 다양한 부문들 사이의 **생산성**과 **균형**, 그리고 필요한 **정보**(시장가격이 공표됨에 의해서)의 촉진을 보증한다. 마르크스의 텍스트를 주의 깊게 검토하다 보면, 여기에 제시된 세 가지 개념이 존재하고 있으며, 그것이 상품관계 및 상품, 그리고 가치에 대한 이론을 구성하고 있다는 것을 알 수 있다.

　하지만 또 놀라운 것은 이러한 현대적 생산관계가 오직 (경제인의 모습으로) '합리성'이라는 용어로 정의될 뿐 아니라 '이성'(raison)이라는 용어, 즉 정당성에 대한 주장이라는 의미에서, 자유와 평등이라는 법-정치적 용어로 정의된다는 게 발견된다는 점이다. [각자는] 사적 소유에 기초하고 교환을 지향하는 이러한 상품생산관계 내에서 교환자와 소유자의 자격으로, 각각 자유롭고 평등한 참여자로서 상호적으로 취급된다. 마르크스는 동일한 초기의 개념화 과정 속에 법과 경제에 대한 자유주의적 개념을 그와 같이 통합하였다. 그는 이를 현대성의 사회적 존재론 속에 기입하였다. 그것들이 어떤 식으로 기입되는지 알 필요가 있을 것이다.

오로지 **시장** 범주에서 시작하면서 일시적으로 **자본** 범주를 배제하는 식으로 처리하는 이러한 방식은 본질적으로 논리적 필연성에 상응한다. 왜냐하면 우리가 본 것처럼 **잉여가치론**을 설명하는 수단으로서 존재하기 위해서 가치론이 우선적으로 확립되어야만 한다. 마르크스는 잉여가치론을 통해 자본가인 구매자가 자신이 임금을 주고 구매한 노동력을, 임금으로 정의되고 있는 부분보다 훨씬 많은 가치를 증대시키도록 활용한다고 주장하였다. 따라서 자본주의 이론에 대한 설명의 필연적인 **입구**(commencement)가 존재한다. 그것이 상품이론, 즉 생산논리로서의 시장에 대한 이론이다.[3]

(관념적으로 제시된) '시장경제' 개념

마르크스는 길고 긴 연구 작업 끝에 이러한 논리적 입구에 다다를 수 있었다. 우선 그는 자본주의에 핵심적인 부분으로서 착취에 대한 분석에서 시작할 수 있다고 믿고 있었다. 그는 자신의 첫번째 거대한 초안이었던 『정치경제학 비판 요강』의 마지막 장에서 다른 방법으로 이야기를 해석해야만 한다는 걸 알아차렸다. "부르주아의 부가 나타나는 첫번째 범주는 상품의 범주이다." 그러한 방식이 일관적 형태로 그의 설명을 시작하는 수단이 되었다. 곧장 그것은 그가 최종적 기안이라고 확신하던, 상품이론에 할애된 『정치경제학 비판을 위하여』에서 나타났다. 그 골자를 구성하고 있는 『자

---

3) 이러한 생산의 논리가 우리가 이전 장에서 강조한 것처럼 '생산양식'을 구성하는 것은 아님을 지적해 두자.

본』의 첫번째 문단에서 그는 상품분석이 필연적으로 출발점을 구성한다는 걸 강조하고 있다.

마르크스는 그런 식으로 시작하면서 계속해서 '추상'에서 '구체'를 향해 나아가길 요구한다. 이러한 용어법 속에서 가장 '추상적'인 것은 현대적 생산형태의 가장 **일반적** 맥락이라고 할 수 있다. 그것은 상품을 생산하기 위한 노동의 사회적 조정(coordination) 양식인 시장이다. 여기서 가장 구체적인 것이라 함은, **경험적인 것**을 지칭한다기보다는, 더 **정교화된** 개념(자본) 속에서 해석된 일반적인 개념적 데이터(시장)가 복잡화된 결과라 할 수 있다. 마르크스가 말하길 이러한 구체성은 '사고 속의 구체'이다. 이러한 의미에서 시장의 **추상적** 개념에서 필연적으로 출발하는 논리적 계열은 발전되어 나가 더 구체적인 **자본**이라는 개념에 도달한다.

하지만 자본과 시장 사이의 관계 속에는 이론 또는 개념 구성에 있어 단순한 것으로부터 복잡한 것으로, 또는 더 정확하게 '추상에서 구체로'라는 논리적 진행에 대한 단순한 질문보다 더 많은 것이 포함되어 있다. 상품관계에 대한 설명을 단지 착취론 설명에 대한 **전제조건** 정도로 간주하면 안 된다. 왜냐하면 상품관계, 즉 시장논리는 자본주의 내에서 그 유효성을 유지하고 있는 매우 현실적인 것이기 때문이다. 강탈이자 교환 규범에 대한 위반인 착취론의 배후에는 착취의 조건인 상품관계가 지속되고 있다. 가치 개념(과 그것의 조건이 되는 상품생산 및 시장, 그리고 사적 소유라는 범주들)은 단지 다른 것, 단지 작동될지도 모르는 자본 개념을 예비하는 것에 머무르지 않는다. 마르크스는 그것이 현대 자본주의 사회의 가장 중요한 특징을 나타낸다고 보았다.

자본주의적 구조의 '메타구조'

계급 '구조'의 배후에서 발견되는 이러한 더 추상적인, 즉 더 일반적인 것을 '메타구조'(métastructure)라는 이름으로 나타낸다고 하자. 이것은 용어법의 혁신이 갖는 마르크스 및 마르크스주의와의 관계가 문제이지, 개념적 혁신과는 관련이 없다. 왜냐하면 마르크스주의적 문제설정의 기본적 측면이 더 정확하게 나타나도록 하는 것이 일차적 목표이기 때문이다. 그리고 메타구조/구조의 짝이 우리의 분석의 중심에 위치하는 건 바로 이러한 의미에서 그러하다.

이러한 문제설정은 복잡한데, 그것이 변증법적 방식으로 이해되기 때문이다. 그것은 자유주의와는 다르게, 현대 경제를 **시장경제**가 아니라 상품으로서 기능하는 노동력 착취에 기초한 자본주의 경제라고 주장한다. 우리는 **자본주의 경제**가 야기한 계급관계와 잉여가치 과정에 대한 분석에서 출발해야만 현대 사회의 동역학과 물리학을 이해할 수 있다. 하지만 마르크스는 시장의 논리와 자본의 논리를 엄격하게 구분하였다. 자본의 논리에 대해 말하지 않고서도 시장의 논리를 말할 수 있기 때문이었다. 자본주의는 상품생산 형태에 대한 **독특한** 규정으로 그와 같이 나타났다. 그렇기 때문에 마르크스주의적 탐구의 중심에 위치한 질문 중 하나는 자본주의와 시장의 관계에 대한 탐구가 될 것이다(「보충설명 2」). 우리는 그러한 쟁점에 대해서 쉽게 이해할 수 있다. 특히 그것은 자본주의 폐지가 시장 폐지로 이해되는지를 인식하는 문제가 될 것이다. 하지만 우리가 볼 것처럼, 여전히 거기에는 문제의 한 측면만이 존재하고 있다.

마르크스는 이론적 구성 전체에 걸쳐 시장과 자본이라는 두 용어 사이의 관계를 정의하고, 이러한 질문을 해명하려고 노력하였다. 그는 연구 끝에 『자본』에서 이러한 관계가 별개의 두 가지 의미로 이해되어야만 한다는 것을 보여 주었다. 그리고 이러한 별개의 두 가지 의미를 지니는 단위로 현대 사회형태의 경제·사회적인 변증법을 정의하였다. 우리는 지금까지 보아 온 다음과 같은 이유로 시장으로부터 자본으로 필연적으로 전진해야 한다. 즉 자본주의적 사회관계는 그 개념적 전제조건인 상품관계 바깥에서는 이해될 수가 없다. 이러한 의미에서 시장은 자본의 논리적 '전제'이다. 하지만 반대의 의미로 역사적 동역학에 따라 생산논리로서 시장을 발전시키는 건 바로 자본주의이다. 엄격하게 말해서, 보편적 관계로서 시장을 '위치시키는 것'은 바로 자본이다. 다시 말하자면 자본을 불러내는 건 시장이 아니다. 바로 노동력을 상품으로 만드는 자본주의적 논리가 전체 생산을 상품생산이 되도록 하며, 모든 것 ——모든 재화와 서비스의 생산—— 을 상품화시킨다. 세계가 시장이 되는 것은 바로 자본주의를 통해서 그러하다. 그리고 헤겔주의적 논리 안의 마르크스주의적 용어법에서 시장은 자본에 대해 '제시된 전제'(présupposé posé)이며, 즉 그 전개 과정 속에 위치하고 있는 전제이다. 여기서 채택하고 있는 용어법에 따르면, 메타구조는 구조에 앞서 제시된 전제이다.

독자들은 만약 우리가 구조와의 관계에 대해 과도한 중요성을 부여하는 것으로 보일 정도로 메타구조라는 필수적 용어를 강조하고 있다면, 오직 개념의 본질을 끌어내는 데 필수적이기 때문임을 이해할 것이며, 그를 통해 구조에 대한 훨씬 폭넓은 이해가 가능하게 됨을 다음 장들에서 보게 될 것이다.

메타구조의 또 다른 면, 법-정치적 측면

따라서 문제는 두 개의 사회적 논리를 표현하는 시장과 자본이라는 두 개념을 구별하고 동시에 현대 사회의 형태 속에서 그 통일체를 이해하는 것이다. 이러한 문제는 경제적 측면에 제한되지 않는다. 우리는 마르크스가 현대적 사회관계를 자연적으로 불평등한 사회적 지위에 속하게 되는 본질적으로 서로 다른 인간들이라는 이념이 아니라 '평등이라는 선입관'에 기초하고 있다는 점을 강조했다는 것에 주목할 것이다.[4] 예를 들어, 여기에는 특히 아메리카에 존재했던 자본주의적 노예제 또한 포함되어 있다. 임노동제 지위에 있는 사람들은 물론이고, 노예상태에 있는 사람들도 자본주의 내에 자리 잡고 있다는 문제를 배제하여서는 안 된다. 하지만 앞으로 볼 것처럼 이러한 결론에 엄격하게 도달하기 위해 역설적으로 자유와 평등에 대한 준거를 함축하고 있는 '자유로운 임노동제'의 논리라는 이상적인 표준적 상황으로부터 출발할 필요가 있다. 임노동자는 고용주를 바꿀 수 있으며 이러한 의미에서 그들은 자유롭다. 그들은 자신의 노동력을 상품으로서 자유롭게 처분한다. 실제로 그들은 자본가에 의해 처분되기 위해서만 자신의 노동력을 처분한다. 그리고 그를 통해 그들 사이의 위계적 관계뿐만 아니라 현대적 착취의 법-정치적 조건 또한 수립된다.

마르크스의 테제는 분리할 수 없는 개념들 간의 연쇄——선언, 준거, 위치, 전도(retournement)——를 함축하고 있으며, 그러한 연쇄는 쉽게 이해된다. 그것은 현대적 계급관계가 상품생산관계와 동일시되는 합리적(rationnelle: 경제적)이고 합당한(raisonnable: 법-정치적) 관계라는 **준거**에 기초하고 있음을 보여 준다. 하지만 곧장 전제된 관계가 결코 부여되거나 제시되는 것이 아니라 그 반대로 **전도**된다. 따라서 현대성은 자유주의가 주장하는 것처럼 자유에 전혀 **근거**하지 않고 있다. 자본주의는 이러한

---

4) 마르크스는 모든 인간관계가 시장경제를 따르게 되는 현대 사회 속에서 "인간 평등의 이념이 이미 대중적 선입견이 가지고 있는 힘을 획득하였다"라고 쓴다(Karl Marx, *Le Capital*, livre I, t. I, Paris: Édition Sociales, 1978, p.73).

합리-합당한 관계에 근거하고 있지는 않지만, 바로 그러한 관계에 **준거하**고 있다. 그것은 완전히 다른 문제이다.

메타구조는 항상 **선언된다**. 임노동자들이 자유롭게 기업 안에서 자신의 자유를 몰수당한다고 가정하고 있으며, 자유시장이라는 이름하에서는 더 강한 보호주의와 식민지적 약탈도 벌어진다. 하지만 이러한 준거는 단순히 선전적 가면도 아니고 단순한 '이데올로기적 상부구조'도 아니다. 그것은 메타구조 개념을 나타내는 고유한 지위(statut)를 가진다. 그것은 **그 고유한 형태 안에서** 현대 세계에 특수한 구조 그 자체를 규정한다. 자본주의적 구조는 사회의 합리-합당적 관계에 대한 **전도**로서 이해된다. 게다가 현대 사회형태에 대한 분석에 들어감에 따라 우리는 점점 더 그러한 모습을 잘 볼 수 있을 것이다. 하지만 이미 마르크스는 전도 그 자체 내에서 구조를 구성하는 메타구조가 **겉으로 보기에**(censément) 법적으로 평등한 상대방들 사이에 가정된 계약적 관계라는 용어 속에서 끊임없이 상기되고 있다는 점을 강조하였다. 그는 『고타강령비판』에서 주장하고 있는 [권리의] 실질적인 실현이라는 측면을 제외하고, 사회주의적 권리는 '부르주아적 권리'와 특별히 다르지 않다고 강조한다. 사회주의는 자본주의에 내재된 약속을 실현할 것이다.

하지만 우리는 이러한 모든 이들 사이의 합리적 관계에 대한 자유롭고 평등하게 가정된 선언이라는 '준거'가 무척 다의적인(amphibologique) 것임에 주의해야 한다. 그러한 준거는 전적으로 '양가적'이다. '아래로부터'라는 의미에서 그것은 그래야만 하는 것으로서 선언되어야 한다. '위로부터'라는 의미는 반대로 그것은 [현실적으로] 도달된 것으로서 고려된다. 우리는 동일한 권리를 소유하고 있으며 우리 모두가 평등하게 고려되는 법치국가(État de droit) 안에 있는 것이 아닌가? 전적으로 모든 사회는 동일한 선언——우리는 자유롭고 평등하다——속에 포함되어 있다. 하지만 그것은 전쟁의 함성이다. 그것은 계급들 사이의 투쟁의 깃발이다.

착취, 소외, 지배로서의 자본주의

이러한 법적 질서는 자본주의 내에서 사실상 **전도된** 형태로만 존재한다. 그것은 『자본』 1권 제3편에서 내내 발전되고 있는 여러 관점을 따라서 분석된다. 마르크스주의 내부의 전통적 차이가 다양하게 드러나지만 분리할 수 없는 총체로 귀착한다.

가장 고전적인 접근은 **착취** 개념에 집중되어 있다. 자본주의적 축적은 계속적인 강탈 과정과 평행하는, 노동자가 생산한 것과 그들이 임금 형태로 지급받는 것 사이의 차이에 기초하고 있다. 이러한 과정은 노동과 임금 사이의 **교환**이라는 외양 아래 은폐되어 있다. 잉여가치론은 바로 그러한 것을 드러낸다. 여기서 문제가 되는 것은 당연히 자본가들의 전략을 규정하는 사회적 생산형태의 주요 메커니즘이며 더 일반적으로는 현대 사회 내부에 존재하는 세력관계이다. 하지만 이러한 접근이 문제를 철저하게 고찰한 것은 아니다.

왜냐하면 그것은 마르크스도 동일하게 주목했던, 또 다른 문제를 제기하는 그만큼 중요한 또 다른 차원이기 때문이다. 그러한 테제는 단순히 임노동이 자본가가 영유하는 잉여를 생산한다는 의미만이 아니라 그런 잉여가 **추상적** 부의 축적 형태 아래서 나타나게 된다는 점이다. '노동 일반'(우리가 상품 패러다임에서 발견하는)의 논리와 자본주의적 생산논리는 전자가 사용가치, 즉 구체적인 부, 다시 말해 사회적 유용성의 생산을 목적으로 한다는 점과, 후자는 반대로 잉여가치, 즉 무한하게 축적되는 추상적인 부——인간, 자연, 문화에 미치는 결과가 어떻든 간에——를 목적으로 한다는 점에서 차이가 있다. 이러한 테제가 그 이론의 중심에 있으며, 우리는 그 것을 최종적으로 '두번째 모순'의 테제로서 확인할 것이다(9장). 그것은 사 용가치의 용어로 정의된, '최적성'이라는 속성을 자본주의적 시장 탓으로 돌리는 [주류] 경제이론과는 완전히 반대된다.

분명히 자본주의를 자연조건을 파괴하는 최초의 사회형태라고 볼 수 는 없지만, 이전 사회는 자본주의와 같은 기술적 잠재력에 조응하는 동일 한 생산논리는 가지고 있지 못했다. 이러한 주장을 통해 마르크스가 정치 생태학의 기초에 기여한 바를 알 수 있는데, 고전 마르크스주의는 별로 주 목하지 않았다고 말할 수 있다.

만약 첫번째 차원(착취)을 '경제'로, 두번째('추상적 부'라는 의미에서 추상) 차원을 사회생태문화로 규정할 수 있다면, 그와 마찬가지로 중요한 세번째 차원인 계급투쟁 내부의 **지배**라는 정치적 차원에 대해서도 이야기 할 수 있다. **추상적 부** 형태로 축적된다는 것을 만일 우리가 이윤의 관점에 서 이해한다면, 그것은 자연에 대한 존중 속에서 진정한 사용가치를 생산 한다는 의미가 아니라, '생산을 위한 생산', 더 많은 것을 생산하기 위해 동 원 가능한 노동력을 항상적으로 증대시키는 대중에 대한 자본가들의 일방 적 **권력**을 뜻하기 때문이다.

그런 식으로 자본주의적 생산관계 내에서, 즉 현대적인 상품적 메타구 조 내에서 선언된 ①평등 ②합리성 ③자유의 전도된 위치가 구조적으로 존재하고 있다. 그것은 착취, 추상화(즉 또한 소외, 파괴) 및 지배로 구체적 으로 실현된다.

마르크스주의 이론의 역사적 혁신은 특히 시민사회에 대한 어원적 준 거에 따라 처음으로 '정치'경제학이라는 이름에 전적으로 기여한 도식을 생산했다는 것에 있다. **합리적 측면**은 경제적인 조작 개념의 측면으로서 자본주의적 범주군이 그 잠재적 비합리성과 더불어 뿌리내리고 있는 시장에 대한 개념들이다. **법-정치적** 측면은 상품관계 속에 내포되어 있는 자유-평등의 측면이다. 자본주의적 관계 내에서 그것들은 정반대의 것으로 전도되어 있다. 이러한 관계는 임노동자를 착취받는 하급 지위에 있도록 한다. 이러한 개념화로부터 출발하면 정치와 경제를 두 개의 독립적인 공간으로 분리하는 것은 불가능하다. 각각은 고유한 논리를 갖고 있을 것이다. 이것들은 이 두 개의 세계를 지배하고 있는 경제 및 법-정치적인 이중적 측면을 따르는 동일한 일반적 개념들이다. 우리는 더 이상 순수 경제를 고찰할 수 없고, 경제적 실체 바깥에 권력을 기입하는 민주주의 또는 국가론을 꿈꿀 수 없다.

계급사회로서의 현대 사회

마르크스는 여기서부터 출발했기 때문에 사실상 개별적 이해의 순수 역학으로서 분석 가능한 경제적 구조와 민주적 제도로 인해 일반의지가 지배하는 정치적 상부구조 사이의 분열된 사회의 부르주아적 표상에 대한 비판을 발전시킬 수 있었다. 경제는 정치이며, 정치는 경제이다. 사람들은 당연하다고 생각할 것이다. 그러나 마르크스의 이론만이 두 계급 사이의 정면 대립의 형태로서 어떤 조건들 안에서, 어떤 발본적 모순을 따라서 이러한 등식이 제출되고 있는지를 드러낼 수 있다. 오직 혁명이라는 방정식만이 그것을 해결할 수 있다. 만약 경제가 계급관계, 착취관계를 규정(définir)하고, 경제가 정치라면, 정치적 기관인 국가 그 자체는 계급적 문제, 계급 형세로서 파악해야만 한다. 동시에 이러한 정치경제학은 메타-사회학을 내포하고 있거나 더 정확하게 말해 현대적 사회형태를 구성하는 동역학적인 대립(clivage)을 규정하는 현대 사회형태의 일반이론 속에 기입된다. 이러한 대립은 임노동관계를 중심으로 벌어지는 두 개의 계급 사이의 대립이다.

임노동과 잉여가치 개념을 통해 시장의 상호개인적(interindividuel) 관계로부터 계급관계로 이동한다. 우리는 임노동자의 능력인 '주인을 바꾸는 능력'이 착취관계를 두 명의 개인 간의 관계가 아니라, 항상 또한 동시에 두 개의 계급 간의 관계로서 파악해야 함을 의미한다는 점을 이해하게 될 것이다. 우리는 주인을 바꾸지만, 동일한 계급의 성원으로 남아 있다. 어쨌든 우리는 또 다른 주인을 발견해야 한다.

이러한 계급들 사이의 관계는 교환자라 가정된 상대방과의 관계를 사실상 지배하고 있는 자유, 평등, 합리성의 범주와는 완전히 다른 범주에 속한다. 그것은 완전히 다른 본질의 사회적 형세를 드러낸다. 그것은 생산과정 자체를 통해 그 자신을 재생산하는 특수한 역량을 보유하고 있다. 각 시기의 끝, 예를 들어 연말에 임금노동자는 오직 노동력(결국 가계 내에서 노동력 복원과 후세를 통해 일신될 수 있는 조건이 마련된다)만을 가지고 있는 자신을 발견하며, 반대로 자본가는 소비와 축적을 가능하게 하는 증식된 잉여가치와 **재생산된** 자본을 갖게 된다. 따라서 사회 체계의 지속성은 정치·문화적 제도 속에서가 아니라 그것을 유지할 수 있는 구속 장치(dispositfs de constrainte) 속에서 찾아야 한다. 그러한 영속성은 생산 과정 내부 자체에서 보증된다.

하지만 이러한 대립——그것은 혁명적 목표가 기입되는 마르크스 분석의 또 다른 측면이다——은 그 본질이 무제한적으로 재생산될 수 있는 구조적 여건이 아니다. 마르크스주의는 단순한 '구조주의'가 아니다. 사실상 계급적 **구조**는 분명히 한정된 역사적 **경향**을 가지고 있다. 그것은 단순히 두 계급들 간의 구조적 관계 속에서 만들어지는 것이 아니다. 왜냐하면 시장적인 메타구조적 전제가 자본가계급 내부의 경쟁 동역학을 규정한다. 그것은 대기업 내로의 집중화 과정으로 이어지며, 그로 인해 발생하는 장기적으로 예측 가능한 결말은 계획된(혹은 '합의된') 조직 논리에 친화적인 상품논리의 쇠퇴이다. 그리고 이중적인 경제·정치적 측면에 따라 예고된 『자본』이 제시하는 여정 속에서 자본주의의 종말은 그런 식으로 나타난다.

사회는 혁명적 결말로 향해 가는 경향이 있다

마르크스의 '과학적' 목표는 시장의 대안이 자본주의 경향에 기입되어 있음을 보이는 것이다. 그는 그것이 사적 소유와 시장의 범주가 역사적으로 계획화된 합리적 조직의 출현에 의해 지양되었다고 판명되는 그 순간에 열리게 된다고 보았다. 먼저 대기업 속에서 나타난다. 여기서 주목하고 있는 것은 사실 『자본』 1권 14장 '매뉴팩처 내의 분업과 사회 내 분업'[5]에 할애한 그 유명한 분석에 따르는 시장, 즉 독립적인 기업가적 소유자들 사이의 작용인 끊임없는 **사후적** 균형 체계가 아니라, 어떤 소유 단위 내에서 그 수단과 목적을 조직화하는 **사전적** 조정 체계이다. 기업은 시장 속에 있지만 기업이 시장은 아니다. 그것은 조직이다. 기업이 규모가 커지고 수가 감소함에 따라, 조직적 합리성이 점점 시장적 합리성을 주변화시킨다. 기업 내에서 노동자계급은 수적으로나 기능면에서 증가하고 점점 더 생산 과정 그 자체를 통해 통합된다. 그러한 조건들은 사회주의로의 이행, 즉 생산자들 사이의 협의를 통해 계획된 생산 형태로의 이행을 위해 결합된다.

이러한 사회적 영유 및 그것을 매개로 하여 해방, 즉 상품관계 내에 원래 삽입되어 있던 자유, 평등, 합리성의 약속이 실현된다. 그리고 우리는 그

---

5) 마르크스, 『자본』 I-1, 제4편 12장. — 옮긴이

마지막에 메타구조적 관계 속에 기입된 자본주의에 내재한 혁명적 요소를 파악한다. 사회주의는 자유주의의 핵심에 기입되어 있지만 원래 상품관계의 위선적 한계 속에 속박되어 있는 메타구조적 약속을 실현한다. 그것은 자유주의가 말하고 있는 진리를, 자유주의 그 자체를 전도하는 민주적이며, 투명하고, 상호교통을 촉진하는 완전히 다른 질서 속에서 실현한다는 의미이다.

논리적으로 메타구조의 전도로서 설명되는 자본주의적 구조는 그 경향의 장기적인 역사적 전개 속에서 이제 전도의 전도를 발견하게 된다. 시장과 상품에 대한 물신화된 세계에 대하여 그가 첫번째 장[1장 상품]에서 열어 놓았던 관점이 혁명적인 역사 과정을 통해서 ——마르크스는 더디거나 격렬한 과정을 예견하는 것을 매우 경계하였다 ——실현된다. "공동의 생산수단을 보유하고 일하면서, 유일하고 동일한 사회적 노동력으로서 수많은 개별적 노동력을 지출하고 있는 자유로운 인간들의 공동체를 상상해 보자."[6]

도식적으로 요약하자면, 이는 20세기의 거대 유토피아의 전달자를 자처했던, 마르크스주의적인 '거대서사'라는 변증법적으로 착종된 경제·사회·법-정치적인 다중적 차원의 다채로운 과정 ——현실적으로 매우 복잡한 ——이 될 것이다.

하지만 우리가 알고 있듯이 역사는 다르게 나타났다. 그것은 일련의 대재앙을 매개로 벌어졌으며, 이러한 대재앙으로 인해 마르크스주의자들은 공황상태에 빠지게 되었다. 어떤 사람들은 다소 근본주의적인 방식으로 피난처를 찾을 수 있다고 믿고 있다. 또 다른 사람들은 자유주의를 통

---

6) Karl Marx, *Le Capital*, livre I, t. I, p.90.

해 다양한 방식으로 마르크스주의를 활용하려고 하는 것 같다. 다른 이들은 시장과 계획 사이의 기술적 화해 — 그것은 그 자체로 매우 합당하다 — 를 탐구하였다. 그 밖의 이들은 여전히 희망을 강화하는 데 적합한 메시아적인 지평을 그려 내고 있다. 아주 소수만이 마르크스가 남겨 놓은 위험한 개념적 유산을 용감하게 정면에서 바라보고 있다.

이론적 탐구에 착수하고 더 견고한 기초에서 재건 — 5장과 6장에서 이를 시행할 것이다 — 을 생각하기에 앞서 구체적 역사를 해독(dé crypte)하고, 마르크스가 내린 진단과 관련된 괴리를 평가해 볼 필요가 있다. 우리가 미래의 과업을 평가할 수 있는 건 이런 방식밖에 없다.

*　*　*

역사는 마르크스주의적 서사가 펼쳐 놓은 관점을 확인해 주지 않았다. 자본주의는 틀림없이 인류 역사의 한 단계에 불과하다. 따라서 자본주의는 '자신의 무덤'을 파고 있다. 하지만 그러한 과업이 달성되기까지는 시간이 걸린다. 새로운 형세들 속에서 항상 예상치 못한 방향으로 전개되었다. 자본주의의 소멸로 이끌어질 수 있는 위기와 진화 과정들은 마르크스가 상상할 수 없었던 모습을 가지고 있었다. 1930년대 불황, 세계전쟁, 식민지 전쟁 등이 그것이다. 자본주의는 매번 더 강력한 모습으로 다시 일어섰다. 프롤레타리아 혁명은 악몽으로 변해 버렸다. 그렇다면 무엇이 발생되고 있고, 어떤 것을 통과하는 걸까?

우리는 이어지는 두 개의 장에서 20세기 역사에 대한 해석과 관련한 가설을 제시한다. 그것은 시장에 필적하는 조직이라는 이론적으로 전략적인 개념을 내포하고 있다. 이러한 용어를 통해 우리는 일반적으로 비교 불가능한 것이라 여겨지는 두 개의 현상, 즉 조직화된 자본주의의 출현과 현실 사회주의의 경험에 대해 고찰할 수 있다.

사실상 마르크스주의의 시대를 넘어 자본주의를 인식한다는 것은 일련의 조직 장치들, 즉 시장의 메커니즘이 계속해서 더 구속적인 조정 형태를 통해, 기업과 정책 그리고 금융 내에서 '관리'된다는 점과 깊이 관련되어 있다. 현실 사회주의를 재론해 보자면, 마르크스가 보기에 그것은 자본주의의 '무정부성'을 극복하는 것이었다. 그것은 그 전반이 세계경제라는 특징을 갖는 시대라고 말할 수 있는 어떤 경향 속에서 그 절정에 달하게 된다는 의미이다. 하지만 그것은 필수적으로 지나야 할 어떤 부분이 있다. 자본주의를 넘어서지만, 다시 거기로 돌아오는, 오늘날 보편적으로 번성하고 있는 동일한 유형의 형세를 갱신하는 조건들 내에서만 그러하다.

따라서 조직은 역사적으로 일종의 '복수'의 형태를 취한다. 그것은 마르크스의 거대서사에서 그 역사적 타당성의 일부를 벗겨 내면서, 마르크스의 기획을 좌절시켜 왔다. 조직은 승리하였지만 오직 자본주의 내부에서만 그러했다는 점을 확인해 두자. 그리고 이러한 조직의 성장으로부터 한 세기를 재독해하자. 하지만 정확하게 우리는 이러한 접근을 통해 외관상 서로 다른 궤도들의 실타래를 풀 수 있으며, 총체적으로 역사의 옷을 짤 수 있었다. 그것이 미래를 새롭게 생각해 보기 위한 조건임은 말할 필요도 없다.

하지만 이는 우리가 5장과 6장에서 '네오마르크스주의'를 재정교화하면서 이론적인 설명을 제공하는 한에서 착수될 수 있는, 역사적 구체성 속에서만 가능할 것이다.

3장

조직자본주의의 출현과 영속성

자본주의는 주기적이고도 연속적 조정 과정을 대가로 해서만 자신을 관통하는 모순과 긴장을 넘어 살아남을 수 있었다. 경제제도 전 수준에 걸친 조직적 조치의 실행을 통해서 『공산주의자 선언』의 전조가 되었던 자본주의 '도제 마법사'의 사악한 순환을 멈추게 하였다. 마법이나 조화 따위가 아니라, 힘들고 고통스러우며 항상 험난한 수련 과정을 거쳐야 했다.[1]

19세기 말의 혁명

조직이 출현하는 자본주의 역사의 점진적 과정 속에서 우리는 19세기 말에 발생한 어떤 단절을 확인할 수 있다. 아직은 시기상조였지만 가장 놀라운 것이 미국에서 나타났던 것이다. 이를 이해하기 위해서 어느 정도 이 시기 미국 사회의 맥락에서 일어난 복잡한 일련의 사건들을 살펴볼 필요가 있다. 이 시절은 위기와 탈위기의 정세가 지속되던 시기였다.

---

1) 제라르 뒤메닐과 도미니크 레비의 작업 ——특히 *La dynamique*와 *Crise* ——이 이 장에서 전개되는 해석들의 기초로 이루고 있다.

19세기 후반 미국에서는 주로 농업을 중심으로 한 사회에서 강력한 산업화로의 전환이 이루어지고 있었다. 이러한 산업의 성장은 생산과 기업 단위 규모의 증대를 동반하였다. 자본에 대한 소유는 대부분 가족 또는 개인적 수준에서 이루어지고 있었고, 동시에 전신 및 철도의 발전에 동반하여 대륙적 층위에서 시장이 조직되고 있었다.

남북전쟁 이후 갑작스럽고 강력한 이윤율의 추락이 나타난 건 바로 이러한 맥락이었다. 역사가들이 '대불황'이라고 부르는——이후 발생하는 1930년대 위기가 그 자리를 차지하게 되는——거대 위기는 마르크스가 수익성의 축소와 관련하여 제기한 진단과 매우 일치하는 이윤율의 하락을 원인으로 한 것이었다.

기업의 대표자들은 이러한 이윤율의 추락을 경쟁 위기로 인한 것이라 보았다. 과당경쟁으로 인해 가격전쟁이 발생하였다고 본 것이다. 이에 대해 기업들은 **카르텔**과 **트러스트**를 조직하는 방식으로 대응하였다. 이러한 연합적 형태 속에 모여든 기업들은 최소 가격을 정하거나 이윤을 공유하고, 시장을 분할하면서 경쟁을 옥죄려는 것이 목표였다. 이 와중에 기술·조직적인 지체로 인해 위태로운 수익성을 지니고 있던 작은 기업들이 가장 큰 고통을 겪고 있었다.

이러한 거대한 기업들의 행동을 제한하는 법적 장치가 국가 수준에서 이미 실행되고 있었다. 1890년 전 영토적 수준에서 그러한 행위를 금지하는 연방법인 「셔먼법」(Sherman Antitrust Act)이 통과되었다. 같은 해 뉴저지 주에서는 금융적 위계 조직에 의해 지배되는 더 거대한 집단 속에 기업들을 합병하는 지주회사를 허용하는 법이 통과되었다. 다른 주들이 자신의 관할 지역에 회사들을 끌어들이기 위해 보조를 맞추었다. 한편으로 기업들에 독립적으로 남아 있는 '느슨한' 집중 형태를 금지하면서도 다른 한편으로는 '긴밀한' 형태의 집중을 허용하였다. 바로 그때 그러한 조치 태내에서 서로 다른 구성요소들(생산, 교통, 판매 및 관리의 중심 단위)이 시장 밖에서 조정되었다. 이러한 자본주의적 소유를 둘러싼 제도적 수정은 놀라운 성공을 거두었다. 1900년대경에는 기업들이 주식회사로 전환하고 합병하는 거대한 물결이 나타났다. 바로 여기에서 거대 경제가 나타났다.

이러한 전환과 더불어 **금융체계**는 진정한 변용을 경험하고 있었다. 바로 이러한 제도적 틀 내에서 마르크스가 예측한 은행의 새로운 기능——(주식과 신용을 통한) 자금조달에 의한 자본관리——이 완숙기에 도달하게 되었다.[2] 다양한 기업들이 이러한 기능을 통해 자금을 끌어모으고 투자하였으며, 은행들은 조직가의 위치(특히, 발행 시점에서 유가증권에 대한 '인수'와 계속적인 전매를 통해)에서 자금모집 활동에 결합하였다. 은행들은 그와 같이 대기업 자금모집의 대리인이자 지주회사 내부의 합병의 장본인이 되었다. 루돌프 힐퍼딩은 1910년 『금융자본론』[3]을 통해 이러한 자본 소유의 변화를 분석하였고, 이는 레닌에게 영향을 주었다. 힐퍼딩은 금융부문과 비금융부문의 합병을 목격했는데, 그는 자본 '재벌'(magnats)이라는 용어를 사용하여 그들이 경제 전체의 지배자를 자임하고 있음을 보여 주었다.

후진적인 전통적 부문이 여전히 존재하고 있었지만 이러한 기업 규모의 성장은 새로운 단계에 이르게 되었는데, 이로 인해 독점자본주의 이론이 등장하기도 하였다. 주식회사를 형성하려는 흐름 이전에 존재하고 있

---

2) 마르크스가 증권(채권, 주식……)을 포함하는 '이자 낳는 자본'이라고 지칭한 것을 말한다. 마르크스 연구 세미나 시리즈로 발행된 S. de Brunhoff, F. Chesnais, G. Duménil, D. Lévy, et M. Husson, *La finance capitaliste*, Paris: PUF, 2006을 보라.
3) Rudolf Hilferding, *Le capital financier: Étude sur le développement du capital isme*(1910), Paris: Minuit, 1970[『금융자본론』, 김수행 외 옮김, 비르투출판사, 2011].

던 트러스트가 이미 경멸적인 의미로 '독점체'들이라고 불리고 있었다. 이러한 평가는 합병의 물결이 나타나게 된 이후에 계속 더 강화되었다.

이러한 과정에서 관리에서의 혁명이 발생하였는데, 미국에서는 이를 **관리혁명**(「보충설명 3」)이라고 부른다. 현대자본주의의 제도적 성숙기가 도래함과 동시에 자본의 소유는 [새로운] 자본 조달 형태 아래서 관리와 분리되었다. 주식과 채권을 소지하고 있는 소유 부르주아로부터 분리되어 봉급자들이 관리 영역을 도맡게 된 것이다. 관리직과 직원들이 이 일을 맡게 되었다. 하지만 이러한 분리를 동일한 것의 단순한 분리로 이해하면 안 된다. 이는 현대적 의미의 관리의 기원과 관련된 것으로 어떤 막대한 팽창 과정 ——아주 다종다양한 전문가들이 자본을 위해 활용되었다——의 문제이다.

긴밀한 상호관계에 있는 세 가지 혁명, 즉 기업과 금융부문, 그리고 관리혁명이 발생하였다. 이러한 새로운 제도들은 조직자본주의 ——적어도 자금조달과 기업의 측면에서——탄생에 깊이 영향을 미쳤다. 시장을 벗어난 기업 내의 조정, 즉 자본의 할당과 모집에 있어 기업의 사전적 조정이 발생하였다. 이러한 제도·조직·기술적인 상호작용 전체의 일관성을 평가하는 건 흥미로운 일이다. 마르크스는 '경향적 법칙'으로서 이윤율 저하를 규정하면서, 그러한 효과에 한계를 부여하는 반경향들에 대해 『자본』의 한 장 전체를 할애하였다. 하지만 그는 특히 세 개의 혁명 ——특히 관리와 관련된(다른 두 개의 혁명을 따로 떼어놓을 수 있다는 가정하에서)——이 도래할 가능성에 대해서는 결코 예상하지 못했다.

우리는 마르크스 이후 발생한 관리혁명을 이윤율 저하에 대한 전형적인 반경향으로 간주할 수 있다. 이는 이전 수십 년 동안 발생하고 있던 이윤율의 저하를 역전시켰고, 이후 1차세계대전에서 1960년대 말까지 이

윤율을 상승시켰다. 이는 대략 반 세기 정도의 일이었다. 조직자본주의
는——우리가 본 것처럼 몇몇 주요한 요소들을 제외하고——자본주의를
구했다. 『공산주의자 선언』에서 제시된 파국을 야기하는 거대한 기계의
톱니바퀴에 문제가 생긴 것이다. 자본주의는 심각한 전환을 대가로 재건
되었다.

1929년의 위기와 거시경제적 혁명

하지만 19세기 말에 발생한 구조적 위기를 벗어나는 길은 불균등하고 불
균질한 채로 남아 있었다. 오로지 더 역동적인 미국 경제의 일정 부문만이
이러한 운동 속으로 끌려들어 가게 되었다. (우리가 그러리라고 예상하지 않
는 자동차 산업을 포함하여) 전통적인 기술 및 관리 형태가 남아 있던 또 다
른 부문이 잔존하고 있었다. 그것들은 어느 정도의 보호를 받고 있었지만
사라지게 될 운명에 처해 있었다.

　이러한 이질성은 거대한 격변기의 제도적 특징에 의해 설명된다. 변
화의 물결이 적응 능력이나 규모에 따라서 다양한 정도로 기업에 충격을
준 것은 단순하지만은 않았다. 그러한 과정은 본질적으로 끊임없이 새로
운 위계를 만들어 냈다. 사실상 (항상 자본주의적 소유와 관련되어 있지만 매
우 상이한 형태를 갖는) 생산관계가 새겨지는 제도적 형세의 변환을 대가로
해서, 예전과는 확실히 다른, 소유와 관리라는 측면에서 급진적으로 혁신
된 새로운 경제가 나타났다.

　새로운 부문에 나타난 실천적 결과가 적어도 두 가지 관점에서 주목할
만하며, 두 가지 모두에서 조직관계의 진전이 나타났다. 우선 새로운 흐름
에 의해 지탱되는 기업은 금융부문이 행위자인 자금조달의 광범위한 시장
외적 조정 과정을 수용한 당사자가 되었다. 이를 통해 기업들은 새로운 경

제의 복잡성에 상응하는 (적합한 기술에 따라서 필요한 곳에 투자하는) 정보 및 금융적 수단을 부여받게 되었다. 두번째로 이러한 기업들이 자금조달의 능력과 규모를 통해 관리와 기술 혁신의 조직적인 비약에 결합될 수 있는 수단을 획득하였다. 새로운 흐름의 바깥에 남아 있던 기업들은 이러한 능력이 없었다.

위기 탈출 과정에서 은폐된 두번째 결함은 조직의 영역에서 발생한 것이기도 한 네번째 혁명(거시경제적 균형에 대한 통제, 즉 경기호황과 경기후퇴 시 나타나는 갑작스러운 붕괴를 제한할 수 있는 능력의 획득)의 비성숙성에서 기인한다. 실물(생산의 붕괴) 및 금융(증권시장과 은행 위기)적 측면과 밀접하게 관련되어 나타난 반복적 위기(1873년, 1893년, 1907년)는 경제의 안정화를 목표로 하는 초보적인 개입으로 이어졌다. 처음에 이러한 행위는 경제 위기시에 은행 체계의 집합적 기관으로서 청산기관이 되어 중앙은행의 역할을 하는 거대 은행의 몫이었다. 그러한 역할은 후에 재무부의 특정 행위로 구체화되었다. 하지만 고유하게 경제 활동이라고 불리는 것에 대한 통제보다는 금융적 활동에 대한 관심이 더 많았다.

중앙은행의 수립으로 이어지는 과정은 1907년에야 나타나게 되었다. 1913년에 중앙은행이 연방준비은행(사실상 연방적 차원에서 주 단위의 기관들을 결합한 체계)이라는 이름을 가지고 창립되었다. 중앙은행의 행위는 소극적이었고, 실행 불가능한 '건전 금융'과 관련한 교리에 종속되어 있었으며, 끊임없는 논쟁 과정 속에 있었다.

1929년 말 경기후퇴에 접어들고 주식시장이 폭락하자 경제를 유지하기 위한 개입이 절실히 요구되었다(주식시장만이 안정화되었다). 후진적 부문의 단계적 파산이 계속되었고, 새로운 부분이 뒤를 이을 수 있는 수요 촉진책은 이루지지 않고 있었다.[4]

1933년 은행 위기가 시작되었고, 일반적 위기는 파국적 형태로 발전되고 있었다. 연방적 차원의 은행 폐쇄 결정(국가가 매우 중요한 역할을 하는 회계감사 과정 끝에 이루어져야 하는 조치)이 이루어지기 위해서는 1933년 프랭클린 델라노 루즈벨트의 당선을 기대해야만 했다. 특히 뉴딜정책은 경쟁을 금지하고, 19세기 말 카르텔과 트러스트 체계를 연상시키는 기업들 사이의 협력을 조직화하였다.

1930년대 말에는 전쟁을 대비한 군사적 노력이 전시(戰時) 경제의 조직화를 주도하였다. 이는 민간 투자를 대신하는 국가의 후원 아래 이루어졌다. 그것은 하나의 경이로운 효율적 과정이었다. 불황으로부터의 탈출이 1937년에 새로운 경기후퇴의 재발로 인해 중단되었지만 이러한 군사적 노력으로 인해 미국 경제는 전례 없는 과잉활동성을 나타내었다. 확실히 별개의 맥락이기는 하지만 독일이나 일본에서도 공적 개입에 의한 경제 활력을 촉진하는 유사한 정책이 시행되기도 하였다.

영국의 경제학자인 케인스(John Maynard Keynes)가 미국에 국가 개입과 민간주도권 사이의 타협에 대한 이론적 버팀목을 제공한 것은 전쟁이 끝나갈 무렵에나 해당되는 사실이다. 기업과 금융부문이 자율성을 가지고 있었지만, 거시경제 수준의 통제 업무는 강력하게 보강된 장치로 무장한 중앙은행에 위임되었다. 일관성 있는 '건전한' 공적 금융의 원리가 특히 민간신용이 수요에 활력을 불어넣기에 더 이상 충분하지 않을 때에는 [정부] 적자에 대한 승인을 통해 완화되었다.

이 네번째 혁명, 즉 케인스주의적 거시경제혁명은 이전의 세 가지 혁명보다 분명히 나중에 (꽤 나중에) 발생하였다. 그것은 거대한 충격이었던 대

---

4) 1929년 위기에 대한 해석은 *La dynamique*, 19장을 참고하라.

공황의 결과로 사후적으로 도입되었다. 그러나 뒤늦게 등장했기도 하고, 금융적 이익에는 반하는 것이었지만 그로 인해 자본주의 내에서는 새로운 조직화 요소들이 출현하였다.

케인스주의적 혁명의 범위와 한계를 잘 살펴볼 필요가 있다. 먼저 그 범위에 대해서 말하자면 그것은 시장 외부에 있는 보충적이고 중앙화된 조정 과정을 수립하였다. 반면 금융 및 관리 업무를 금융부문과 기업들의 수중에 남겨 놓았다는 게 그 한계이다. 어떤 면에서는 최소한의 조치였지만, 다른 한편으로 너무 나간 것이었다.

그렇게 2차세계대전이 끝나게 되자 조직관계는 자본주의의 세 가지 주요 영역을 장악하였다. 거대 기업의 관리 및 생산체계와 결합된 은행체계 내의 자금조달, 그리고 거시경제정책이 그것이었다.

조직자본주의: 구원과 위험

사회적 관계가 진보해 온 역사를 통해 자본 및 시장과 맺은 관계의 특수성을 꽤 명확하게 묘사할 수 있다. 이러한 점진적 진보는 자본주의 역사적 동역학의 생산물이지만, 동시에 역사의 산파인 폭력이 수행하는 역할을 감지할 수 있게 해준다. 자본주의는 종종 '자신의 뜻에 반하여' 조직의 필연적 전진을 승인한다. 그리고 이러한 저항은 변화를 주저하는 지배계급에 대해 꽤 직접적인 형태를 취한다. 어떤 면에서 지배계급이 이러한 변화에 주저하는 건 자본주의 시장에 대한 조직의 침식이 내포하는 위협에 대한 의식적 표현이다. 마치 자본가들이 변화로 인해 자신들의 생존이 위협받는다는 ──그것이 필연적임에도 불구하고── 새로운 사실로 인해 충격을 받기라도 한 듯이 말이다(마르크스적 은유를 따르자면 그것이 자신들의 무덤을 판다는 의식). 이러한 조직의 피할 수 없는 진보에 대해 자본가들이 느끼는 '대공포'가 단순히 위축되고 퇴행적인 기질만을 표현하고 있는 것은 아니다. [더 나아가] 조직으로 인한 자본주의 시장의 잠식은 실제로 자본가계급의 우위에 대한 위협을 내포하고 있다.

이러한 변화가 갖는 지배계급에 대한 양가성을 잘 평가하기 위해서는 19세기 말 세 가지 혁명의 구성요소들에 대해 재론하는 것으로 충분하다. 관리의 팽창을 주도했던 자본의 소유와 관리의 분리가 심각한 위험 요소로 인식되었다. 자본소유자들이 겪게 되는 관리업무에 대한 위임으로부터 나타나는 위험에 대한 의식이 중요한 요소였다. 자본가계급이 어떤 의미로는 대기업의 결과물에 대한 통제권을 상실할 수 있는 위험에 노출되었다는 점이다. 미국에서는 아돌프 벌리와 가디너 민즈가 작업한 『현대 기업과 사적 소유』라는 저작이 가장 유명하며, 그 이후에 출간된 폭로성 제목을 달고 있는 벌의 『소유 없는 권력』이 언급되기도 한다.[5]

이러한 위험은 역사가 진행됨에 따라 상당한 근거를 갖고 있음이 입증되었다. 하지만 지금으로서는 20세기 초반에 나타난 동일한 제도적 전환의 또 다른 요소가 소유자를 통한 통제의 문제를 해결했다고 볼 수 있다. 자본가계급은 금융제도를 통해 권력과 수입을 보장받게 되었다. 이는 이시기 이후 자본주의의 주요 성격이기도 하다. 20세기 초에서 뉴딜까지 자본가계급은 금융 제도 내에 자신의 권력을 집중시켜 주요 경제에 대한 영향력을 유지하였다. 자본가의 권력은 금융가의 권력이었지만, 그것은 개별 금융가의 권력도 금융가에 준하는 사람들의 권력도 아니었다.

그것이 바로 힐퍼딩의 『금융자본론』에서 말하고 있는 중심적 이념이

---

5) Adolf Berle & Gardiner Means, *The Modern Corporation and Private Property*, London: Macmillan, 1932.; Adolf Berle, *Power without Property*, London: Macmillan, 1960.

었는데, 이는 제라르 뒤메닐과 도미니크 레비의 작업에서 이야기하듯 자본가계급의 상위 분파 및 '그들의' 금융기관으로서, **자본주의적 금융 개념**을 정의하는 것이다.[6)]

뉴딜과 2차세계대전을 지나며 두번째 위험 징후가 나타났다. 이는 가격의 안정화와 시장 분할에 대한 국가의 주도권하에서 기업들의 대표자들을 재규합하는, 초기 **뉴딜**을 촉진하기로 하는 가운데 경쟁을 조직화하려는 시도들을 말한다. 하지만 이는 특히 다른 나라에서와 마찬가지로 미국에서도 국가 개입을 부추긴 전쟁의 결과였다. 이와 유사한 조직화 과정은 1차세계대전을 계기로 나타났다. 이는 뉴딜의 추진자들, '계획가'라 부를 수 있는 **뉴딜러**(New Dealers)들에 의해 수행되었다. 계획가라는 말은 그 시기 이데올로기적 대립과 그들의 역할에 대한 많은 것을 이야기해 준다. 전쟁이 끝나자 자본가 계층의 감정이 예민해졌다. 게다가 그 시기 세계의 주도 세력으로 떠오른 소련이 계획경제를 추구하고 있었으니 말이다. 만약 그러한 실험이 미국에서 계속되었다면 미국 자본주의는 어떻게 됐을까? 우리가 말한 바와 같이 해결책은 케인스주의적 타협이었고, 그것은 자본주의적 시장에 생산과 금융에 대한 주도권을 돌려주는 역할을 했다.

요약해 보면 이러한 개입의 증대로 인해 자본가계급은 매우 현실적인 위험에 직면한다는 걸 알 수 있다. 그것은 여러모로 예측될 수 있는 일이었지만, [자본가계급의 권력은] 부분적으로만 극복될 수 있었다. 그 이유는 자본주의가 뚜렷이 변질된 형세 내에서 극적인 변화를 겪었기 때문이다. 결국 자본가가 보기에 너무 나간 조직화였고, 게다가 이러한 조직화가 자신

---

6) *Crise*와 제라르 뒤메닐과 도미니크 레비가 참여한 마르크스 연구 세미나 *La finance capitaliste*를 보라.

들의 이익을 위한 것이 아님을 인식했기 때문이었다.

모든 문제는 여기에 있다. 자본가계급은 우리 시대 유행하는 신자유주의의 선전에서처럼 항상 시장에 의한 조정만을 추구하지도 않으며 일반적인 조직화에 적대적인 것도 아니다. 그들은 어려움을 겪을 때, 그리고 종종 사후적으로——위기 이후——그들의 지위를 강화시키는 조직 양식을 선호하며, 약화시키는 것에 대해서는 반대한다.

사회민주주의적 타협

이러한 과정은 종종 양가적인 측면을 갖는다는 점에서 곤란해진다. 거시경제적 안정성에 대한 통제에 대해 논하면서 우리는 국가가 주도하는 정책들 내에서 자본주의적 시장과 국가의 중앙화된 개입 사이를 할당하는 타협에 대해서 언급하였다. 바로 케인스주의에 고유한 타협의 차원이라 할 수 있다. 이러한 타협의 차원은 직원 및 노동자들로 구성된 민중계급에 우호적인 타협 및 정책과 중복되었다. 사실 그것은 20세기 초 미국에서(진보주의 시대)[7] 그리고 인민전선 시기의 프랑스에서 시작된 동역학의 지속에 대한 문제이기도 했다.

2차세계대전 이후에 나타난 자본가계급에 대한 억압을 미국에서는 '금융억압'이라고 말하였다. 물론 이는 과장된 표현으로 '억제'라는 용어가 더 바람직하다. 하지만 프랑스나 일본과 같은 다른 나라들에서는 동일한 과정이 더 막대한 규모로 나타났다.

프랑스나 그 밖에 다른 나라들에서는 경제의 일정 부문이 '시장 밖'에

---

7) James Weinstein, *The Corporate Ideal in the Liberal State: 1900~1918*, Boston: Beacon Press, 1968.

위치하게 되었다(국유화, 공공 서비스, 교육, 의료, 문화 등등). 특히 금융의 일부가 국유화되었고, 금융은 생산부문의 수익성을 위해 자신들의 낮은 수익성을 감내해야만 했다. 일본 같은 경우에는 경제부처와 기업 간의 협력을 바탕으로 하여, 금융은 특히 생산과 기술 진보를 위한 요구에 상당한 정도로 예속되어 있었다. 임금의 책정은 단체협상과 물가연동제를 통해 시장 밖에서 이루어졌다. 이자율은 규제되었고, 물가상승에 의해 한 번 수정되면 낮은 수준에서 지속적으로 유지되었다(채권자보다 채무자에게 유리하였고, 이는 소득의 이전에 상당한 영향을 주었다). 기업의 관리에서 수익성은 그 자체를 목적으로 한다기보다는 기술 진보와 성장과 같은 또 다른 목적을 지속시키는 데 필요한 조건으로 여겨졌다. 기업들의 이윤은 투자하기에 넉넉한 수준이었다. 이자와 배당은 저축에 대한 보상이었으며, 채권자와 주주의 힘을 짓누르지 않을 정도였다. 국가정책은 혁신과 성장 및 고용에 대한 지원을 목표로 하고 있었고, 노동권은 대부분 보장되었다.

국제적 수준에서 국내 산업은 관세와 환율 장치를 통해 보장되었다. 1944년 브레튼우즈협정을 통해 국제적 자본 이동의 제한, 특히 외환통제가 이루어졌다.

여기서 우리가 말했던 혼합 경제에 대해 재검토해 보자.

자본가계급은 이러한 새로운 사회적 질서에 강하게 영향받았다. 미국에서는 상위소득 가계 0.1%가 전쟁이 발발하기 전 총소득의 6.3%를 차지하고 있었는데, 전후에는 3.3%로 떨어졌고 1970년대 말까지 꾸준히 하락하였다.[8]

---

8) Thomas Piketty et Emmanuel Saez, "Income inequality in the United States, 1913~1998", *The Quarterly Journal of Economics*, Vol. CXVIII, 1, pp.1~39.

기업 수익성의 감소와 관련된 1970년대 구조적 위기는 자본가계급의 위기를 확대하였다. 이는 미국에서 유래한 세계적 층위의 조정 요구를 동반하는 공적 개입 확대의 원인이 되었다. 프랑스에서는 '좌파공동강령'(1972~1977)을 통해 경제에 대한 국가 개입 강화를 요구하였다. 이러한 이원화된 사회에서 자본주의적 요소들은 쇠퇴하였다. 자본가들의 자산이 물가상승보다 낮은 이자율과 증권시장 침체의 영향으로 감소하였다.

나라들마다 꽤 현저한 차이를 보이기는 하지만 사람들은 전후 초기 수십 년과 마찬가지로 민중계급에게 더 우호적인 투쟁의 조건이 명시적으로 드러나던 그때 조직자본주의가 자본가계급에 대한 위협을 만들어 내는 담지자가 될 수 있다고 파악하였다.

위험에 대한 응답: 신자유주의

하지만 우리는 이러한 변화의 결과가 어떠했는지 알고 있다. 전후 사회적 질서는 1970년대 인플레이션의 폭등과 성장의 둔화를 견디어 내지 못했다. 그것은 그 고유한 모순에 굴복한 것이지만 특히 전쟁 이후 자신들의 특권의 회복을 목표로 한 자본가계급의 반격 아래서 그러하였다.[9]

계급적 행위자들에게 투쟁의 목표에 대한 극단적 의무감이 [갑자기]

---

9) 뒤메닐과 레비는 신자유주의를 자본가계급의 소득과 힘을 회복시키는 투쟁의 결과로서 해석한다. 이러한 해석에 대한 다양한 논문들은 웹페이지(http://www.jourdan.ens.fr/levy)를 확인하라. 그리고 특히 *Crise*에 잘 나타나 있다. 또한 D. Harvey, *A Brief History of Neoliberalism*, Oxford: Oxford University Press, 2007[『신자유주의: 간략한 역사』, 최병두 옮김, 한울, 2007]에서도 다시 확인할 수 있다. 이러한 입장을 종합한 "Fin du Néolibéralisme?", *Actuel Marx*, Paris: PUF, 2006, No. 40; F. Chesnais éd, *La finace mondialisée: Racines sociales et politiques, configurations, conséquences*, Paris: La Découverte, 2004; Alfredo Saad-Filho & Deborah Johnston éds, *Neoliberalism: A Critical Reader*, London: Pluto Press, 2005[『네오리버럴리즘』, 김덕민 옮김, 그린비, 2009] 등을 참고하라.

생겨난 걸까? 정반대로 이해하기 위해서 당시의 논쟁 속으로 들어가 보는 것이 좋다. 1944년 출간된 『노예의 길』에서 하이에크는 새로운 질서가 세계를 전체주의로 향하게 한다고 말하였다.[10] 우리는 이러한 문제를 미셸 푸코(Michel Foucault)의 책인 『생정치의 탄생』에서도 확인할 수 있다.[11] 그 제목과는 달리 이 책에서는 그가 신자유주의라고 부르는 사상적 흐름이 전후 초기 몇 년 동안에 유럽에서 출현하는 과정을 분석한다. 신자유주의라는 어떤 사상적 흐름의 기원을 위와 같이 찾을 수 있겠지만, 그것은 특히 아주 다른 목표 위에서 수립된 브레튼우즈협정에 의해 만들어진 제도들의 행위를 침범하게 되었다.

자본가계급의 권력과 수입을 회복하는 과정에 경제·정치·문화적 구상들이 상호작용했고, 국가가 여기에서 중요한 역할을 하였다. 대규모 금융시스템 ─ 유로마켓 ─ 이 중앙은행의 금융·통화적 규제 바깥에서 구성되었다.[12] 관련된 연구 집단과 압력단체(싱크탱크, 전문가 단체 등)가 증가하였다. 넉넉하게 후원받는 보수적 강좌를 개최했고, 특히 시카고대학과 같은 곳들에서 그 영향력을 회복하였다. 1974년 하이에크가 은행업자들이 주는 노벨경제학상을 탄 건 우연이 아니라 어떤 면에서는 예견되었던 것이다. 그를 신자유주의의 창시자라고 보았기 때문이었다. 대처(Margaret Thatchet)와 레이건(Ronald Reagan), 이 두 명이 최종적 해결사가 되었다.

---

10) Friedrich von Hayek, *The Road to Serfdom*, Chicago: The University of Chicago Press, 1980[『노예의 길』, 김이석 옮김, 나남, 2006].
11) Michel Foucault, *Naissance de la biopolitique: Cours au Collége de France, 1978~1979*, Paris: Gallimard-Seuil, 2004[『생명관리정치의 탄생』, 오트르망 옮김, 난장, 2012].
12) Eric Helleiner, *States and the Reemergence of Global Finance, from Bretton-Woods to the 1990s*, Ithaca-London: Cornell University Press, 1994[『누가 금융세계화를 만들었나?』, 정재환 옮김, 후마니타스, 2010].

그들은 저항——특히 파업——에 대해서 무자비하게 응답하였다.

이전의 타협과 관련된 거의 대부분의 요소들이 뒤집어졌다. 기업은 주주를 위해 경영되었고, 높은 수준의 이자율이 형성(우리가 이미 알고 있는 것처럼 1982년 많은 나라들이 이로 인해 외채위기를 경험하였다)되었다. 실업을 이용하여 임금과 노동조건에 대한 압력을 행사하였으며, 정책은 인플레이션 방지에만 집중하였고 자유무역과 자본 이동을 보증하는 조약에 대한 협상이 벌어졌다. 새로운 규율이 노동자에게 부과되었지만 하위 직원들에게 더 많은 요구를 하길 꺼리는 관리자들도 종종 '불안정한' 지위에 놓이게 되었다.

신자유주의가 실패했다고 말하는 것은 신자유주의의 목표에 대한 오해에서 비롯된다. 그것은 대단한 성공을 거두었다. 적어도 미국에서 자본가계급의 소득은 급상승하였다. (그들이 조세 천국에서 모은 것에 대해서는 알 수 없다 하더라도) 2차세계대전 이후 소득의 상대적 손실을 맛보았던 0.1%의 가계가 미국에서 차지하는 소득은 전쟁 이전 수준보다 더 높게 상승하였다(7.4%). 미국——미국의 지배계급 말고 바로 그 나라——은 이러한 질서로 인해 유럽이나 일본보다 그리 어려움을 겪지 않았다. 그 나라의 헤게모니적 지위는 대단히 강화되었다.

신자유주의 속의 조직의 운명

이러한 격변 속에서 '조직'의 위치에 대한 질문이 갑작스럽게 등장한다.

이 의문에 대한 대답은 본질적으로 방법론적 구별에 기초를 두고 있다. 계급 타협과 권력에 대한 질문을 혼동하지 말아야 한다. 이러한 질문은 전후 타협 및 신자유주의와 같은 연속적 사회질서 그리고 계급구조와 생산관계의 감춰진 동역학 속에서 이해된다. 우리가 가정하지는 않았지만 명백히 두 가지 과정 사이의 완결성이 두 개의 다른 양상의 메커니즘과 관련이 있을 것이다. 두 가지 소묘를 할 수 있다.

우선 마르크스가 '사회화'라고 부른, 기업과 그것을 넘어서는 고유한 동역학의 문제이다. 기업의 성장과 경제적 활동들에 대한 시장 외적 조정이 신자유주의 내에서도 지속됐음을 분명히 말할 필요가 있다. 우리는 신자유주의가 경계 없는 자본의 사냥터를 세계적으로 확장하고 거대화하는 과정에서도 이러한 운동이 가속화됐음을 기억해야 한다. 더 거대하고 강력한 금융기관을 통해 자금조달과 관련된 동일한 역학이 작동하고 있다. 시장을 단기적 수익성을 추구하는 맹목적 실체로서 표현하는 담론들에 놀랄 필요는 없다. 현대 자본주의를 재편성하는 것은 그런 것이 아니다. 일반적으로 마르크스주의자들은 도박장 자본주의론(카지노 자본주의)의 덫에 빠져 있다. 오히려 **상층 관리실 자본주의**(capitalisme de salle d'État-major)라는 말이 더 적절하다.

조직의 지속적 진보와 관련된 두번째 사례로서 통화정책을 들 수 있다. 신자유주의는 케인스주의적 타협 시기에 존재했던 거시경제적 규제를 소멸시키지 못했으며, 오히려 강화하였다. 1982년 미국에서는 인플레이션을 종식시키려는 엄청난 임무를 수행하기 위해 연방준비은행의 권력을 증대시켰다.[13] 이러한 정책의 궁극적 목적은 부분적으로 재정의되었지만 결코 포기되지는 않았다. 물가 안정이 우선적 목표였고, 고용은 더 이상 문제시되지 않았다. 하지만 [거시경제적인] 총체적 활동 수준의 안정성(생산의 후퇴와 과열을 방지하는)은 여전히 주요한 관심사였다. 통화정책, 다시 말해 경기국면에 따른 필요성에 따라 신용을 조절하는 정책은 오늘날에도

---

13)「규제 완화와 통화 통제에 관한 법」(Deregulation and Monetary Control Act).

매우 강력하다. 공공지출은 다른 행위자들에 의해서 이루어지는 신용 수요의 중계를 대체하게 되었다. 외환정책(환율조작)도 동일한 역할을 하게 되었다. 미국에서는 신자유주의 시기에도 이러한 시장 밖의 조정[14]이 일어나고 있다. 유럽에서는 이러한 성격이 속박당해 있는 유럽적 기관들의 경직성 때문에 은폐되는 경향이 있다.

신자유주의임에도 불구하고 주요 권력 형세와는 상대적이고 독립적인 형태로 조직관계를 확증하는 역사적 동역학을 통해 자본주의의 전 역사를 꿰뚫어 볼 수 있다. 조직의 복수인가? 사실 이러한 복잡한 과정을 따라 조직은 자본주의 내에서 자신의 지위를 차지하기 위해 부단히 노력해왔다. 하지만 어떤 의미에서 이는 자신의 생존 수단을 넘겨준 자본주의적 관계의 복수이기도 하다. 자본주의적 관계는 단순하게 다른 생산관계로 대체되기는커녕 어떤 의미에서 조직관계를 자신 내부에서 소화시켜 버렸다. 이는 마르크스의 예견과는 반대되는 것이었다.

---

14) 거시경제적 국면에 대한 시장의 규제라는 통념은 경기후퇴시 물가의 하락이 화폐보유자의 수요를 촉진시킨다는 생각에 기초하고 있다. [즉 물가의 하락으로 인해 화폐 자산의 가치가 증대하고, 구매력이 높아진다.] 1930년대 이러한 물가의 하락으로 인해 가장 역동적인 수요자들인 채무자들은 손해를 입었다. 1929년 위기로 인해 시장을 통한 규제라는 생각이 무의미하다는 것이 드러났다. 이러한 위기가 이미 발생했고, 신자유주의적 경제학자들은 역사의 교훈을 받아들이게 되었다.

4장

좌절된 조직의 단결과 해방

마르크스는 조직자본주의의 생존 잠재력에 대해 과소평가하였다. 그에게 자본주의 내에서 진행되는 조직의 진보는 자본주의의 생산수단의 사적 소유라는 성격 때문에 어색하고, 모순되며, 엉성한 것에 불과했다. 인간들은 혁명적 투쟁을 통해 이러한 족쇄로부터 벗어나게 될 것이었다. 그와 같이 역사를 가로질러 다소 짧은 시간 안에 국가적이고 게다가 세계적인 수준의 의식적이고 집합적인 조정 과정을 통해 지배되는 새로운 시대로 진입할 것이다. 마르크스의 자본주의 지양을 위한 거대한 프로젝트는 본질적으로 두 가지 목표——계급 없는 사회의 수립과 조직관계의 성숙——가 함께 진행된다. 이런 이론화 과정에 어떤 모호함도 없었지만 인류가 이 거대한 목표를 달성하기 위해서는 이행의 시기가 필요하였다. 이는 자본주의 그 자체의 발전에 내재되어 있는 아주 어렵고 긴 시간이 걸리지만, 격렬한 기세로 나타나는 어떤 과업이다.

자본주의의 폭력은 결과적으로 자신의 고유한 소멸 조건을 창출한다. 그러한 폭력은 선진국들에 공존하고 있는 부유함과 극단적 빈곤이며, 다른 국가들에 대한 제국주의적 지배 및 위기들, 제국주의 전쟁들이다. 혁명은 마르크스가 예상한 곳이 아니라 레닌이 세계 자본주의의 '가장 약한 고리'라고 묘사한 곳에서 성공하였다. 다른 고리들도 차례로 끊겨야만 했다. 자본주의를 넘어선 조직의 새로운 시대가 열리게 되었다.[1]

전위주의로부터 [사회주의의] 수립으로

조직적 과업은 혁명에서의 승리에 선행한다. 그것은 그 자체로 혁명적 과정의 본질적 성격이다. 이는 전위세력을 통한 철권(鐵拳)으로 지도되는 정당에 의해 조직되는 과정이다. 달리 어떤 방법으로 그들이 혁명에 성공할 수 있었을까? 여기서는 러시아와 중국의 경험으로만 한정할 텐데, 이 둘은 동일한 조직적 전위주의 논리를 잘 나타내고 있다.

1917년 볼셰비키는 혁명 운동을 지도할 수 있는 지위에 오르게 된다. 그들은 1917년 2월에는 나타나지 않았지만, 볼셰비키는 이후 급진화(1917년 10월) 과정을 지도하였다. 초기에 소비에트의 민중세력과의 연대 속에서 전위의 주도권은 완화된 채로 존재하였다. 하지만 러시아는 내전(1918년에서 1921년 또는 1922년까지)으로 인해 국가화되고 군사화된 볼셰비키와 막대한 수의 농민들이 공존하고 있는 황폐화된 국가로 변해 버렸다. 1921년에서 1923년 사이에는 선진국에서의 혁명을 더 이상 기대할 수 없게 되었다. 과업의 본질이 급격하게 변화하였다. 1920년대에 이 혁명적 전위는 후진국에서 출발하여 시장의 현대화를 지도해야만 하는 상황에 직면해 있었다. 혁명적 투쟁과 전쟁은 그들에게 신생 국가에 의해 지탱되는 정치-군사적 조직화의 유산을 남겼다.

---

1) 이 장은 Gérard Duménil, Dominique Lévy, Roland Lew, "Cadrisme et socialisme: Une comparison URSS-Chine", *Transitions*, No. 40, 1999, pp.195~228을 요약하였다.

이러한 전위의 역할이라는 측면에서 보면 러시아와 중국은 유사하다. 마오쩌둥은 빈곤한 농민들의 지도자들을 공산주의 투사로 육성하였다. 이는 현대화와 집산화 과정에서 배제되어 있던 다수의 농민들을 운동에 동원하는 문제와 관련되어 있었다. 1949년 혁명 이전부터 당의 관리자들은 해방구에서 농민들을 그와 같은 방식으로 조직화하고 있었다.

이 두 가지 사례에서 민중세력(이 경우에는 대다수가 농민)과 혁명으로부터 야기된 관리직과의 관계의 본질에 대한 질문을 제기할 필요가 있다. 여기서는 존재하지도 않았던 자발성에 대해 어리석은 찬사를 보내려고 하는 게 아니다. 레닌은 1902년 그의 책 『무엇을 할 것인가?』[2]에서 이미 노동자계급의 본질적인 개량주의적 성격을 강조하였다. 이는 제2인터내셔널에서 이미 꽤 문제시되고 있던 부분을 자신의 설명에 따라 반복하고, 러시아의 인민주의 전통(급진주의적 지식인들을 중심으로 한 차르에 반대하는 운동)을 다시 부활시킨 것이었다. 노동자계급은 의식적이고 능동적인 개입을 확실히 수행할 수 없으며, 그것은 혁명 간부들의 과업이다.──적어도 이들을 따라서 수행할 수 있다. 롤랑 레브(Roland Lew)는 이를 '대리주의'(substitutisme)[3]라 부른다.

후진적 타협

러시아와 중국에서 권력을 획득한 기간에 발생한, 현대화 기획 및 그 나라들이 갖고 있던 후진성 사이의 모순이 결정적 의미를 지니고 있다. 레닌이

---

2) Vladimir Lénine, "Que faire?"(1902), Œuvres, t. 5, Paris: Éditions Sociales, 1976, pp.353~542[『무엇을 할 것인가?』, 최호정 옮김, 박종철출판사, 1999].
3) Roland Lew, L'intellectuel, l'État et la révolution: Essai sur le communisme chinois, Paris: L'Harmattan, 1997.

추진한 신경제정책(이하 NEP)을 통해, 러시아에서는 자본가계급과의 타협을 승인하는 현실주의가 등장하였다. 이러한 첫번째 선택은 의심할 바 없이 미래에 훨씬 더 심각한 영향을 주게 된 두번째 선택과 짝을 이룬다. 경제적 현대화 영역에 더 진일보한 변종을 선택한 것이다. 미국과 독일의 조직 형태와 새로운 기술을 도입하는 게 목표였다. 작업장 내의 포드주의와 테일러주의라고 종종 묘사되거나 더 일반적으로는 3장에서 관리혁명이라고 말한 것을 도입하는 문제였다.[4] 이들의 선택은, 이러한 조직화 과정의 행위자들, 즉 관리직과 직원들이 지속적으로 존재하면서 그러한 과정을 촉진하였다는 점에서 상당히 중요하다.[5] 자본주의 국가에서와 마찬가지로 이러한 조직 형태는 직접 생산자와 생산수단의 분리를 증대시켰다.

레닌 사후, 부하린이 두 가지 측면에서 이러한 방향을 구체화하였다. 자본가계급과의 타협과 관리직의 주도권을 승인하는 것이었다. 부하린은 그것을 모든 것이 대중권력을 보증하는 국가에 의한 통제 아래 있는, 그 시기 자본주의의 발전과 유사한 발전 경로를 걷도록 하는 장기 지속적 단계로 NEP를 보았다. 문제는 마치 노동자계급이 그들의 이해와 계획 ──이 계급이 일관적으로 의식하고 있는 건 아니지만, 어떤 측면에서 그들에게

---

4) '포드주의'라는 용어는 매우 오래전부터 사용되었고 '관리자혁명' 또는 '관리혁명'이 란 용어를 더 선호하게 되었다. 그람시도 '포드주의'라는 용어를 사용했다(A. Gramsci, "Américanisme et fordisme", Cahier 22, 1934; *Cahiers de prison*, Cahiers 19 à 29, Paris: NRF-Gallimard, 1992, pp.173~213[『그람시의 옥중수고』, 이상훈 옮김, 거름, 1999]).

5) 레닌은 물론이고 트로츠키도 이러한 선택을 주저하지 않았다. V. Lénine, "Sur l'infantilisme de gauche et les idées petites bourgeoise"(1918), *Œuvres*, t. 27, Paris: Éditions Sociales, 1976, pp.337~370.; Leon Trotsky, "Rapport au 12e Congrès du PCbR"(1923), *La lutte antibureaucratique en URSS*, t. 1, Paris: Union générale d'édition, 1975, pp.25~77. 새로운 계급의 출현과 관련된 주장은 소련에서 나왔다. 그것은 심각하게 받아들여졌고, 니콜라이 부하린에 의해 반박되었다. Nicholas Boukharine, *La théorie du matérialisme historique*(1921), Paris: Anthropos, 1977.

고유한——을 추진하는 사회적 변혁의 지휘봉을 정치·경제적인 관리직으로의 변용되는 과정에 있는 혁명적인 지적 전위에게 양도하는 것처럼 보이게 만드는 것이었다. 이와 관련된 개인들이 노동자계급 또는 중간계급의 출신인지 아닌지는 사태의 본질에 아무런 영향을 미치지 않았다.

다시 말하지만, 중국이 추구했던 도정도 무시할 수 없는 차이가 존재하기는 했지만, 러시아의 상황과 유사하였다. NEP를 본뜬 신민주주의는 지배 관리직들과 국가부문에 병행하여 나라의 발전에 기여했다고 여겨지는 중국 부르주아 사이의 휴전 또는 동맹으로서 인식된다. 이러한 상황은 1949년에서 1952년까지였으며 유달리 짧은 기간이었다.

급진화와 정상화

우리는 초기에 후진적 상황에서 불가피한 것으로 인식되었던 이러한 타협이 특히 스탈린 독재가 도입된 거대한 전환 과정에서 어떻게 종결되었는지 알고 있다. 개혁 문제가 제기되었던 1960년대와 1970년대에서 페레스트로이카까지, 중국의 덩샤오핑(鄧小平) 재임 기간 동안 이러한 타협의 국면을 참조하면서 논의가 이루어졌다는 건 흥미롭다.

이러한 사회적 질서는 관료주의적 정상화와 의지주의(volontarisme)적인 정치적 동원이 결합되어 있었지만 불안정한 궤적을 따라서 진화하였다. 이러한 궤적은 선진 자본주의 국가에서 말하는 효율적 관리나 민주적 정치 질서를 만들어 내는 데에는 실패하였다.

소련을 세 단계로 구분하기도 한다. 우선 수립 단계로서 노동자 통제에 대한 향수를 제거하는 의미를 지니고 있다. 이 단계에서는 선동에 의해 지탱되는 의지주의가 주를 이루었다. 두번째 단계는 스탈린이 죽기 이전부터 나타나기 시작하였다. 정상화 과정을 통해 훨씬 더 큰 정치·행정·기술 관리직 집단으로 권력이 더 확장되었다. 이는 경찰력과 권위에 의존하는 것이었다. 결국 고유한 정상화라고 말하는 국면이 열렸지만 그와 관련된 개혁의 실패로 인해 [소련 사회의] 조종(弔鐘)이 울리게 되었다.

관리직 지배계급

이러한 국면들을 따라 자신의 지위를 끊임없이 뚜렷이 나타낸 지도적 집단의 본질은 어떤 걸까? 이는 소련에 대한 탁월한——아마 가장 탁월한——전문가였던 모슈 르빈의 도움을 받을 수 있을 것이다. 르빈의 마지막 책[6]은 스탈린 사후의 시기, 특히 브레즈네프[7]가 들어선 시기를 다루고 있다. 그는 아주 명확하게 지배계급으로서의 관리직을 지칭하고 있으며, 그들에 대한 목록을 작성했다. 그는 이러한 새로운 지배계급 황금기의 마지막 시절에 대해 연구하였다.

목록은 위에서부터 시작한다. '지도층'이 있는데, 이들은 '정부의 핵심 성원'이자 '공산당 정치국(Politburo)의 성원, 당의 기관장, 당의 지역 비서 및 연방 휘하 공화국 수도의 비서'이며, 약 1,000명 정도에 이른다. 하지만 르빈은 계속 이어 간다.

"만일 우리가 관심을 갖는 게 지배엘리트들이라면 그 숫자(1,000명)가 적절할 것이다. 하지만 연구의 대상이 지배계급이라면, 두번째 것(2,500,000명)이 적절하다."

'지배계급'은 어떤 사람들을 말하는 것일까?

"정치국은 2~4백만 명 정도의 나찰너키(nachal'niki)[8]——넓은 의미

---

6) Moshe Lewin, *Le siécle soviétique*, Paris: Fayard, 2003, p.433.
7) 레오니트 브레즈네프(Léonid Brejnev): 1964~1982년 소련 공산당 서기장.—옮긴이

의 '책임자'(manager)──의 도움을 받아 [소련을] 지배하였다. 그들 중 약 백만 명은 가장 높은 위치에 있는 사람들이었고, 그보다 낮은 지위의 행정적 위치에 백만 명, 추가적인 백만 명은 '기업'을 운영하는 사람들이었다. 이들은 광범위한 사회적 계층(다른 말로 '계급')을 구성하였고, 그 자신의 고유한 역사 및 사회학을 갖고 있었다. 이 계층의 성원들은 자신의 권한 아래서 일하고 있는 지식인들과 농부, 그리고 노동자와 마찬가지로 그들만의 이해를 가지고 있었다."

이러한 과정의 본질을 잘 이해하는 게 중요하다. 새로운 질서를 건설하기 이전에 존재했던 관리직 계급이 권력을 쟁취한 건 아니었다. 하지만 혁명적 전위로부터 출발하여 역사적 과정을 따라 형성된 [새로운] 계급이 존재하였다. 그 혁명적 전위는 그 본성이 변용되었고, 새로운 계급으로 구성되는 성원을 공급하는 데 중심적 기능을 하였다.

이러한 계급은 다양한 분파로 분화되었다. 하지만 이러한 분파들은 경제·정치적 구분을 통해서 쉽게 설명되지는 않는다. 이러한 분할은 최악의 스탈린주의적 독재 아래서 비극적 성격을 띠기도 하였다. 바로 엘리트들에 대한 반복적 숙청이었다. 우리는 이러한 부분을 켄들 베일스(Kendall Bailes)의 매력적인 책[9] 속에서 읽을 수 있다. 여기서 그는 스탈린조차도 자신의 고유한 규범에 따라 관리직들의 작은 세계를 지배할 수 없었음을 보여 주고 있다. 물론 그러한 관리직들이 당에 의해 선택되고 교육된 사람들임에도 불구하고 말이다. 하지만 구심력이 최종적으로 이러한 계급 내

---

8) 소비에트 사회의 작업장, 공장, 생산 단위 등의 책임자(manager 또는 chief)를 말한다.──옮긴이

9) Kendall Bailes, *Technology and Soviet Society under Lenin and Stalin: Origins of the Soviet Technical Intelligentsia*, Princeton: Princeton University Press, 1978.

부에 있는 분할보다 더 강하였다.

르빈이 소련에 대한 분석을 통해 관리직을 그 사회의 새로운 지배계급이라고 지칭하였다고 해서 그가 어떤 생산관계 내부에서 그러했는지 말해주는 것은 아니다. 자본주의의 변종과 관련된 문제일까? 어떤 다른 유형의 사회에 대한 것일까, 그렇다면 무엇일까? 르빈이 이러한 부분에 관심을 두지 않았던 것이 이론적 취약성으로 나타날 수밖에 없었다.

중국에서 신민주주의는 중국 부르주아들이 굴복한 1952년에 일찍이 포기되었다. 토지는 1950년대 중반 집산화되었고, 정치관리직들은 끊임없는 동원과 불안정화 과정을 따라서 기술관리직에 대해 철권을 휘둘렀다. 그 중심에는 마오 자신이 있었고, 그러한 과정은 약 10년 동안의 대약진과 문화혁명에서 절정에 이르게 되었다. 대약진은 자신들을 승리로 이끌었던 투쟁의 방식을 경제적 장에 도입한 것으로 분석될 수 있다. 마오는 경제의 현대화가 혁명적이고 군사적인 투쟁보다 더 달성하기 어려운 과업이라는 걸 받아들이지 않았다. 이러한 기획은 암묵적으로 기술 및 경영관리직 방식에 대한 비판을 상징한다. 이는 스탈린 시기의 소련에서 나타나는 중앙권력과 경영관료들 사이의 긴장과 동일한 것이었다. 이러한 긴장은 문화혁명 속에서 절정에 달한다. 이는 중앙권력이 작동시킨 하부조직과 결합된 홍위병들이 일으킨 숙청 형태를 띠고 있었다. 이러한 경험은 우리가 알고 있는 대로 극적인 조건 속에서 존재하는 혼돈 그 자체였다.

3부

네오마르크스주의

자본가, 관리자와 전문가, 근본계급

마르크스의 관점과는 달리 조직의 등장과 함께 역사적인 해피엔딩이 발생하지 않았다는 결과로 인해, 마르스크의 거대서사가 갖는 잠재적 효과가 완전히 무시되어야 하는 것은 아니다. 마르크스가 실제 어떤 방식으로 조직을 다루었는지는 모호하다. 어떤 점에서 사람들은 자본주의 속에서 조직이 내포하는 함축적 의미에 대한 마르크스의 천재적 분석을 볼 수도 있다. 다른 측면에서 보면 조직과 관련된 이론적이고 정치적인 문제를 회피하는 경향도 있다. 마르크스가 살았던 시절로부터 한 세기 반이라는 시간이 지났음을 고려하면서 우리는 이러한 모호성의 범위를 포착한다. 이로인해 우리는 그가 조직에 대해 충분히 다루지 못했다고 평가할 수 있다.

이로부터 두 가지 과업이 필요하다고 할 수 있다. 우선 **마르크스를 읽자!** 마르크스는 조직을 어떠한 식으로 논의하고 있는가? 이론적 차원에서 그것에 어떠한 지위를 부여했으며, 어떻게 그의 설명 속에서 명료하게 "위치"시켰는가? 이러한 두 가지 질문, 즉 이론적 분석과 편집상의 선택에 대한 질문은 앞으로 이야기할 것처럼 긴밀하게 연결되어 있다. 두번째는 질문을 다시 던지는 것이다. 역사에 대한 해석은 그러한 연구가 가야만 했던 방향을 제안하고 있다. 하지만 그것이 총체적 가정들의 공식화를 위한 요소들을 제공하는 건 아니다. 꽤 명백하게 그것은 세번째 부분의 본질적 대상이 될 것이다.

5장과 6장에서는 서로 수렴하지만, 이 책의 두 저자들이 가지고 있는 서로 다른 접근법을 나타내는 두 개의 해석이 제시된다. 이러한 것들은 이론적 분석이 재개하는 이념 속에서는 수렴하지만 서로 다른 용어로 이러한 갱신 과정을 논의하고 있다.

5장에서 제시되는 비판은 더 절제되어 있고, 더 한정적이다. 그것은 **조직**이 자본을 정의하는 사회적 관계와 평행하는 **두번째 사회적 관계**로 귀착한다는 생각을 제시하며, 그러한 관계를 '관리관계'(rapport d'encadrement) 또는 '관리주의적 관계'(cadriste rapport)라고 지칭한다. 이러한 사회적 관계는 자본주의 내에서 나타났으며, 고유하게 자본주의적 관계라 말할 수 있는 것과 결합한다.

6장에서는 더 근본적인 갱신과 수정 과정이 제시된다. 이는 **시장**과 **조직**을 현대 사회형태에 고유한 계급 관계 내에 공동-착종되어 있는 두 개의 요소로서 정의한다는 것을 의미한다. 그리고 그러한 현대 사회형태는 본질적으로 법-정치적일 뿐 아니라 경제적인 두 개의 극들 사이의 충돌 속에서 고려된다.

요약하자면 우선 두 개의 결합된 사회적 관계가 존재한다고 검토되며, 두번째는 현대적 사회관계에 본질적인 단위에 대한 생각을 제시한다. 하지만 이러한 두 개의 이론화 과정은 20세기 역사에서 상당히 수렴하는 접근들로 이어지는 주요한 분석적 친화성을 보인다. 그리고 우리는 최종적으로 그러한 것들이 정치적 결론 속에서는 완전히 결합된다는 것을 보일 것이다.

5장

두번째 사회적 관계 : 관리

마르크스는 사실상 조정 과정 속에서 일어나는 시장 및 조직의 결합과, 마침내 이루어지는 자본주의 내에서의 조직의 융성에 대한 가장 선구적 이론가이다. 그것이 바로 이번 장에서 다룰 대상이다. 다음 절에서는 마르크스가 자본주의적 발전과 관련하여 조직에 부여한 지위에 대해 해석하고, 세번째 절에서는 이 책에서 내세우고 있는 두 개의 이론적 틀을 소개하며, 앞서 3장과 4장에서 서술된 역사적 궤도에 대해 이중적 회고를 하면서 장을 끝맺을 것이다.

1. 조직의 이론가로서 마르크스

시장 밖에서 조정된 기업

마르크스는 (1776년에 출간된 『국부론』에 쓰인) 애덤 스미스의 분업 개념을 자신의 설명에 통합하여 이용하였다. 그것은 전문화된 다양한 노동 집단 사이에 수행되는 상대적으로 단순한 행위가 벌어지는 핀 공장에 관한 것이었다. 스미스는 그곳에서 오늘날 '노동생산성'이라는 부르는 것을 증대시키는 요소를 보았다. 그러한 기업 속에서 조정은 시장이 아니라 **조직**에 의해 이루어진다. 이러한 조정은 기업들 사이에서 분업의 확장을 가능케 하는 시장 메커니즘에 결합된다. 전체적으로 보면 한편에서는 (시장 밖에 있는) 기업 내부에서 다른 한편으로는 (시장에 의해) 기업들 간의 조정과 분업이 발생한다.

『자본』 1권에서 그는 새로운 생산의 사회적 논리로서 매뉴팩처에서 일어나는 분업을 분석했다. 하지만 스미스 이후 한 세기가 지나서 쓴 것임에도 불구하고 마르크스는 스미스가 인식하지 못했던 대공업까지 이러한 분석을 확대하였다.

마르크스는 『자본』 3권에서 스미스적 유산을 훨씬 뛰어넘어 생산이 시행되는 **작업장**을 거쳐 **기업**에 이르기까지 다시 한번 훨씬 근본적으로 서술을 발전시킨다. 그는 생산수단에 대한 소유 이외에 추가된 임무를 수행하는 '자본가적 기능'에 대해서 말하였으며, 그것이 자본 과정에 필연적으로 수반된다고 생각하였다. 재정적 조달 방법을 강구하고, 노동력과 원료를 구매하여 작업장에서 그것들을 결합시키고, 노동을 조직하며, 시장을 탐색하여 판매하고 화폐적 유동성을 확보하는 등의 기능이다. 이러한 조직 형태는 시장 밖에서 단순히 생산을 조정하려는 목적 이상이다. 이는 기업의 (더 포괄적 의미에서의) 관리의 문제와 관련된다. 이윤율을 극대화시켜 최적의 수익성을 확보해야만 한다. 선대된 자본으로부터 가장 높은 이득을 얻어 내는 것은 감독과 지시를 필요로 한다. 이러한 노동은 따라서 유용하다. 하지만 마르크스는 이러한 노동을 '비생산적'이라고 하였다. 그 이유는 [마르크스가] '생산적'이라는 용어를 매우 좁은 의미로 사용하고 있기 때문이었다.

이러한 임무를 수행하는 사람은 누구인가? 기업 외부에 있는 금융가,

채권 또는 주주가 아닌 직무 전체를 담당하는 특정 자본가의 임무이다. 마르크스는 이를 자본가가 소유자의 지위로 전락하고, 공장 내·외부에서 그러한 임무를 보좌하거나 심지어는 완전히 대체할 그러한 기능을 임금노동자에게 위임하는 과정으로 꽤 명확하게 간파하고 있었다. 하지만 그는 직무가 위임됐다고 해서 본질이 변화하는 것은 아니라고 주장하였다. 마르크스는 이러한 위임 과정에서 발생하는 지출을 비용(생산비용과 유통비용)으로 보았다(이러한 직무에는 종이, 사무실 등이 필요하므로 임금의 문제만은 아닌 것이다).

금융 공간의 조직

자본의 궤도 속에서 언제나 이러한 기업의 조직화 과정은 마르크스의 용어법을 따르자면 자본의 사회적 관리(administration) 형태를 수반하는, 대형화를 향한 경쟁으로 이어지는 금융기관 속의 자본 집중과 같은 이차적인 것들과 명확히 겹치게 된다. 적어도 그러한 과정이 시장 메커니즘을 넘어선다는 의미에서 관리는 곧 조직의 문제이다. 마르크스는 이미 금융자본을 관리하고 있는 현대적 금융기관의 소명을 매우 잘 식별하고 있었다. 금융기관들은——마르크스는 은행과 같은 상징적 형태를 묘사하였다——자본과 기업에 대한 처분권을 결합시켰다. 종종 신용 메커니즘이라고 부르는 이러한 메커니즘은 상이한 부문의 자원할당 과정을 더 수월하게 하였는데, 우리는 거기서 어떤 사회적 조정 형태를 볼 필요가 있다.

　　하지만 이는 거의 예외적인 아주 적은 부분에서 (앞에서 자본의 소유라고 정의된) 기업과 자금조달에 한정된 부분만을 고려한 것이다. 예를 들어 경제정책이라는 사회적 조직화의 다른 형상은 (잉글랜드 은행의 개입에 준거한) 지엽적인 방식으로만 고려하고 있다. 마르크스가 스미스적인 매뉴팩처에서 3권의 기업으로의 이행을 시대적 변화의 특징으로 이해하고 있었다고 한다면, 우리가 3장에서 거론하였고 지금부터 '경제정책'이라고 부르는 것을 예상할 수는 없었을 것이다. 경제정책이 등장한 것은 그로부터 거의 한 세기 이후의 일이었다.

계급구조와 경향 내의 조직

조직은 마르크스의 자본주의 역사 동역학 분석에서 유달리 거침없는 방식으로 불쑥 등장한다. 이는 역사 동역학 안에 이미 기입된 자본주의에 대한 지양 과정을 드러내기 위한 전략적 목표를 갖고 있다. 우리는 여기서 1장에서 소개된 혁명적 귀결점과 그와 관련된 테마인 '사회화'──그로 인해 불가피하게 된 생산력의 팽창 및 그것의 급성장을 억제하고 있는 자본주의적 생산관계의 무능력──를 재발견한다. 이는 생산·투자·금융 등과 관련된 일련의 다양한 메커니즘과 관계가 있다.

이러한 사회화는 기업 속에서 가장 명백하게 나타났다. 축적과 경쟁은 대기업으로의 생산수단의 집중과 분리시킬 수가 없다. 따라서 기업은 시장과 동일시될 수 없으며, 기업의 규모가 성장하고 그 수가 줄어듦에 따라 조직적 합리성이 시장적 합리성의 장을 차지하기도 한다.

하지만 마르크스는 또 다른 사회적 질서, 즉 포스트-자본주의적인 질서의 전조를 거대 금융기관과 거대 주식회사라는 자본주의적 진화의 두 가지 구성 요소의 결합 속에서 확인하였다. 그에 따르면, 그러한 조건은 기업 속에서 그리고 사회적 층위에서 사회주의──민주적으로 조화되고 계획된 생산 형태──로의 이행 과정에 있는 현대 자본주의 내에서 점진적으로 결합된다. 생산과 금융의 거대한 '조직망'이 이미 수립되어 있으며, 프롤레타리아는 그 통제권을 획득할 일만 남아 있었다.

2. 『자본』에서 조직을 다룰 때 나타나는 모호성

조직을 이토록 중요시했음에도 불구하고 마르크스가 『자본』에서 이 문제를 부수적으로——이를테면, 그 저작의 일반적 전개에 대해 수직적으로——다루었던 점을 확인할 수 있는 건 놀라운 일이다. 마르크스가 결코 그러한 계획을 추구하였던 건 아니다. (노동시간 연장을 통한) 절대적 또는 (생산성 증가를 통한) 상대적[잉여가치의 생산]이라고 부르는 잉여가치 증대의 가능성에 대한 연구로 통칭되는 잉여가치 연구로 촉발된 일반적 논증에, 대공업과 매뉴팩처에 대한 장들이 '접목'되기에 이르렀다.

조직의 '갑작스런 출현'

우리는 자본주의 초기 단계에서 조직관계가 가지고 있는 부수적 성격을 원용함으로써 마르크스의 전개를 정당화하기도 한다. 오직 자본주의만이 시장과 기업의 발전(maturites)를 보증하여, 그러한 시장과 기업들은 순수하게 자본주의적이며 시장적인 논리에서만 이해될 수 있는 것은 아니다. 마르크스는 오히려 이러한 사회적 관계의 차원을 아직 성숙하지 못하였다는 명목으로 일시적으로 배제시켜 버렸다.

　　이러한 해석에 따르면, 마르크스는 『자본』 1장의 분석에서 조직을 추상하였다. 이는 이러한 구성요소가 갖는 사회적 관계의 중요성이 하나의 출발점이 아니라, 결과물이자 생산물로서 자본주의 내에서 입증되기 때문이었다. 오직 자본주의만이 모든 것을 상품적인 생산물로 전화시킨다고 썼을 때의 마르크스를 여기에서는 다른 말로 표현하려고 한다. 그것은 "오직 자본주의만이 조직관계의 성숙 조건을 수립한다"는 것을 확증하는 쪽으로 이어진다. 시장관계에 대해서처럼 조직이 맹아적 형태로 선재하고 있다는 것을 배제하지는 않는다. 하지만 이러한 비대칭적 취급은 놀라운 일이다. 마르크스는 자본주의적 생산관계에 의해 규정되는 개념의 설명적 가치를 인지한 채 상품을 통해 출발하는 시장 관계의 사례 속에서 이 문제를 해결하려고 한다. 하지만 조직의 사례에서 그것은 일시적인 거리두기의 방식으로 딱 잘라 해결된다.

따라서 이러한 취급의 차이로 인해 시간성에 대한 불균등한 인식이 발생한다. 마르크스가 실제로 조직을 오직 자본주의의 역사적 동역학 분석 속에만 삽입하였다는 사실이 이러한 해석의 의미에 강력한 영향을 미치게 된다. 마르크스는 자본주의의 시작으로부터 조직을 배제하였다. 왜냐하면 그는 조직을 원칙적으로 자본주의적 진화가 진일보된 단계로 귀착하는, 자본주의의 경향적 실현체로서 파악했기 때문이다.

혁명적 기획

우리는 이런 방식으로 마르크스를 읽을 수 있다. 하지만 우리는 1장의 논의와 맞닿아 있는 완전히 다른 규정의 유형에 대해 생각해 볼 수 있다. 마르크스가 『자본』을 저술했을 때, 그는 사회적 관계의 두 극의 공존에 대해 자각하고 있었다. 우리가 이러한 거대서사의 종결로서 자본주의 너머로 이러한 관계를 투영한다고 규정했던 것은 자본주의의 지양을 향해 노력하는 혁명적 목표와 공명한다. 마르크스가 어떤 간섭항으로서 이해하고 있었던 조직관계가 지니고 있는 위협과 잠재성들은 그의 혁명적 기획에 기생하고 있으며, 이러한 이유로 그는 그것들을 자본주의 너머로 던져 버리는 경향이 있다.

무엇 때문에 이리도 망설이는 것일까? 주된 사실은 다음과 같다. 조직에 대한 승인 과정에서 자본가도, 그렇다고 프롤레타리아도 아닌 새로운 사회적 범주가 출현한다. ──이는 이전에 자본가적 기능의 위임 과정 속에서 도입되었다. 계급구조는 이러한 형세 속에서 양극성이 지양되는 쪽으로 변용된다. 마르크스는 과도하게 동요하지 않았으며, 계속 나아갔다. 구체적 역사 분석에 투하된 그의 이론적 창의성은 그것을 간단하게 근본적인 혁명적 도식의 개요 바깥으로 날려 버렸지만, 지체 없이 거기로 다시 돌아왔다.

우리는 마르크스의 어떤 정식들 속에서 그가 어떤 한계점에 도달했던 더 분명한 지점 ──하지만 더 나아가기를 거부했던 ──을 이해할 수 있다. 이는 특히 그가 사회적 계급 질서의 지양에 도입해야 할 대기업/거대 금융기관 쌍의 역량에 대해 내린 판단에서 잘 나타난다. 바로 그곳에서 전파방해 정도였던 것이 심각한 왜곡의 형태로 변형되고 있다.

어렵지만 명확한 평가

결국 이처럼 자본주의의 진화가 조직에 관한 마르크스의 관점에 손해가 되었는지 혹은 해명이 되었는지는 말하기 어렵다. 그는 현대 자본주의의 제도를 규정하는 19세기 및 20세기의 이행기에 자본주의가 겪은 진화 과정을 꽤 잘 간파하고 있었다. 자본주의의 성숙에 공명하는 조직관계의 성숙이라는 관념은 마르크스 사후 몇십 년 동안 완전히 확증되지 않으면 안 되는 처지가 되었다. 그것은 조직이 예비적 형태를 띠고 있는 19세기 말 기업혁명 이전의 자본주의에 대해 이야기하면서, 3장에서 이야기한 조직자본주의, 즉 기업의 계획 및 자금조달 메커니즘, 훨씬 뒤에 나타난 더 넓은 의미의 정책들에 대조시키는 경향이 있다. 이러한 혁명들은 경험적으로 구조의 마르크스와 경향의 마르크스 사이의 이행을 가리킨다.

어쨌든 마르크스에 의해 채택된 전개 과정은 그의 분석적 장치가 가지고 있는 설명력을 완전히 활용할 수 있는 가능성을 빼앗았다. 그로 인해 계급구조의 전환과 이러한 전환으로 인해 발생할 수 있는 계급투쟁을 예측할 수 없게 되었다. 만약 그러한 설명의 불가피성으로 인해 추상이 요구된다면, 이로써 만들어진 공백은 나중에 채워져야만 한다. 마르크스는 확실히 그러한 과정을 거치지 않았다. 그것은 아마 천재적 사상가에게조차도 너무 큰 기대일 것이다. 결과적으로 마르크스는 조직의 출현 속에서 확증하는 새로운 사회적 관계의 매개체를 목격하지는 못했다.

훨씬 더 급진적으로 해석해 본다면, 그 어떤 이론적 잠금장치가 갖는 결과의 전반적 효과를 이해할 수 있는 건 바로 4장에서 이루어진 현실 사회주의와 관련된 엄격한 평가 안에서 그러하다. 우리는 서론에서 20세기 마르크스주의는 사회 대중과 관리직 사이의 동맹 선언으로서 해석될 수 있다고 말했다. 혁명적 관리직의 관점에서 마르크스주의는 주민 대다수와 혁명적 관리직들 사이의 공생관계를 주장하기 위한 매개체였지만, 현실 사회주의 내에서 그것은 억압 체계로 변질되었다. 조직을 지배하는 계급적 본질에 대한 조급한 폐기로 인한 위협(마르크스가 도달하기 원하지 않았던)이 역사 속에서 뒤바뀌게 되었다. 이러한 사회적 관계는 마르크스주의의 해방적 관점을 제거하였다.

3. 자본주의와 관리주의

관리관계

여기서 우리는 자본주의와 함께 계급관계를 담지하고 있는 잠재적이고 자율적인 특수한 조직 관계가 존재함을 주장하려고 한다. 그러한 관점에서 '조직'이라는 용어보다는 '관리'(encadrement)라는 용어를 사용하는 게 더 적합한 것처럼 보인다. 이 용어를 통해 모든 계급관계에 내재되어 있는 위계관계를 더 잘 나타낼 수 있으며 '관리자'(cadre) 관계 주위에서 형성되는 특권에 대해서도 파악할 수 있다. 이러한 상관관계를 강조하기 위해 우리는 '자본'을 근거로 하여 '자본주의'에 대해 말하는 것처럼 관리관계에 조응하는 체계를 '관리주의'라 부르길 제안한다.

종합적으로 보면 두 개의 사회적 체계를 지배할 수 있는, 잠재적으로 자율적인 두 개의 사회관계와 계급관계가 존재하고 있다. 자본주의에는 지배계급인 자본가와 피지배계급 프롤레타리아가 존재하고 있고, 이는 마르크스에게 근본적인 측면이다. 다른 한편으로 관리자 지배계급 및 피지배계급인 다수의 노동자와 직원들이 존재하는 관리주의가 있다. [우리는 이를] "마르크스에 입각하여" 수정하였다. "마르크스에 입각한다"의 의미는 계급구조를 생산관계에 조응하는 계급관계 내에서 인식한다는 의미이다. 이는 생산관계와 계급구조, 그리고 국가 이 세 가지 항이 결합된 역사와 사회에 대한 이론인 역사유물론적 원칙에 엄밀하게 입각하여 수정된 것이다.[1]

생산관계 내에 있는 개인들이 관리관계 속에서 어떤 지위를 차지하고 있는지가 문제시된다. 이미 자본주의 내에서 거대 기업의 소유권은 개인적이거나 가족적인 성격을 상실하고 있으며, 관리주의적 관계 속에서 금

---

1) 이는 제라르 뒤메닐의 *La position de class*에서 고찰된 가설이다. "이러한 전환을 따라서, '착취'는 끊임없이 증대하는 잉여 노동의 추출로서 전통적으로 자본주의적인 의미를 확고히 하고 있으며, 아마 새로운 유형의 착취……를 예고하는 그 자신의 집단 내[관리직 및 종업원]에서 새로운 모습을 취하고 있다. 우리는 원론적 지위를 획득하는 데 있어 이러한 새로운 모순의 역량을 의심할 수도 있다. 그것은 자본주의적 생산관계의 근본적 본질에 기인할지도 모른다." 뒤메닐과 레비가 함께 저술한 *Au delà du capitalisme?*(Paris: PUF, 1998)과 *Économie marxiste*를 보라. [인용 부분에서 각괄호[ ]는 저자들이 삽입한 것이다.—옮긴이]

융기관에 집중되거나 개인들과 기업들 간의 상호 소유 또는 형식적으로 국가 소유의 측면에서 존재하고 있는 사회적 성격의 양상을 띠고 있는 듯하다. 특히 생산 또는 투자와 관련된 생산수단과 관련된 결정 역량——소유권의 전통적 속성(때때로 '점유'라고 말하는) ——은 관리자에 의해 집합적으로 수행되고 있다.

관리가 위계상 상위에 자리 잡고 있는 (하지만 이러한 지위는 본질적인 지적 차이에 의거한 것은 아니다) 사회적 관계 내의(민간과 공적 부문의) 관리자와 관련되어 있다는 것을 처음부터 명확히 할 필요가 있다. 관리자계급이 속성상 특정한 지식에 대한 접근권을 전제(능력)로 하고 있음에도 불구하고 지식인 계층(intelligentsia)은 아니다. 이들은 지배권을 실행하는 사회적 실천 및 특정 가족 안에서의 이와 같은 지위의 재생산을 통해 계급으로 구성되며, 자본주의적 관계와 마찬가지로 유효성과 결점들을 지니고 있다. 다시 한번 말하지만 역시 자본주의적 관계와 마찬가지로 관리자계급의 내적 경계를 정의하기는 어렵다. (소자본가가 있듯이 소관리자도 존재한다.) 그리고 무엇보다도 직원들이 관리자를 보좌하는데, 그에 관해서는 조금 더 아래에서 명확하게 진술하도록 한다.

이러한 분석을 통해 얻을 수 있는 정치적 결과는 분명 자본가계급의 소멸 가능성이다. 그러나 그럼에도 불구하고 '계급적' 형세가 잔존할 수 있는데, 그것은 우리가 관리주의적 관계가 자율적으로 실존할 수 있다고 썼기 때문이다. 대다수 사람들이 자본주의로의 복귀가 불가능하다고 생각했던 것과는 달리 일시적 형태 속에서 존재했고, 결국 자본주의로 전환된 현실 사회주의가 대표적인 경우이다. 신자유주의적 반격에 굴복했음에도 불구하고 마치 균형추와 같은 전후 타협의 경험이 결정적인 곳도 바로 여기이다. 우리가 여기에서 그에 대해 재검토하려고 한다.

역사 속의 관리자관계: 자본-관리주의와 순수 관리주의

관리주의적 관계는 두 개의 형세, 즉 3장과 4장에서 각각 정의된 맥락 속에서 역사적으로 확증되었다. 다른 한편에서 그것은 현실 자본주의와 구별되는 포스트자본주의적 계급사회 가능성의 윤곽을 제시한다.

우리는 이러한 변종들의 첫번째 형태로서 '자본-관리주의'[2]라고 하는 잡종적 형태만을 알고 있다. 우리가 말하고자 하는 것은 이러한 관리관계적 형세가 자본주의 품 안에서만, 그리고 그것과 결합된 형태로만 존재해 왔다는 점이다. 이는 다음 장에서 다룰 미국의 이론가들의 '관리자본주의'와 긴밀한 관계를 맺고 있다. 유럽에서는 일반적으로 '혼합경제'라고 말한다.

하지만 또한 관리주의가 자본-관리주의적 잡종형태를 초월하여 자본주의적 소유권으로부터 탈피한 '순수 관리주의'의 형태로 자본주의적 관계와는 상관없이, 지배적인 위치에 있을 수도 있다. 그런 순수 관리주의의 첫번째 변종이 현실 사회주의를 지배하였다. 우리는 그것이 전개된 정치·사회적 맥락에 준거하여 '관료적 관리주의'라고 말할 수도 있다. 물론 여기서 '관료적'이라는 말은 경멸적 의미로 사용되고 있다.

그에 따라 자본주의 내의 관리 수뇌부에 대해 사용되는 '관료주의'라는 용어로 인해 우리의 '관리주의' 연구에 관한 많은 혼란이 발생하게 되었다.[3] 이는 잘못된 용어 사용의 사례라고 할 수 있다. '관리'(gestion)라는

---

2) '자본주의적'(capitalo) 또는 '사회주의적'(socialo)이라 말하는 것은 파렴치한 일이기 때문에, 우리는 '자본'(capito)라는 말을 '사회-경제적'(socio-économique) 내의 '사회'(socio)라는 용어법처럼 쓰고 있다.

3) 아주 인상적인 사례가 조지프 슘페터의 책일 것이다. Joseph Schumpeter, *Capitalisme, socialisme et démocratie*(1942), Paris: Payot, 1990[『자본주의·사회주의·민주주의』, 변상진 옮김, 한길사, 2011].

용어가 여기서는 공적 부문 관리직의 행위까지 포함하기 위한 포괄적 의미로 사용되고 있다는 점에 주의하면서, '관료주의적 관리주의'에 '관리자적 관리주의'(cadrisme gestionnaire)를 대조할 필요도 있을 것이다.[4]

결국 우리는 관료주의적 관리주의의 아포리아 및 무능력과는 독립적으로, 계급투쟁의 압력하에서 자본주의의 뒤를 이을 수 있는 생산양식인 순수 관리주의를 상상할 수 있다. 관료주의적 관리주의는 순수 관리주의의 어설픈 변종이었다. 그 역사적 조건에 대해서는 4장에서 살펴보았고, 이 장 다음 4절에서 살펴볼 것이다.

자본주의의 경향이 직접적으로 향하고 있는 것은 바로 그러한 순수 관리주의이다. 어쨌든 더 직접적으로는 두말할 필요도 없이 마르크스주의가 표방하고 있는 혁명적 운동의 목표인 계급(그것이 남아 있다면) 없는 사회를 지향하는 것이다. 자본주의적 경향은 생산수단의 사적 소유 폐지를 예고하며, 그 추진력은 민중투쟁일 것이다. 그리고 이러한 측면에서 보면 마르크스의 메시지를 납득할 만하다. 하지만 이러한 변용 과정은 그 자체로, 모든 계급관계가 폐지되는 것을 직접적으로 내포하고 있지는 않다. 여기가 바로 4장에서 다룬 마르크스주의적 거대서사의 어설픈 결말이 나타나는 곳이다.

그 때문에 자본주의는 조직에 적합한 또 다른 생산관계(관리에 대한 관리주의적 관계)──여기서 우리가 주로 사용하고 있는 용어법으로는 또 다른 사회적 관계──를 출현시켰다. 마르크스는 『자본』에서 자본주의적 관계에 대해서는 분석했지만, 자본주의도 아니고 특히 사회주의도 아닌

---

4) 저자들(여기서는 제라르 뒤메닐)이 사용하고 있는 이러한 대조에서 '관료적'이라는 용어는 본문에 나와 있는 대로 '비효율성'을 강조하고 있는 것이다.─옮긴이

자율적 관계로서 등장한 관리관계를 결코 고려하지는 않았다.

잡종형성

마르크스 저작에 익숙한 사람들에게 동일한 사회구성체 내의 두 가지 유형의 사회적 관계 ——이 경우에는 자본-관리주의 ——가 공존한다는 사실은 결코 당황스러운 일이 아니다.

봉건사회 내부로부터 자본주의적 관계의 출현은 더 명백한 선례가 될 수 있다. 그러한 이행 과정 속에서 ——사실상 항상적 진화 상태 ——공간 내의 주도권(예를 들어 도시에서 싹트기 시작한 부르주아적 관계의 주도권)과 잡종형성(예를 들어, 모험적인 해외에서의 상업 활동으로부터 수입을 모색하는 상인 영주)이 결합한다.

『자본』에서는 이와 유사한 양가적 관계가 '~의 자격으로서'(en tant que)의 계승이라는 표현으로 나타난다. 예를 들어 마르크스는 중소 고용주에 대해서 '노동자로서', '자본가로서'라고 쓴다. 종종 그것은 생성 중인 것을 뜻할 때가 있다. 예를 들어 "생산물은 상품이 된다"는 것은 교환이 반복되는 정도에 따라 간격을 두고 한 번에 두 가지가 된다는 걸 의미한다. '자본-관리적'이라 말하는 것은 바로 사회적 관계에 적용된 그러한 이중성에 대한 주장을 고려하는 것이다. 자본-관리주의적 사회관계의 잡종형성(l'hybridité)이다.[5]

이론적 구성의 관점에서 보면, 이러한 테제는 장점과 부정적 측면을 모두 지니고 있다. 우선 장점에 대해서 말해 보자면, 그것은 마르크스 이론과의 일관성을 확보할 수 있도록 한다. 자본주의 역사 동역학 내에 존재하

---

5) *Le conceot de loi*, 2부, 2절과 4절.

는 조직에 대한 주장을 통해 의제가 형성된다. 하지만 관점에 따라 이는 분석틀의 '수정'이 아니라 오히려 적합한 일관성을 갖춘 대안적 분석틀의 구성을 전제로 한다. 자본-관리주의적 사회의 메커니즘을 설명하기 위해서는 두 개의 자율적인 이론적 총체성을 활용해야 할 것이다. 뒤이어 부정적 측면이 있다. 이러한 작업과 관련된 문제가 산적해 있다는 건 두말할 나위가 없다. 우리가 자본-관리주의 속에서 관리적 관계의 잡종적 형태 또는 현실 사회주의 속에서 편향적 형태만을 관찰할 수 있다 하더라도 대안적 이론을 생산할 필요는 있을 것이다.

관리주의적 관계가 본래 자본주의 내의 하위의 지위에 위치한다는 점에서 어려움이 있다. 마르크스는 『자본』에서 바로 이런 식으로 조직을 이해했다. 자본가의 업무는 직원들 중 보좌하고 있는 관리직들에게 양도된다. 하지만 본래 이 업무의 궁극적 목적은 바뀌지 않는다. 바로 이윤율의 극대화이다. 관리직과 직원들은 다른 계급, 즉 자본가계급과 그들이 갖고 있는 자본의 최대 수입을 확보하기 위해 활동한다. 그것은 한편으로 기업이 수익을 올리며, 다른 한편으로는 이자와 배당과 같은 금융적 수입의 흐름을 확보한다는 걸 의미한다. 관리직과 직원은 자본가를 위해서 일한다.

이러한 명목으로, 관리직과 직원은 자본소유자에 대한 하수인으로서 보수를 지급받는다. 그것은 마르크스의 용어법에 따르면, 비용, 즉 이윤에서 공제되는 부분이다. 하지만 종합적인 대차대조표는 자본가에게는 플러스가 될 것이다. 예를 들어 상업 부문 직원의 봉급은 이윤에서 공제되는 부분이지만, 그들의 행위를 통해 판매가 촉진되고 수익성이 증대된다. 하지만 직원 착취는 여전한데, 그것은 주어진 자본에서 증대된 이윤보다는 비용이 더 낮아야만 하고, 거기에 기준한 전체 봉급으로서 협상된 보수를 따라서만 자신들의 활동에 대한 보수가 정해지기 때문이다. 그러나 또 다른 관점에서 보면, 이윤으로부터 유래하는 이러한 공제 형태의 보수는 잉여 가치 분배 형태를 나타낸다. 하지만 이러한 분배는 노동에 대한 보수라는 의미이지, 이자 및 배당과는 다르다. 우리는 자본주의적 생산관계의 논리 속에서 이러한 집단이 갖는 양가적인 사회적 태도의 성격을 알고 있다.[6]

마르크스적 분석틀을 발본적으로 변화시키는 이러한 주장에는 어떤 경험적 기초가 있을까? 다양한 유형의 과정들이 이러한 관리주의적 양태가 갖는 자본주의적 생산관계 내부의 일반적인 하위적 성격 이외의 구체적인 사회적 성격을 이해할 수 있도록 한다.

한편으로 관리관계는 계급적 본질을 나타내는 특징 —— 우리는 자본주의적 관계와 관련하지 않고서도 자체적으로 그것을 말할 수 있다—— 을 보인다. 사실 우리는 아래에서 거론할 것과 같이 관리관계의 필수 불가결한 진보로부터, 예를 들어 주도권의 집중과 같은 계급적 성격과 관련 있는, 어떤 종류의 특유한, 그 자체의 고유한 특징을 관찰할 수 있다. 거기에 사회적 실천, 생활양식, 문화 등의 용어로 사회학의 영역에서 더 많이 발견되는 특수한 규정을 덧붙일 필요가 있다. 그러한 모든 것들이 우리가 부르주아적이기보다는 관리주의적 사회에서 있다고 보여 주는 것들이다. 그러나 우리는 여기서 이러한 영역을 탐구하지는 않을 것이며, 그것은 이 저작의 목표를 벗어나는 일이다.

다른 한편으로 우리가 말한 바와 같이 두 가지 유형의 역사적 상황이 어떤 맥락들과 각각 다른 정도로 관리에 대한 관리주의적 관계가 강화될 구실을 부여하였다. 선진 자본주의 국가의 전후(2차세계대전 이후)의 사회와 현실 사회주의에서 그러한 상황이 펼쳐졌다. 이 장의 4절 '전후(戰後)

---

6) *La position de classe.*

관리주의의 논리', 5절 '관료적 관리주의 실패'에서 그러한 본질을 더 잘 이해할 수 있는 기회를 마련하고자 한다.

자본-관리주의 내의 관리-직원 관계

애초부터 자본가 업무가 임노동자로 위임되는 것은 현대 자본-관리주의의 핵심적 특징인 양극화 과정을 수반하였다. 이러한 업무의 위임 과정은 이중적으로 이루어졌는데, 한편으로는 구상·조직·감독과 같은 (이런 표현이 가능하다면) '고상한' 업무와 다른 한편으로 그것의 [단순한] 실행으로 집중되었다. 관리직들은 생산수단과 관련하여 [직접] 생산노동자가 아닌 다른 임금소득자──우리가 직원이라고 지칭한──와는, 주도권, 즉 '처분[배치]할 수 있는 역량'(capacité à disposer)의 측면에서 별개의 지위에 있다. 보수의 등급은 이러한 양극화를 반영한다.

이러한 양극화는 기능적인 기초 위에 있지 않다. 우리가 [양극화의] 한편에서 기술적인 업무를, 다른 한편에서는 회계업무와 또 다른 한편에서 상업적 업무 등을 생각할 수는 없다. 이러한 각 영역들은 서로에게 평행적인 위계 구성의 계기이다. 그러한 대립은 이러한 기능적 영역들을 가로질러 수립된다. 이러한 양극화를 프랑스에서는 관리직과 직원이라는 이항적 관계(binôme)로 적절히 표현하지만, 불행히도 모든 언어들 속에서 작동하는 것은 아니다.[7]

자본주의적 관계 내에서와 같이, 우리가 매개적 집단들을 식별할 수 있다는 점은 자명하다. 이러한 양극화의 경계와 기준의 규정은 항상적인

---

7) 영미권에서는 '관리직과 사무직'(managerial and clerical personnel)이라 표현하는 게 일반적이다.

운동, 즉 투쟁과 실천의 결과이다. 여기서 우리가 이러한 메커니즘을 분석할 수는 없지만, 우리는 다양한 결정 요소들이 있다는 걸 쉽게 이해할 수는 있다. 능력(compétence), 고객들 또는 위계의 상위 사다리에 대한 근접성, 또는 업무의 반복적 성격 등을 들 수 있다. 우리는 직원들의 노동 속에서, 생산적 노동에 부과되어 있는 것과 공통적인 여러 측면을 보유하고 있는 종속 형태를 볼 수 있다. (이러한 노동의 조건이 특히 기계화, 재편성, 감독 등을 통해 엄격한 의미의 생산영역 바깥에서 재생산된다.)

피관리자-관리자 관계

기능 자본가의 업무를 위임받은 집단들 내부의 대립을 채택하고 있는 계급관계의 출현은 관리관계가 내세우는 첫번째 원을 정의한다. 그러나 관리주의적 관계는 보편화되는 경향이 있다. 관리주의적 관계의 진전은 또 다른 임금소득자들 전체에 직면하고 있는 근본계급들의 관계로서 위치하게 되는 결과에 이르렀다. 직원과 노동자(생산적 노동자) 및 '피관리' 계급들 또는 계급으로 말이다. 바로 그것이 관리관계가 내세우는 큰 두번째 원이다.

자본-관리주의에 대한 분석 내에서, **자본가-생산노동자** 관계가 여전히 생산노동자에게 부과되는 계급관계를 독점하고 있다.[8] 하지만 생산적 노

---

8) 『공산주의자 선언』의 부르주아와 프롤레타리아의 점증하는 양극화에 대한 테제가 정통 마르크스주의의 입장에 대한 설명이라고 할 수 있다(V. Tcheprakov, *Le capitalisme monopliste d'État*, Moscou: Édition du Progrés, 1969). 이 책에서 관리직은 불균질한 기술 '인텔리들'로 이해되고 있다. '엘리트들'은 특히 '독점'과 긴밀한 관계가 있다. 일부 분파가 프롤레타리아로 통합되기는 하지만 말이다. 니코스 풀란차스의 관점은 그것들과 반대된다. 관리직과 직원들은 새로운 프티부르주아가 되며, 그러한 지위가 자본주의 생산이론 속에서 엄격히 이해될 수 있다면 논리적일 수 있다고 이야기한다(Nicos Poulantzas, "Marxism and Social Class", *New Left Review*, No. I/78, March-April 1973, pp.27~54). 이와 동일한 모호성에 대해 에릭 올린 라이트는 '모순적인' 계급 지위를 지적하고 있다(Erik Olin Wright, *Class, Crisis and the State*, Londres: New Left Books, 1978). 우리는 다음을 참조하였다. Alain Bihr, *Entre bourgeoise*

동자들은 이중적으로 지배되고 착취된다. 또 다른 은폐된 관계가 존재한다. 자본가계급의 소멸은 직원에 대한 관리주의적 지배의 영역 속에 생산노동자들이 통합되는 쪽으로 자동적으로 이끌어진다.

결국 현대 사회 내에서 구상·조직·감독 업무는 **관리직**의 전유물이고, 비생산적인 업무의 실행은 **직원**이, 그리고 생산의 경우에는 **노동자**가 맡고 있다. 일단 이러한 사회적 위계에 기입되면, '관리관계' 양식을 이해할 수 있다. 그러나 새로운 관계의 전개와 함께 직원과 노동자의 조건은 설사 첫 번째 원과 두번째 원에 기초하고 있다고 하더라도, 어느 정도로는 수렴하는 경향이 있다.

4. 전후(戰後) 관리주의적 논리

3장에서는 관리직과 국가 개입의 역할이 공고화된 '조직자본주의'가 구성된 기간인 전후 타협에 대해서 논의하였다. 하지만 조직화의 확대 이외에, 구체적 자본주의 관계에 대한 초월을 나타내는 새로운 사회적 논리를 확인해 볼 필요도 있다.

우리는 현대인들이 더 잘 인식하고 있는 특징인 프랑스의 '혼합경제'라는 틀에서 그러한 것들을 이야기했다. 이 시대의 관점에서는 현실 사회주의 사회와의 관계 속에서만 이러한 혼합이라는 개념을 사고할 수 있다. '체계들'에 대한 관점에서 보면 유럽 사민주의는 자본주의와 사회주의 사이의 어떤 중간적 범주 속에 있는 것으로 생각되었다. 미국에서 주장되었

---

et prolétariat: L'encadrement capitaliste, Paris: L'Harmattan, 1989.; Kees Van Der Pijl, *The Making of the Atlantic Ruling Class*, Londons-New Yok: Verso, 1984.

던 것이 바로 관리자본주의라는 개념이다(「보충설명3」). 그 내용이 현저하게 다르다고 할지라도 강조해야만 할 것이 바로 잡종형성이라는 동일한 생각이다. 두 경우 모두 이번 장에서 주장하는 해석과 일치하는 관리직의 권력과 기능에 대해 강조하고 있다.

관리주의적 관계의 증대된 자율성과 타협

우리는 전후의 정치·경제적 계획에 대한 경험을 통해 어쨌든 그 당시의 형세 중의 하나인 관리주의적 사회 질서의 구체적 성격 중 몇 개를 이해할 수가 있다.

그 당시에 나타났던 몇십 년간의 성격을 이러한 새로운 해석틀을 통해 충분히 이해할 수가 있다. 우리는 거기서 기업 관리의 새로운 위계적 목표를 관찰할 수가 있는데, 그것은 그러한 목표 내에서 수익성 추구는 기술 변화 또는 성장 그 자체의 결과로서, 또 다른 합목적성을 추구하는 조건으로 더 많이 나타났다. 아주 상세히 말하자면 자본소유자 관계가 20세기 전반부의 몇십 년 동안 존재했던 관계에 의해 심각하게 수정된 것이다. 대부분의 이윤이 기업 내에 유보되었고 실질이자율은 억제되었다. 이러한 소득의 흐름은 자본가의 수입이라기보다는 저축에 대한 보수라는 외양을 띠었다. 은행부문의 이윤은 크지 않았으며, 그것은 생산부문을 위해서 존재하였다. 경제정책상의 도구들은 완전 고용, 혁신, 그리고 발전을 목표로 하게 되었다.

소득 층위의 변화는 전후 타협의 계급적 본질에 대한 단순한 양적 지표를 제공한다. 우리는 2차세계대전 이후 미국에서 임금노동자에 비해 상위 임금소득자(관리직)에 우호적인 소득의 집중이 점진적으로 증대하고 있음——그에 따라 자본에 대한 보상은 억제되었다——을 관찰할 수 있다.

프랑스도 1968년 5월 운동이 끝날 때까지 매우 두드러진 비슷한 변화가 나타났었다.

따라서 전후에 수립된 관리직 관계의 상대적 자율성은 두 가지 형태로 표현되었다. 한편으로는 자본가의 수입 및 권력의 억제로서 관리자와 소유자 사이에 취해진 거리를 의미한다. 다른 한편으로는 대다수의 사람들과 관리직 계급 사이의 소득 격차 확대이다. 이는 관리직의 우월성과 타협의 계급적 본질을 그 자체로 보여 주는 것이다.

한편으로는 '관리직 관계의 자율성의 증대'와 다른 한편으로 '민중계급과의 타협이라는 맥락'이라는 두 가지 과정의 각 측면을 구별해 볼 필요도 있다. 이는 동일한 현실에 대한 두 가지 상이한 측면을 보여 준다. 전후 몇십 년 동안 일어난 관리직 소득의 상대적 증가는 타협으로 계급관계의 발전을 완화시키려는 상황과 동시에 점차 [또 다른] 계급관계가 표면화되고 있다는 걸 나타낸다. 예를 들어 교육 또는 사회보장이라는 또 다른 분야에서는 관리주의적 자율성을 수립할 수 있도록 해주는 대중계급과의 통로가 이러한 과정에서 지속적으로 개방되어 왔다. 하지만 더 중요한 문제는 규정된 정치적 맥락하에서 민중계급의 사회보장에 우호적인 관리직의 내재적 성향이라는 [관리직] 자율성의 출현 과정에서 나타난 정치적 측면이었다.

신자유주의적 타협

또한 전후에 지속된 사회적 타협과 신자유주의는 자본-관리주의적 관계의 이중성을 나타낸다. 이러한 두 개의 사회질서 속에서 관리직은 일반적인 조직 업무 전반, 특히 기업 경영을 맡게 되었다. 우리는 3장에서 신자유주의로 인해 경향적으로 증대되고 있는 이러한 변화가 중단된 것은 아님을 강조하였다. 하지만 그것은 자본주의 관계에 대한 관리직의 자율성 증대라는 과정에는 종지부를 찍었다. 관리직들은 자본주의적 계급의 기준에 따라서 '그들 자리로 복귀'하였다. 다시 말해 자본가계급에게 봉사하는 하위의 지위로 돌아갔다. 그들은 종종 상당한 압력을 받았다. 하지만 이러한 규율은 나머지 관리자들, 특히 대다수 사람들의 부러움을 사는 사회적으로 상위의 자리를 차지하고 있는 사람들에게는 새로운 타협 형태 속에서 부과되었다.

특히 주주에게 불리한 소득 이전을 종식시키기 위해 물가안정을 우선시하는 거시경제정책 수준에서 이러한 궤도의 수정된 내용이 더 명백하게 드러난다. 하지만 우리는 더 치밀한 방식으로 사회민주주의적 타협의 수립으로 이어진 내용의 근본적이고도 체계적인 지표들을 파악할 수가 있다. 전후 타협 기간에 특히 유럽이나 일본, 그리고 라틴아메리카는 한층 나은 조건의 수익성을 구가하고 있었음에도 불구하고 신자유주의를 통해 거의 절대적이었던 그들의 목표를 근본적으로 개조하였다. 관리직은 이러한 필연성에 순응하여 행동하였다. 그렇기 때문에 우리는 이러한 자본-관리주의적 방식이 지속되는 가운데서 어떻게 동일한 메커니즘에 상이한 규약——권력 형세를 따라서 여러 방향으로 굴절되는 사회적 관계의 변용을 통해 그 규약의 양적 차원의 문제(이 경우에는 수익성 추구의 강도)가 드러난다——이 부여되었는지를 관찰하였다.

전후에 나타난 이러한 관리주의적 관계의 자율성이 자본주의를 초월하는 이행적 성격을 갖는 것은 아니었다. 관리주의적 관계의 자율성의 증대로 인한 자본주의적 관계의 억제가 불가역적인 성격을 획득할 정도에 도달한 것은 결코 아니었기 때문이다. 그와는 반대로 전후의 직접적인 충격에서 벗어난 이후 자본가계급은 그들에게 유리한 동역학을 만들어 내는 데 성공하였다. 전후의 관리주의적 관계가 자본주의적 관계를 근본적으로 압도하지 못하는 것에는 국제적 차원의 문제가 결정적이었으며, 결국 자본가들은 신자유주의하에서 자신들의 헤게모니를 완전히 회복할 수 있었다. 하지만 [사회민주주의적 타협의] 30년이라는 세월을 무시할 수는 없다. 그럼에도 불구하고 관리직들은 대중계급의 투쟁의 실패가 만들어 놓은 상황 속에서 상대적으로 용이하게 또 다른 타협으로 옮겨 갔다.

[보충설명 3] 관리자본주의

조직화된 자본주의와 그와 관련된 분석의 출현은 역사적으로 쉽게 추적할 수 있는 현상들이다. 따라서 미국에서 이러한 현상들을 다루는 중요한 문헌들이 동시적으로 출현하는 것을 확인할 수 있는 것은 당연하다. 그러한 연구들의 폭이 제한적이지 않고 시기상조인 것도 아니라는 점 또한 결코 놀랍지 않다. 또한 미국에서 이러한 테제는 사실상 1970년대 말까지 오래 남아 있었다. 그것을 마지막으로 확인할 수 있었던 것은 2005년 피터 드러커(Peter Drucker)의 말을 통해서였다.

이런 분석은 3장에서 소유와 관리의 분리, 관리혁명이라고 불리는 것에 의해 창조된 정치적 감정으로부터 출발한다. 20세기 초 금융 부르주아들이 대기업 바깥에서 생산체계에 대한 통제권을 장악하지 않았던가? 우리는 자본가계급의 권력이 금융 기관의 내부에서 재건되었다고 말했다. 그러나 이러한 상황은 오래지 않아 '관리자본주의'라고 불려지게 되었다. 다시 말해 관리자의 자본주의(우리가 자본-관리주의라고 부르고 있는)였다. 따라서 관리자들은 심지어 본원적 역할을 하는 새로운 사회적 행위자로서 등장하게 되었다. 그러한 사회적 행위자들이 먼저 등장하는 곳은 기업이지만, 이러한 '관리주의'는 점진적으로, 특히 관리자들이 전통적인 공적 관료주의의 비효율성을 극복하도록 요구되었던, 위기 상황에서 (지역에 밀어닥친 재난이나 1929년 위기 때와 같이 중앙적 대응이 필요할 때) 미국의 공적 부문으로 확산되었다. 관리자본주의의 문제설정은 단순한 '지적 능력'과 관련된 현상을 파악하기 위한 것은 아니다. 이러한 문제설정은 자본주의(부르디외의 문화자본 보유자에 대한 연구) 및 현실 사회주의(죄르지 콘라트와 이반 셀레니의 지식인 개념)에 적용될 수 있다. 정 반대로 관리자본주의는 전문가들이 확실히 쟁점이기는 하지만, 그러한 그들을 단 순히 지적 차이에서 나타난 생산물로서 이해하는 것이 아니라 자본주의의 역사적 동역학을 통해 나타나는 과정 속에서 이해하고 있는 이론가들을 통해 검토되는 것 이다. 관리주의적 관계는 무엇보다도 권위적 관계이다. 관리자는 일반적으로 자격 이 갖고 있는 책임자(chef)들이다. 하지만 본질적으로 상위 위계관계에 속해 있다. 만약 그들이 직접적으로 권위를 실행하지 않는다면, 그들은 위계관계 내에서 밀하 자면 책임자들에 대한 자문가로서, '측면에' 위치하게 된다.

앨프리드 챈들러는 관리자본주의에 대해 상대적으로 뒤늦게 입문한 이론가이지만, 1977년 그의 책, 『보이는 손』[9]에서 그러한 권한을 가장 잘 인식하고 있음을 보여 주 었다. 그 책의 부제는 '미국 재계의 관리혁명'이었다. 보이는 손은, '보이지 않는 손' 이 작동하는 스미스가 18세기에 서술한 시장의 운동과 반대되는, 잘 관계 맺어지고 세련된 형태를 취하고 있는 조직을 의미한다. 챈들러는 전적으로 장기간에 걸친 방 식으로 이러한 측면을 고찰하고 있다. 그 자신의 말에 의하면, 새로운 기술의 복잡 성과 시장의 확대로 인해, '관리적 조정'의 필연성이 창조되었다. 이러한 행위는 시 장으로까지 연장되는 기업의 관리 행위와 관련되어 있다. 이러한 진화로부터 '새로 운 계급', 즉 관리자계급이 출현하였고, '그들의 권력이 증대될 수 있었다'.[10] 챈들 러가 1970년대에 집필할 때, 이들의 힘이 잠재적으로 쇠퇴할 것이라 예상하지는 않 았다. 또 다른 한편으로 그는 이들의 사회·정치적 영역에서 발휘되는 힘과 기업 내 의 위계관계를 구별하지는 않았다. 하지만 경제정책을 통해 기업 관리에 상위 공무 원이 개입하고 있다는 것을 보여 주었다. 그러한 개입 형태는 미국에서는 관리자본 주의의 시초부터 자리 잡고 있었고, 다른 나라들로 전파되었다. 챈들러는 가장 고도 화된 관리주의적 미국을 자본주의의 역사적 동역학 속에서 탐구한 연구자이다.

이러한 모든 분석은 관리자계급의 출현을 식별하였다. 사실상 그와 관련된 가장 큰

---

9) Alfred D. Chandler Jr, *The Visible Hand: The Managerial Revolution in American Business*, Cambridge: The Belknap Press of Harvard University Press, 1977.
10) 결론 초반부에서 통합된 형태의 표현들을 발견할 수 있을 것이다.

어려움은 그것의 매개적 범주의 식별하는 것이었다. 유명한 '화이트칼라'에 대해 상세히 연구한 문헌도 존재한다.[11]

하지만 미국에서 관리주의적 이론은 특히 유명한 존 케네스 갤브레이스의 1969년 저작인 『새로운 산업국가』[12]를 통해 더 잘 알려져 있다. 갤브레이스는 사회 위계의 꼭대기에 '전문가 및 관리계층'(technostructure)을 위치시켰다. 주식회사의 권력은 정관을 통해 소유자 수중에 쥐어져 있지만, 기술적이고 계획적인 측면에서 제기된 필요성 덕분에 기업 내의 권력은 전문가 및 관리계층으로 이전되었다.

갤브레이스가 이러한 관리주의적 체제의 정점을 보여 준 것은 우연이 아니다.[13] 1960년대는 우리가 관리주의적 '자율성'이라고 지칭한 전후 타협이 정점에 도달했던 시기이다. 그것은 기업 관리의 수준뿐만 아니라 정치 수준에서도 나타났다. 관리자는 소유자의 감시로부터 상당히 해방되었다. "전문가 및 관리계층이 발전하게 되자 주주의 통제로부터 빠져나왔고, 내부적 자금조달에 적합한 원천을 획득하게 되었다."[14] 경제정책의 측면에서 1960년대는 케인스주의가 번영하던 시대이다. 케네디(John F. Kennedy)의 자문단은 1950년대 말 경기후퇴의 출구가 일부 남아 있다고 확신하였으며, 특히 재정정책과 같은 경기활성화를 위한 정책에 매진하였다. 이 시기는 이례 없는 성장률과 수익성을 기록한 시기였다.

이러한 번영은 우리가 말했던 1970년대 구조적 위기로 마감되었고, 그 충격을 통해 관리주의적 체제는 불안정화되었다.[15] 관리주의적 체제는 그 가능성만을 지니고 있었다. 신자유주의가 자본주의적 소유자 세력의 복귀에 조응한 반면, 그것은 1970

---

11) Charles W. Mills, *Les cols blancs*(1951), Paris: Seuil, 1970.

12) John K. Galbraith, *Le nouvel État industriel*(1969), Paris: Gallimard, 1989.

13) *Ibid.*, p.106.

14) *Ibid.*, p.389.

15) 하지만 그전에도 논쟁은 계속되었다. 우리는 모리스 자이틀린과 얼 래트클리프가 제기한 관리주의 체제에 대한 매우 흥미로운 논쟁에 대해 말할 수 있다. Maurice Zeitlin & Richard Earl Ratcliff, *Landlords and Capitalists: The Dominant Class of Chile*, Princeton: Princeton University Press, 1988.; M. Zeitlin, *The Large Corporation and Contemporary Classes*, New Brunswick: Rutgers University Press, 1988. 이 저자들은 자본주의적 소유자, 토지소유자, 관리 및 정치인이 결합된 (그리고 누적된) 가족 전체로서 계급을 검토하였다.

년대 위기로 인해 더 이상 지속되기 힘들게 되었다. 바로 분석적 엄격성의 부족으로 인한 결과를 참담히 느끼게 된 것이었다. 관리주의의 이념은 사라져 버렸지만, 관리자들은 그들의 특권을 위해 신자유주의에 봉사하고 결합하여 자본가들과 함께 보조를 맞추어 복권되었다. 회고해 보면, 관리주의가 1960년대 관리직들이 주도하였던 타협 속에서 그들의 정치적 우위 및 경제적 기능과 결합되었을 때 가장 명증하게 나타났다는 점을 이해할 수 있을 것이다. 민간 및 공적 관리직의 중요성과 수는 여전히 증가하고 있는 데 비해, 신자유주의의 등장으로 발생한 권력의 전복으로 인해 이론적 구성의 기회는 빼앗겨 버리게 되었다.

5. 관료적 관리주의의 실패

4장과 그 이후에 전개된 해석은 두 부분 모두 현실 사회주의의 경험, 특히 소련의 경험 —우리는 그것을 '소비에트주의'라고 부른다— 을 중심으로 제시된 것이다. 소련에서는 특이하게 새로운 질서를 향한 이행이 관리직 지배로 급진적으로 전환되었다. 이는 소련 전문가들 사이에서는 꽤 통용되는 성격 규정이다. 우리는 이러한 이야기를 모슈 르빈의 작업에서 원용하였다. 앞에서 우리는 이러한 계급지배를 구체적인 사회적 관계의 파급과 연관시켰다. 그러한 사회적 관계는 그 취약성과 세계적 상황으로 인해 개혁에는 부적합한 것이었다. 우리는 그것을 **관료주의적 관리주의**라 부르자고 제안하고자 한다.

　그 계급적 본질과 내적 긴장이 무엇이든 간에 명백히 본질적 의문은 자본주의적 관계를 지양하는 이러한 역사적 시도의 최종적 실패와 관련되어 있다.

시장과 민주주의

이러한 시도를 곤경에 빠뜨린 건 본질적으로 조직의 치명적 과오의 일종인 중앙집권적 야망에서 비롯된 건 아니다. 즉 계획이 시장이라고 말하는 것에 대해 극단적으로 강조했기 때문이 아니라는 것이다. 여기서는 시장의 조정자적 역할 이외에, 자본주의가 보증하고 현실 사회주의가 다른 방식으로 보증했던 다양한 과정(자금조달, 수익성)을 무시하는 용어와 개념적 불충분성에 대해서는 잠시 접어 두자. 명백히 심각한 문제들이 있었지만 그건 개혁과 관련이 있다. 이러한 기본적 측면만 따로 고려하여 역사적 파탄을 정당화하기는 힘들다.

우리는 또한 민주주의의 부재에 대해서도 이야기할 것이다. 하지만 이번에도 이러한 사회의 특징에 대해 자문할 필요가 있다. 이 사회는 민주화를 향한 과정을 차단하였다. 현실 사회주의 국가들의 파산을 아마도 민주적 계급질서를 이룰 수 없는 무능력과 관계가 있다고 보아야 할 테지만 이러한 요소는 더 큰 관점 속에 포함되어야 한다.

모슈 르빈은 왜 이렇게 실패하게 되었는가를 작업의 주요 테마로 삼았지만 해결하지는 못했다. 유리 안드로포프[16]가 살아 있었다면 과연 성공했을까? 고르바초프[17]는 왜 실패했을까? 하지만 어쨌든 우리는 르빈이 사회주의 건설의 실패로 본 것을 오히려 자본주의에 대한 대안적 사회질서를 공고화하는 데 실패했음으로 이해해야 한다고 평가할 것이다. 그리고 그건 그의 분석 속에서 확인된 바와 같이 그러한 사회구성체 내의 지배계급이 존재하였기 때문이다.

---

16) 유리 안드로포프(Iuri Andropov): 브레즈네프 이후 1982~1984년 소련 공산당 서기장.—옮긴이

17) 미하일 고르바초프(Michael Gorbatchev): 1985~1991년 소련 공산당 서기장.—옮긴이

사회민주주의적 타협과 신자유주의 속에서 관료주의적 관리주의

혁명적 노동자운동 속에서 시장을 '사회주의'로 전환시킨 형세와, 그 이전에 시작했고 2차세계대전 이후 성사된 사회민주주의적 타협의 수립을 지배했던 두 가지 역사적 형세를 비교할 필요가 있다. 물론 차이가 존재함에도 불구하고 두 개의 경험을 통합하는 것, 즉 그러한 경험의 계급적 성격을 통해 비교해 볼 필요가 있다.

현실 사회주의의 경우, 전위는 대중의 입장을 대표하면서 그들의 이름으로 혁명적 과정을 이끌었다. 전대미문의 계급투쟁이 발생하였고, 계급투쟁의 성공은 전위 주변에서 구성된 지배계급 권력의 수립으로 이어졌다. 노멘클라투라(nomenklatura)와 지배세력의 수중으로 집중된 전제적 권력 아래서 혁명의 목표는 모든 계급투쟁의 잠재적 가능성을 봉쇄하는 납뚜껑으로 전환되었다.

두번째 사회민주주의적 타협의 경우는 동일한 계급투쟁의 또 다른 맹아――그것은 주기적인 방식으로 민중계급이 자본가계급에 대항하게 된 자극제였다――가 관리직들을 동맹의 동역학 속으로 이끌었다. 자본가계급이 소멸된 건 아니었지만, 그들의 권력과 소득은 대단히 축소되었다. 관리직들이 이러한 타협의 노동자적 고리였고, 그것의 추진력은 민중투쟁으로부터 나왔다. 2차세계대전 말에 나타나기 시작한 자본가계급의 이익에 대한 억제는 정치적 투쟁 및 노조의 투쟁, 그리고 더 일반적으로는 사회적 권리를 요구하는 운동들에 의해 지탱되고 있던 증대된 정치·경제적 민주주의 덕분에 몇십 년 동안 그럭저럭 보존되었다. 점진적이었지만 불확실한 동역학이었다.

이러한 관리직 권력의 공고화 과정은 현실 사회주의 및 자본주의 내에서 실패로 돌아갔다. 두 경우 모두에서 새로운 사회적 질서의 수립과 지배

국면을 각각 구별할 필요가 있다. 한편으로 현실 사회주의 및 전후 타협을 도입한 투쟁과 다른 한편으로 각 형세 속에서 나중에 나타나게 될 투쟁들을 구별해야 한다. 이는 계급투쟁에 관한 것이다. 민중투쟁은 승리하였지만 그후 관료적 관리주의 안에서 **금지**되었고, 전후 자본주의 안에서도 성공적이었지만 **패배**하였다. 하지만 투쟁은 그 영웅적 국면을 넘어 계속되었다. 우리가 그러한 투쟁을 지배계급의 관점 ──현실 사회주의의 관리직 또는 사회-민주주의적 타협 내의 자본가계급── 으로 이해한다면 항상적 투쟁이란 매번 명백하다. 현실 사회주의의 경우에는 방어적 전략, 즉 **수립된 질서의 보존**이며, 두번째 사회-민주주의의 경우에는 자본가들의 [권력] 회복이다.

현실 사회주의의 관리직들에 의해 실행된 사회적 통제는 결코 계급 민주주의의 두 가지 근본적 조건을 보증하는 쪽으로 완화되지 않았다. 그 근본조건은 지배계급 내부의 민주주의이며, 그 계급 권력의 실행이 피지배계급에게 요구하는 타협이다. 국가적 통제는 결코 '전체주의'에 대한 고발을 인정하면서 경제적 분권화를 허용하는 쪽으로 완화되지 않았다.

2차세계대전이 끝날 때쯤은 어떤 일이 있었나? 사회-민주적 타협이 주도하는 세계적 환경 속에서 나타난 새로운 지배계급이 존재하였으며, 이 와중에 현실 사회주의의 관리자들이 피지배계급에 대해 갖는 관계는 점진적으로 이러한 새로운 도정의 우위 덕택으로 공고화되고 있었다.

관료주의적 관리주의는 정점으로의 강력한 권력 집중을 재생산하는 상위 분파의 위계적 체계를 확대하였다. 그 원인은 다양했다. 특히 상위 행정기관과 기업 (혹은 학교나 더 복잡한 상태에 있는 또 다른 활동 현장) 사이의 관계가 가진 본질을 거론할 필요가 있다. 우리는 과도한 감시와 [권력] 분립의 부재에 대해 말할 수 있겠지만, 이는 전후 일본 또는 유럽 사회민주주의 —— 행정기관과 경제적 활동 현장 간의 관계가 강고했지만 또 다른 특성을 가지고 있던 —— 와 같은 또 다른 형세를 제외하고 생각하는 것일지도 모른다. 이러한 질문 배후에서 국가의 의미와 정책기관들에 대한 질문의 윤곽이 명백히 드러난다. 그것은 그 비효율적 형태 및 게다가 상층부의 기생 상태에서 기인한 것이다. 이는 진정한 의미의 '관료주의'로서 이따금 관리자적 관리주의에 함부로 갖다 붙여 쓰기도 한다.

사실상 현실 사회주의 내에 존재했던 이러한 계급관계에 대한 고발은 그 지배체계를 약화시켰고, 정치·경제적 개혁의 동결을 해제시킬 수 있는 대중적 동맹을 금지시키는 형세 속에서만 지속되었다.

미하일 고르바초프보다 보리스 옐친

수입 및 권력의 영속화에 매달리던 현실 사회주의 지배계급 상위 분파가 그들의 특권적 지위의 본질 —— 사회적 본질을 의미한다 —— 에 반하는 시도를 추구하였다. 이로 인해 관리자적 관리주의 내에서 발생한 큰 변화가 이들에 의해 재검토될 처지에 놓이게 되었다.

마침내 그들은 또 다른 선택지의 우위를 의식하게 되었다. 신자유주의의 자본가계급 헤게모니에 복속된 세계에 참가하는 것이었다. 이러한 현실 사회주의의 상위 계급들은 이전에 선망하고 있던 사회민주주의적 유형의 타협에 관리직의 위계질서보다는, 신자유주의적인 자본가계급 속에서 다시 자리 잡을 수 있는 기회가 등장했다고 보았다. 이 계급들은 이전의 지위와 야망에 상응하는 장소를 사회민주주의적 타협에서는 찾을 수 없다는 걸 알고 있었다.

이러한 메커니즘에 중심에는 현실 사회주의 관리직 상위 분파와 그보다 광범위하지만, 덜 특권적인 지위에 있고, 사회민주주의 사회에서도 자신들의 활동 능력을 통해 지속할 수 있는 또 다른 집단들 사이의 내적 갈등이 존재했다.

그렇기 때문에 우리는 전후 사회민주주의적 타협과의 경쟁이 현실 사회주의 국가들의 상황을 단결시키는 데 기여했다고 주장하는 당황스러운 사실에 이르게 되었다. 하지만 이러한 나라들의 사회적 위계질서 정상에 이루어진 신자유주의에 대한 긍정으로 인해 자본주의에 대한 급진적인 대안적 경로는 포기되었다. 개혁보다는 포기로 이어졌다. 고르바초프보다는 옐친이었다.

너무 늦은 해빙이었다. 우리는 종종 역사에 대한 가정을 하려 하고, 그것은 항상 조심해야 할 필요가 있지만 자유주의로 전후 타협이 지양되지 않고 그것의 전진으로 1970년대 구조적 위기가 해결되었다면 현실 사회주의 국가들에서는 무슨 일이 일어났을까? 대답은 다음과 같다. 그 새로운 사회질서로 수렴되었을 것이다. 체계의 수렴 이론이 터무니없는 것은 아니다. 계급투쟁으로 인해 정반대의 방향으로 틀어졌을 뿐이다.

6장

두 극에 있는 계급사회

우리는 여기서 또 다른 경로를 탐구한다. 그것은 일부 철학적 본질에 대한 작업에서 유래하지만 그것으로 수렴하는, 방금 보여 준 것과 같은 더 경제적인 계기에서 유래한다. 그렇기는 하지만 그러한 경로는 현대성의 이론적 맥락 속에서 문제를 논의하는 더 일반적 성격 때문에 성격상 차이가 난다.[1]

우리는 마르크스의 이념에 따라 그가 말한 것처럼 현대 사회의 축이자 본질적 대립을 구성한다고 받아들일 것이다. 하지만 우리는 그것이 곧바로 두 개의 '극' ── 밀접하게 공동-착종되고 공동-내포된[2] 두 논리의 지배를 받는 것으로서 이해되는 시장과 조직 ──으로 배치된다고 제시할 것이다. **시장**에서는 사적 **소유**에 결합된 권력이 전개되고, **조직** 속에서는 위계화된 **권한** ──우리가 '전문가적 권위'라고 말하는 관점에서 ──에 내재적인

---

1) 자크 비데의 *Théorie de la modernité*에서 소묘되었던 것이 그후 *Théorie générale*에서 발전되었다.
2) 비데의 현대성 이론 안에서 공동-착종(co-imbrication)과 공동-내포(co-implication)는 각각 경제적 측면과 법-정치적 측면에서 시장과 조직의 뒤얽힌 관계를 설명하는 용어이다. 더 자세한 것은 웹페이지(http://jacques.bidet.pagesperso-orange.fr/metagloss.htm)를 참조하라.─옮긴이

특권이 전개된다. 전적으로 한정된 사회적 집단들의 문제가 아닌, 한편으로는 '자본주의적 소유자'와 또 다른 한편으로는 '관리직과 전문가'라는 호명에 상응하는 것들을 통해 식별할 수 있는, 두 개의 주요한 사회적 힘들이 분배되는 건 사회적 **형태**들의 짝(시장/조직)과 관련되어 있다. 다른 관점에서 이러한 '시장/조직' 짝은 항상 동시에 시장적이고 조직화된 과정을 통해 사회적 부를 생산하는 '근본계급'을 구성한다. 사회적 **형태**와 사회적 세력들 사이의 관계는 변증법적이며 복잡한 형태 아래서 나타난다.

그렇다면 이론적 구조는 그러한 두 개의 지주인 시장과 조직과 관련하여 재구성되어야만 한다. 하지만 이러한 재구성을 위한 가장 좋은 것은 마르크스의 방법이다. 마르크스는 계급들 사이의 관계로 정의되는 '자본'을 통한 설명으로부터 시작하지 않고, 사실상 현대 사회 속의 **개인들**을 조직하는 더 일반적 형태인 '시장'으로부터 시작하고 있다. 우리가 기억하고 있듯이 그것이 바로『자본』의 제1편이 대상이다. 따라서 '두 개의 지주 위에서 재구성한다는 것'은 우리가 동일한 방식으로 조직을 취급한다는 의미이다. 더 정확하게 말하자면 우리는 자본주의 사회형태에 전제되어 있는 준거점을 형성하는 시장/조직 짝을 고려하면서 시작할 것이다. 그로부터 출발하여 우리는 현대 사회의 구조와 경향 및 그 역사적 가능성을 현실적인 방식으로 재구성할 수 있다. 그리고 이로부터 엄청난 결과들이 나타난다.

하지만 그것은 우리가 이러한 확장된 **재구성**에 이르게 할 수 있도록 마르크스주의적 구조를 엄격하게 **해체**(1절)해야 한다는 우선적 조건에서 가능하다. 그것은 네오마르크스주의 프로그램과 조응한다(2절).

1. 조직에 대한 마르크스주의적 분석의 해체

마르크스, 이론적 패러다임으로서의 조직의 발명자[3)]

우리는 앞에서 조직 범주가 마르크스에게 차지하고 있는 중요성에 대해서 검토하였다. 그리고 우리는 마침내 그가 시장/조직 짝에 대한 이론적 발명가라고 말하는 데까지 이르렀다. 이항적인 일차적 문제설정의 중심에 자리 잡은 것이 바로 마르크스이다. 이는 현대적인 경제·사회 담론 속에서 다양한 형태로 다시 나타나게 될 것이었다. 『자본』의 서두부터 그는 시장이 생산의 사회적인 유일한 합리적 형태가 아님을 강조하면서 특히 공장 내부의 질서에 주목한다. 그는 『자본』 1권 14장에서 기본적 설명을 통해 어떻게 새로운 '분업'이 매뉴팩처와 함께 등장하였는지를 보여 주고 있다. 물론 스미스도 『국부론』 서두부터 이러한 혁신에 대해서 이야기했다. 하지만 그는 그것을 오직 **기술적** 현상으로만 인식하고 있었다. 그는 사실 2장에서 '그 원동력'이 '교환 성향'에서 비롯된다고 주장한다. 마치 시장관계만이 존재하는 듯 보인다. 요컨대 시장이 두·가지 분업 형태를 과잉결정한다. 마르크스는 그와 반대로, 차별적인 정의를 제공하면서, 조직 속에서 또 다른 **사회적** 논리를 확인한다. 그는 시장을 통해 확보되는 조정(coordination) ——그 자신이 각각의 독립적인 결정을 수행하는 소유자, 경제주체(개인 또는 기업)에 의해 작동하는, **사후적인** 균형 회복을 위한 끊임없는 운동—— 이 아니라, 대기업 내부의 조직을 통해서 확보되는 조정에 대해 설명한다. 조직은 어떤 소유 단위 속에서 그 수단과 목적을 조직하는 **사전적인** 조정체계이다. 그것은 법-정치적 조건을 포함하며, 그는 이를 사

---

3) 이러한 생각은 *Théorie générale*, p.87에서 소개되고 있다.

회주의의 전제조건으로 파악한다.

기능적 분할과 두 개의 대조적인 권력관계

하지만 마르크스는 두 가지 항 사이의 전반적인 기준을 확보하지 못하였다. 그는 두 개의 **논리** 사이의 차이를 잘 이론화하였지만 거기에 첨부되어 있는 두 개의 사회적 **세력들** 사이의 관계에 대해서는 그렇게 하지 못했다. 따라서 우선 다음과 같은 점을 강조하여야 한다. 이러한 또 다른 사회적 논리의 출현이 자본가 내의 분리 ——소유자와 감독의 책임을 맡고 있는 **관리자**—— 를 야기하였는지에 관한 점이다. 이러한 분리는 기술적인 것이 아니라 사회정치적(sociopolitique)인 것이다. 바로 이 부분이 마르크스에게 불분명하게 남아 있으며, 이후의 모든 분석 이전에 명확하게 할 필요가 있는 지점이다.

물론 소유자인 자본가는 최종적 권한을 점하고 있다. 판매 및 구매, 고용 및 해고에 대한 결정이 관리자에게 양도되었다고 하더라도 결국 시장 관계, 특히 임노동자와의 '계약적' 관계 속에서 상대가 되는 건 바로 소유자로서의 자본가이다. 주주의 압력으로 인해 대량해고, 아웃소싱 등이 발생할 때 우리는 그러한 광경을 목격할 수 있다. 그리고 소유자는 감독자들을 교체할 수 있다. 그렇게 자본가들은 가장 상위 계층에 있는 사람들도 마음대로 선택하고, 어떤 권력관계를 규정할 수 있다. 하지만 적어도 최종적으로는 자본소유자의 특권인 일반적인 구매와 양도 및 생산자들과 계약할 수 있는 상업적 권리가 기업 내부의 모든 권력을 그들의 손에 집중시키는 건 아님이 드러났다.

사실 소유와는 또 다른 능력의 극이 존재하고 있다. 그것은 생산자의 노동과 생산과정을 관리·운영하는 능력 주위에서 구성된다. 물론 소유자들이 그들에 의해 선택된 사람들에게 이러한 권한을 부여한다. 하지만 그것은 어떤 구체적인 사회적 논리에 부합한다. 인간적이며 기술적인 과정의 조직과 감독의 기능에는 소유와는 다른 가능성이 동반된다. 이러한 기능의 실행 자체는 지식 및 정보, 사회적 조직 관계, 권력의 특수한 원천에 대한 독점이 본질이기 때문이다. 그것은 어떤 사람들에게 사회적으로 미리 규정된 '습성'(habitus)을 갖도록 요구하며, 감독을 수행하는 과정에서 발전된다.

시장과 관련된 그 첫번째 기능은 승인된 소유권이라는 명목하에 자본주의 내에서 행사되고, 조직과 관련된 두번째 기능은 '권한'(compétence)의 이름으로 행사된다. 우선 다양한 위계적 권한 수준에서 사회적으로 정의된 권한들을 부여받고, 그러한 식으로 선택된——매우 자의적인 방식이지만——대리인들이 나타난다는 이중적 의미로 해석되어야 한다. 이러한 두 가지 기능들은 종종 혼합된 형태로 나타나기도 하지만, 그 실행은 서로 구분된 특권의 영역에 속한다. 또한 그것들은 동시에 그리고 차례로 수렴하고 발산하며, 그리고 공모와 대립 관계들 속에 관련된 행위자들을 나타나게 한다. 따라서 조직은 두 개의 전선 위에서 벌어지는 투쟁을 내포하고 있다. 한편으로 조직의 대립관계는 관리·운영하는 관리직과 실행 주체들 사이에서 끊임없이 설정되는 거리를 통해 행사된다. 다른 한편으로 소유자의 요구에 대해 그것은 자율적인 권력 극을 구성하는 경향이 있다.

자본주의적 '계급관계' 속에 결합된 두 개의 '계급요소'
자본주의의 '진보적인' 성격——이전의 생산양식과 비교할 수 없는 부(富)를 만들어 내는 능력——이 표면화되는 건 바로 이러한 임노동제의 특징인 현대적인 시장과 조직의 조합 때문이다. 하지만 이러한 두 가지 기능이 자본주의적 장치 ──착취, 소외 및 지배──로 '전도'되는 건 이러한 얽힘 때문이다. 이러한 전도 내에서 자신의 존재를 뚜렷이 나타내게 되는 권력은 자본소유자의 권력일 뿐만 아니라 언제나 생산 조직자의 권력이기도 하다. **자본주의적 권력은 이러한 두 가지 기능의 통합을 통해서만 실행된다.** 상품적 관계를 통해서 잉여가치의 영유가 실현되며, 조직적 관계를 통해 잉여가치의 생산 자체가 이루어진다. 계약을 매듭짓는 소유자의 **시장적** 능력은 관리자의 **조직적** 권위의 열쇠이다. 그러나 관리자──능숙한 작업을 지도할 줄 알고, 노동자에게 일을 시킬 줄 알아야만 하는──없이는 주주를 위한 잉여가치도 없다. 그리고 이러한 '일을 시키는' 역량은 일반적 위임 과정에서 유래하는 것은 아니다. 그것은 사회적으로 생산되고, 재생산되며 영유된다. 위임은 단지 인격들 사이의 관계를 지칭한다. 하지만 소유자와 관리자들 사이에는 인격들 간의 관계를 초월하여, 그 자체로 그러한 인격들 간의 관계를 내포하고 있지만, 그것을 넘어서는 [자본주의 관계의 경제 및 법-정치적 관계라는 두 측면을 갖는 양극적인] '계급관계'의 영역에 속하는 또 다른 면이 존재하고 있다. 시장과 조직이 현대적인 자본주의적 계급관계 속에서 결합하는 두 개의 '계급요소'를 구성한다는 건 바로 그런 의미이다. 이전 장에서 제시된 분석과는 다르게 우리는 두 개의 계급관계가 아니라 두 개의 요소들 사이의 관계에 기초한 유일한 계급관계에 대해 말할 것이다(「보충설명4」). 여기서 우리는 계급관계와 계급요소를 구별한다. 우리는 더 뒤에서 그 결과를 볼 것이다.

'조직'이라는 용어가 현대적 언어 속에서 일상적으로 의지주의(volontarisme)적 경향을 나타낸다는 데 주의해야 한다. 조직에 의지주의적 경향이 있기는 하지만, 이러한 의지주의는 형성되어야만 하는 이론적 영역으로의 진입을 막는 인식론적 장애물이다. 우리는 무의식적으로 **시장**을 일종의 **자생적인** 현상으로, 그리고 **조직**을 **인위적으로 수립된** 사회적 형태로 상상한다. 현실적으로 이러한 두 가지 형태들은 '현대적 제도'의 두 개의 극을 구성한다. 그러한 현대적 제도는 자연적 질서도 아니고 의지주의적 결정의 영역에 속한 것도 아니다. 따라서 여기서 '조직'은 마르크스를 따라 '시장'과 같이 '추상적' 개념으로 이해되어야 한다. 일반적으로 말하자면, 역사 특수적 사회형태의 구체적인 개념으로서 말이다. 이렇게 서로 상응하며, 서로 연관된 두 개의 형태는 자본주의적 착취 및 지배 과정 속에 정확하게 수렴한다. 사회학적 용어로 말하자면 이러한 기능들은 더 잘 **협력**하기 위해서만 **분리**된다.

마르크스도 아마 이 모든 것을 알고 있었을 것이다. 하지만 그는 불완전한 이론화에 머물 수밖에 없었다. 그는 **임노동자**와 **자본소유자** 사이의 투쟁을 아주 잘 묘사하였고, 그것을 사회적 투쟁임과 동시에 법-정치적 대결로서 묘사하였다. 바로 그것이 '권리에 반하는 권리'를 내세우는 『자본』 1권의 그 유명한 10장[4] 노동일의 맥락이다. 15장에서 노동조건에 대한 '공장입법'[5]을 설명하는 부분도 동일하다. 하지만 마르크스가 기업의 전제정에 대해 격렬히 고발했다면, 그는 **자본주의적** 조직에 고유한 병리학을 인식했을 것이다. 그는 조직을 구체적인 계급요소 및 사회적 세력들의 기초로서 이해하지는 않았고, 결국 그것을 등한시하였다. 그리고 그 때문에 아마도 그는 법과 정치적 차원에서 두 개의 사회적 논리 사이의 객관적 차이를 잘 묘사하고 있음에도 불구하고 둘 다를 '자본주의적'——여전히 불분명한——형상에 관련시키는 경향이 있다.

---

4) 마르크스, 『자본』 I-1, 제3편 8장.—옮긴이
5) 같은 책, 제4편 13장.—옮긴이

가장 넓은 공간에 걸친 시장/조직의 짝

이런 시장/조직 짝의 특징들 중의 하나는 상호포괄 관계이다. 예를 들어 기업이 시장에 걸쳐 있는 조직이라면, 시장은 그 자체로 조직에 의해 둘러싸여 있게 된다. 이러한 '포괄성'(englobance)은 다양한 차원에 따라서 분석해야만 한다. 마르크스에게 영향을 미쳤던 특정한 형세는 19세기 기업 내부에서 일어난 조직 형태의 눈부신 발전이었다. 그리고 그것이 그의 '거대서사'에 큰 영향을 미쳤다. 하지만 더 거대한 현상의 역사 특수적 측면만이 문제시되었다.

특히 국가적 공간은 우리가 목적을 정의하고 수단을 설계하는 틀 속에서 일어나는 일종의 '공동 소유' 내부의 조정 ——공동체적으로 사회적으로 승인된 사물과 장소의 활용——이라는 의미에서, 조직에 대한 유비적 개념의 영역이다. 경제적 공간은 그것의 한 측면에 불과하다. 마르크스가 금융 및 생산 영역 속에서 탐지하였던 '조직' 형태는 다양한 차원 및 정치 생활의 구조, 그리고 영토적 공간 등등에서 명확해진다. 그리고 근본계급이 지배적인 사회 '세력들'과 대결하는 것도 단지 직접적 생산관계에서부터가 아니라 바로 이러한 총체적 층위에서 그러하다. 물론 마르크스도 그것을 알고 있었다. 하지만 그것은 총체적인 현대 사회형태에 적합한 이론을 만들기 위해 요구되는 개념화 과정에 적합하게 발전되지는 못했다.

우리는 역설적으로 이러한 점에서 '자유주의'의 출현 과정에 대한 푸코의 분석에서 어떤 사실적 교훈을 얻을 수 있다. 자유시장을 발명해 낸 시대는 **판옵티콘**(Panopticon)을 고안해 낸 시기이기도 하다. 판옵티콘은 벤담의 감옥 모형인데, 병원, 학교, 감옥, 왕실 제조소의 설비를 완성시키는 데 이바지하였다. 그리고 국가 전체적인 맥락에서는 규정(prévision), '규범화'(normation), 안전, 예방, 조직화된 개입이었다. 주민 및 생활 방식의 향상을 유도하는 이러한 '생정치'는 '치안', 즉 이전 시기의 사회·경제적 정치의 문제설정을 더 유연한 개념으로 확장한다. 자유주의적 푸코가 조직의 시대를 묘사하였다.

현대 사회가 조직화되어 있고, 시장경제를 따른다고 말하는 것은 본질적으로 명백하다. 진정한 질문은 이러한 두 항 사이의 긴밀한 관계의 수수께끼 같은 본질에 대한 것이다. 우리는 두 가지 논리의 보완성과 사회적 세력들 사이의 긴장——그리고 그 긴장을 관리하는——을 강조하면서 그에 대해 논의하였다. 더 앞으로 나아가서 재건된 논리를 제시하기 이전에, 마르크스가 우리에게 제공한 설명 그 자체 내에서 그 문제를 다루는 데 어떻게 실패했는지를 드러나도록 해야만 한다. 따라서 우리는 앞선 장에서 했던 열린 토론을 더 급진적이고 비판적 의미에서 다시 계속 수행할 것이다.

시장과 조직: 역사적 단계인가 공동-내포된 요소인가?

마르크스는 확실히 시장과 조직이 맺는 상관관계를 면밀히 검토한 사람이다. 하지만 그는 기묘한 방식으로 그것을 무대에 등장시킴으로서 사실상 은폐시켜 놓았다는 사실을 알 수 있다. 그는 독자들에게 무엇이 문제인지 이해시키기 위해 '협업'이라는 제목의 예비적인 13장[6]을 삽입하였다. 그는 거기에서 또 다른 형태의 사회적 조정형태——시장과는 달리 위계적 질서와 총체적인 계획을 내포하고 있는——를 보여 주었다. 매뉴팩처의 다음 장인 14장[7]에서 전개될 것도 바로 이러한 형상이었다. 그렇기는 하지만 그와 같이 예비적 도식, 즉 **조직**의 도식을 만들어 내면서, 시장의 '일반

---

6) 마르크스, 『자본』 I-1, 제4편 11장.—옮긴이
7) 같은 책, 제4편 12장.—옮긴이

적이고', '추상적인' 도식을 구성할 때 설명을 개시하였던 그 선제조건을 반복하였다. 하지만 그것은 마치 조직 원리가 공장의 발전 덕택으로만 자본주의 사회에서 명료해진다는 듯이, **적절하다고** 판단된 순간에 간접적으로 도입되고 있다. 그는 이러한 일차적인 두 개의 형태——상대적으로 동등한——를 완전히 다른 방식으로 다루었다. 말하자면 시장을 구조의 범주로, 조직을 경향의 범주로 다룬 것이다. 그는 그것을 목적론적 관점으로 매개되는 역사적 계기(繼起)의 일정 속에 위치시켰다. 그리고 조직이 최종적으로 자본주의를 넘어서는 도정이자 사회주의의 중요한 형상으로서 계획된 상태에 있다고 본 것이 바로 그러한 입장이었다.

물론 마르크스는 기업 내부에서 조직의 비약한 발전이라는 어떤 중대한 본질을 발견하였다. 우리는 그가 그것을 연대기적 설명 속에 포함시키려고 한 이유를 이해한다. 그 이유에 대해서는 앞선 장에서 강조한 바 있다. 하지만 자본주의 역사의 특정한 순간 속에서 조직을 이런 식으로 위치시키는 것은 여러 가지 다양한 형태로 조직이 자본주의 역사의 본질적 구조이자 조건이 된다는 사실을 은폐하는 데 기여한다. 계기적으로 추정된 질서는 동거(cohabitation)의 질서를 은폐한다. 그것이 계기적 이념 자체를 문제시되도록 만든다.

동시에 『자본』의 저자가 추구하고 있는 보란 듯이 보여 주는 일반적 과정은 이러한 역사적 편향을 개선하도록 하는 방식을 잘 묘사하고 있다. 마르크스는 사실상 자본주의의 내재적 **논리**를 설명하길 원했다. 그리고 그로부터 출발하여 단지 자본주의의 역사를 고찰하려고 하였다. 그러한 설명을 역사적 시작점에 대한 언급에 할애한 것은 아니다. 그것은 더 일반적인 자본주의 성격을 정의한다. 바로 그것이 우리가 본 것처럼 『자본』 1권 제1편의 대상이다. 이러한 전개, 다시 말해 '논리'는 시장에서 자본으로 '논리적으로' 이어진다. 그것은 제3편의 자본주의 사회 **구조**에 대한 정의로 귀착한다. 그러한 구조는 시장에서 만나는 개인들 사이의 관계와는 완전히 다른 어떤 것으로, 계급구조, 즉 잉여가치의 창출과 관련된 대립 속에 있는 두 계급 사이의 관계이다. 하지만 제4편으로 들어서면 우리는 바로 그러한 구조에 고유한 역사적 **경향**으로 이동한다. 우리는 자본가들 사이의 경쟁적 관계——더 생산적인 자본가의 승리로 이어지는——, 그에 따른 자본의 집중——매뉴팩처 방식과 대기업 방식으로의——에 대해서 검토하며, 이를 통해 계급관계의 경향적 운명을 인식할 수 있게 된다. 우리는 노동자계급의 단위 및 역량, 그 수의 증가에 따라 사회주의의 조건이 어떻게 성숙하는지 보았다.

이러한 구조의 경향적 변화 과정은 그 자체로 타당하다. 바로 그러한 **구조적** 고찰에서 출발하지 않고서는 **경향적** 현상을 파악하기가 어렵다. 하지만 자본주의적 경향에 대한 연구 속에서 조직을 '집어넣는' 일은 더 근본적이고 일반적인 데이터를 은폐하는 경향이 있다. 즉 우리가 볼 것처럼 시장과 조직은 **경향**적이 아니라 **구조**적인 관계 속에서 이해해야만 할 것이다. 이 두 가지 요소는 동일한 장르에 속한 것이며, [어떤 경향이라기보다는 구조로서] 현대 사회형태 속에서 있는 인식론적으로 대응하면서 병존하고 있는 사회적 관계로서 이해해야만 한다. 그것은 사실상 사회적 층위들에 대한 합리적 조정의 두 가지 일차적 양식이다. 그리고 결국 그것은 자본주의의 구조적 구성물이며, 두 개의 항 사이의 어떤 관계 양식에 기초하고 있는 본질적으로 역사 구체적인 것이다. 그리고 이러한 관계는 그 자식의 출생과 함께 죽어 버리는 비극적 곤충을 본뜬 논리처럼 시장이 조직을 발생시키고, 그러한 과정 끝에 사라져 버리는 그런 식의 것은 아니다.

모호성: 자본주의에 대한 이론인가 역사철학인가?

우리가 앞서 이야기한 것처럼 구조/경향의 문제설정은 그 자체로 인식론적으로 타당하다. 그것은 현존하는 사회형태의 진화에 대한 연구를 목적으로 하는 모든 탐구 속에 포함되어 있는 것이다. 마르크스의 오류는 그 형태가 아니라 전개의 내용, 즉 시장을 시작(논리적)으로 하고, 조직을 끝(역사적)으로 그린 두 개의 구조적 요소들의 분리에 있다. 오류는 이러한 식으로 문제항들을 조작한 데 있다. 결국 이러한 오류가 오로지 예측에만 영향을 미치는 건 아니다(우리가 매일 '상품화'와 조화된 조직의 대결에 대해 열려진 거대한 공간을 목격하고 있다는 걸 상기해 본들 아무 소용이 없다). 그것은 모든 정치적 비전과 전략적 관점을 좌지우지한다. 왜냐하면 이러한 과정의 끝에서만 '조화된' 조직이 그러한 대립 모두에 대한 지양이자 실질적인 민주주의의 본질적이며, 최종적인 공간이자 혁명과 거기에 기여할 수 있는 개혁적 조치 전체의 목표로서 나타날 수 있기 때문이다. 마치 그것이 바로 사회주의에 대한 정의 그 자체인 것처럼 말이다.

만약 그렇다면 우리는 적어도 한편으로는 '조직가'의 담론이자 그들의 우위를 확인하는 고전 마르크스주의의 이론적 지위에 대해 자문할 필요가 있다. 그리고 우리는 조직이 새로운 지배계급에 의해 마침내 도구화될 수 있었던 이유에 대해 잘 알고 있다. 마르크스가 해방적 거대서사로서 사용한 이러한 목적론적 차원의 설명은 물론 상이한 방식으로 드러나게 된다. 하지만 시장과 조직 사이의 상동성을 나타내는 메타구조적 분석만이 그러한 모호성을 헤아려 볼 수 있게 한다. 이러한 분석만이 어떻게 그러한 것들이 '마르크스-레닌주의'——지도적 조직가계급의 담론——라는 위선적인 이름하에서 이루어질 수 있었는지에 대해 이해할 수 있도록 한다.

가장 고전적 형태에서조차 마르크스주의가 이러한 편향을 가지고 있다고 말하기 어렵다는 건 꽤 명확하다. 그것은 모든 계급 권력에 대항하는 가장 급진적인 수단이기도 하다. 만약 우리가 이러한 차원에서 그것을 복원시키고, 무엇 때문에 자본주의적 시장에 맞선 어떤 집합적 조직 형태를 열렬히 방어해야만 하는지 보이고자 한다면, 진정한 재건은 필수적이다.

이론의 부분적 진리를 보존하면서, 오류를 드러낼 수 있는 더 나은 기초와 더 광범위하고, 일관적인 구성물을 생산하기를 모색하는 것 이외에 방법은 없다. 만약 그러하다면, 당연하게도 앞선 2장에서 다룬 바와 같은 '메타구조적' 출발을 통해서 그것을 재고찰하는 조건 ─ 마르크스가 『자본』에서 행했던 것처럼 ─ 에서만 마르크스주의적 분석에 걸맞게 그러한 문제를 다룰 수 있을 것이다. 우리는 두 개의 항을 따라 ─ 그것들을 계급의 구조적 요소로 고려하기 전에 ─ 현대세계의 메타구조를 재구성할 필요가 있을 것이다.

2. 현대적 계급구조의 해체

우리가 앞에서 말한 바와 같이 마르크스의 (상대적) 오류는 연속적 역사 과정의 측면에서 나타난다. 그것은 자본주의의 경향에 대한 잘못된 예측이다. 이 장에서는 이러한 **경향**에 대한 오류가 필연적으로 자본주의 **구조** 그자체에 대한 불충분한 분석에서 유래함을 보이려고 한다. 그것은 우리가 그가 이러한 구조에 대해서 제시하고 있는 설명을 재검토하도록 한다. 그설명의 시작점으로부터 그것을 재검토하는 것이다.[8]

---

8) 여기서 보여 주고 있는 시장과 자본 간의 관계에 대한 분석은 *Que faire du Capital?*의 중심 테마이다.

우리는 마르크스가 『자본』 1권에서 행했던 전개 과정을 기억한다. 우선 그가 보기에 **초기**의 고찰을 구성하는 것 ── 분석의 출발점인 개인들 사이의 관계, 즉 시장에서 공식적으로 선언되고, 그대로 드러나는 바와 같이(1권 제1편) ── 을 통해 출발할 필요가 있다. 우리는 그러한 계기를 '메타구조'적 계기라 지칭했다. 그것은 마르크스가 중요 대상이라고 부른 것 ── 착취관계로서 정의된 계급들 사이의 관계인, 계급 '구조'(제3편) ── 에 이를 수 있었던 바로 거기로부터 출발해야만 하기 때문이다. 외관상 평등한 것으로 보이는 시장관계가 어떻게 계급관계로 '전도'되는지를 볼 수 있다. 모든 차원에서 마르크스의 초기 고찰을 복원하기 위해서는 시장과 조직이라는 두 개의 극, 그리고 경제와 법-정치적인 두 개의 '측면'에 따르는 재검토가 이루어져야만 한다. 우리는 이러한 재검토를 통해 메타구조에 대해 이야기할 수 있을 것이며, 앞으로 볼 것처럼 그것은 계급구조의 문제를 논의하기 위한 조건이 될 것이다.

우리는 따라서 이번 장에서 우선 **메타구조**, 그다음 **구조**의 질서를 검토할 것이다. 이러한 재구성은 이미 [이 책] 2장에서 제시된 『자본』에 대한 분석의 직접적인 연장 속에서 읽어야만 한다.

'논리적' 출발로서 마르크스로 되돌아가자

우리가 2장에서 본 것처럼 마르크스는 현대의 계급관계가 더 이상 사회적으로 서로 다른 지위들로 승인되는 고귀하거나 못난 본성을 통해 구성되는 사회적 질서, 즉 자연적 불평등이라는 선입견에 기초하고 있는 것이 아니라 평등에 대한 요구, 즉 우리 서로를 자유롭고 평등하며 합리적인 개인들로서 취급하라는 **요구**에 기초하고 있다는 생각으로부터 출발한다. 이러한 의미에서 그는 자유주의의 유산을 수용하고 있지만, 그와는 반대로 어떻게 이러한 평등에 대한 요구가 현실적으로 그것과는 모순되는 그 반대의 것 ─불평등, 착취, 지배─으로 실현되는 사회적 질서 속에서만 출현하는지에 대해 살펴보았다. 마르크스는 이러한 훌륭한 사회적인 이성의 '전도'─우리가 자유롭고 평등하다고 선언했지만 계급지배의 원리로 도구화되어 있는 상태인─라는 본질적 도식을 발전시켰다. 메타구조는 구조 안에서의 전도라는 형태로만 존재한다. 일반화된 상품적 [또는 시장적] **평등**은 노동력 그 자체가 상품이 되는 자본주의적 착취형태 아래에서만 존재한다. **자유**는 예속 상태의 임노동형태에서, **합리성**은 맹목적인 잉여가치의 비합리성 아래에서만 존재한다. 그럼에도 불구하고 이러한 **준거**는 현대계급구조의 메타구조적 **전제조건**이라는 데 의미가 있다. 왜냐하면 그것은 자본주의가 자처하고 있는 상품적 형태 내에서 그 자체로 선언되었기 때문이다.

이러한 의미에서 마르크스의 일차적인 이론적 기여는 메타구조/구조적 배치 안에 있다. 그는 우리가 현대성의 표시인 정치·경제적 합리성의 전제로부터 출발할 필요가 있다는 걸 보였다. 이는 바로 자유, 평등, 합리성에 대한 **긍정**이며, 현대적 사회질서의 모든 영역을 연결시키고 관통하고 있으며, 시장 속에서 그 존재를 표명하고 있다. **왜냐하면 바로 그것이 현대성의 메타구조이기 때문이다.** 그리고 그는 이러한 긍정이 어떻게 현실적으로 항상이미 '그 반대의 것으로 전도'된 상태라는 맥락에서만 모습을 드러내는지에 대해서 보여 주었다. 평등하다고 가정된 사람들 사이의 **시장관계**는 **자본주의적 관계**─그 안에서 노동력이 착취받는 상품인─안에서만 보편적 생산관계로서 전개된다. **바로 이것이 현대성의 구조이다.**

다른 한편으로 메타구조적 차원에서 요약되고 있는 이러한 상품 논리는 두 개의 **측면**을 따라서 분명하게 드러나게 된다. 교환자적 생산자─그는 이러한 형상으로 분석을 시작한다——는 단지 합리적인 **경제적 인간**인 것만은 아니며, 동시에 법-정치적인 성격을 부여받는다. 다른 이들과 함께 유지하고 있는 교환관계 (그리고 교환관계만이 그들 사이에서 유지되는 것으로 가정된다) 내에서 그들은 자유롭고 평등한 것으로 승인된다. 그 때문에 마르크스가 그 이후에 제시한 계급관계 분석 안에서 이러한 초기적 형상의 전도는 관계의 두 '측면'과 상당히 관련되어 있다. **정치적 측면**에서 상품관계가 주장한 자유와 평등은 계급관계 속에서 지배와 착취로 전도된 상태에 있게 된다. **경제적 측면**에서, 자칭 시장의 합리성은 경쟁이 상품 생산을 목적으로 할 뿐만 아니라 결국에는 이윤생산이라는 제약——그 파괴적 '외부효과'가 어느 정도건 간에——아래서 실행된다는 점에서 그곳에 내재된 비합리성을 통해 침식된다.

따라서 우리는 여기서 마르크스의 커다란 두 가지 교훈을 채택한다. 현대적 사회형태는 메타구조와 구조 사이의 이러한 변증법 및 경제와 정치라는 이중적 **측면**의 변증법을 통해서만 이해된다. 바로 그것이 우리가 재구성을 원한다면 다시 붙잡을 필요가 있는 매트릭스이다. 하지만 이는 두 개의 지주 위에서 수립되어야 한다. 즉 시장과 조직이라는 두 극을 고려하여야 한다.

다른 극에 대한 필연적 준거

마르크스는 간접적으로 우리에게 바르게 나아갈 수 있는 방식을 가르쳐 주었다. 그는 [『자본』] 1권 1장에서부터 시장이 정당성이라는 측면에서 경제의 자연법칙으로서 '합당하지' 않음을 보여 주고 있다. '상품 물신주의'에 대한 비판에서 그는 '자연법칙'으로서 주어지고 우리에게 부과된 '시장법칙'이라는 이념 그 자체는 현대인들이 보기에는 받아들일 수 없는 것이라고 강조하고 있다. 왜냐하면 자유롭게 지칭된 존재들은 그들이 모두 동의할 수 있을 때만 또 다른 사회적 법칙을 승인하기 때문이다. 시장의 법칙에 굴종하는 것은 [『자본』] 1권 2장에서 거론했듯이 황금송아지에 대한 숭배이다. 우리 자신의 손으로 구성한 우상에 대한 숭배이다. 마르크스는 대조적으로 현대 인간의 자유를 정의한다. 그는 독자들에게 노동수단에 대한 공동의 소유에 기초하고 있으며, '합의된 계획', 협조에 기초하여 생산이 조직되는 미래의 자유로운 질서를 '그려 보기'를 요구한다.

하지만 우리는 마르크스가 설명의 출발점부터 본래 현실적으로 **구성적인** ─앞으로 볼 것처럼─현대 사회형태 내의 긴장을 **역사화**하는 경향이 있다고 본다. 그는 시장법칙에 의해 지배받는 자본주의 사회를 가정하였고, 조화된 생산조직을 통해 생산자가 해방될 운명에 있다고 보았다. 게다가 그는 바로 그것이 자본주의의 경향이라는 관념에 의존하고 있었다. 이러한 전개는 우선 동일한 이론적 형상의 **분리할 수 없는** 두 개의 극으로서 현실적으로 이해되어야 할 것을 역사적 단계 및 **대안**으로서 번역하는 경향이 있다.

현대 계급구조를 잘 이해하기 위해서, 마르크스가 모든 범위 ─두 개의 극과 그것의 두 가지 측면 사이의 관계 및 그러한 요소들의 총체인 현대성 내에서─에서 현대적인 메타/구조(메타구조와 구조 사이의 관계)를 보여 주는 데에 소홀히 하였다는 점에 주목하자. 한편으로 시장과 조직이라는 두 개의 극은 현대 사회 내에서 단단히 공동-착종되었다. 하나는 다른 것 없이 존재할 수 없으며, 복잡한 방식으로 서로 포괄되어 있다. 다른 한편으로 이러한 사회적 조정의 양극성은 두 개의 측면에서 고려되어야 한다. 왜냐하면 이러한 경제-합리성의 측면에 대해서 또 다른 측면, 사회성(socialité)의 법-정치적 측면이 조응하기 때문이다. 그리고 우리가 마르크스를 넘어서, 하지만 그가 열어 놓은 도정을 따라 현대의 정치와 경제 사이의 관계에 대한 비판의 본질을 이해하는 것도 이러한 상관관계——즉 경제적 조정과 법적 계약성 개념 사이의——에서부터 출발해야 가능하다.

한편으로 사실상 조직과 시장의 조합 이외에 계속적으로 유지될 수 있는 어떤 **경제적 합리성**은 존재하지 않는다. 계획('조화'되었다고 가정될 때조차도)이 배타성을 갖는다고 주장한다면, 그것은 마치 현실 사회주의에서 나타난 것과 같은 비합리적 형상을 띠게 될 것이다. 그리고 신자유주의에서 잘 드러나고 있는 바와 같이 시장이 보편적 자연법칙처럼 나타나게 된다면 그것도 마찬가지일 것이다. 이러한 점에서 경제적 합리성에 대한 질문은 어떻게 이러한 두 가지 형상을 조합할지에 관한 것이 된다.

다른 한편으로 이러한 두 개의 극은 **합리성**이라는 측면뿐만 아니라 **정당성**이라는 측면에서도 결정된다. 또는 독일 고전철학의 용어로 말한다면, 그것은 오성(Verstand)은 물론이고, 이성(Vernunft)이라는 측면에서도 이야기할 수 있다. 만약 상호개인적 관계들 속의 자유를, 모두에게 공통적인 것과 그것을 주재하는 규칙들을 자유롭고 평등하게 규정할 수 있는 어떤 사회계약 속에서 보장받지 못한다면, 그것은 어떤 법-정치적 정당성도 얻지 못할 것이다. 그리고 반대로 (모든 이들 사이의) 공민적(civique) 자유는 (각자에 대한 각자의) 시민적(civile) 자유를 전제로 하고 있다. 뱅자맹 콩스탕(Benjamin Constant)에 의해 공표된 '현대적'이라고 말할 수 있는 자유——다른 이들에 대한 각자의 자유로운 관계로 정의되는——는 그 자체로 '고대적인' 자유——우리는 그것에 따라 사회적 질서 전체를 결정한다——와 분리할 수가 없다. 동시에 현대성 속에서 관념적으로 그 본질이 확정되어 있는 가상적인 것(la fiction)이, 자유롭고 평등한 각자에 대한 각자의 관용 원칙 및 모든 이들 사이의 사회계약이 가지고 있는 요구 속에 부여된다. 이는 분명하게 끊임없이 쇄신되고 해결되어야 할 방정식의 형태 아래 주어지는, 현대인의 자유의 두 개의 극 그 자체이다.

합리적 경제 질서와 합당한 법-정치적 질서에 대한 요구는 그처럼 긴밀하게 연결되어 있다. 이는 사실상 동일한 요구의 **두 가지 측면**이다. 그리고 이는 두 가지 측면 각자에 대한 **두 개의 극**이 갖는 이중적 관계 내에 부여된다. 오성이라는 측면에서 공동-착종되고, 이성이라는 측면에서 공동-내포된 것이다. 그것이 이러한 두 개의 극과 두 가지 측면의 '메타구조' 내에 요구된 전형적으로 현대적인 **주장**이다. 이는 자유주의에서 주장하는 것처럼 '어떤 가치들에도 근거'하지 않는 현대적 질서의 **원리**는 아니다. 하지만 필연적 **준거**이며, 구조는 아니지만 메타구조이다.

이러한 이론적 재개는 추상적이기는 하지만 결코 난해한 것은 아니다. 한편으로 개인적 자유가 모든 이들의 자유에 대한——모든 이들이 수용할 수 있는 목적과 규범에 기초한 세계를 규정하는 모든 이들의 능력에 대한——관계 속에서 이해된다는 이념은 현대철학의 핵심에 있다고 할 수 있다. 루소에서 칸트, 그리고 롤스에서 하버마스까지 말이다. 다른 한편으로 제도주의나 프랑스 조절학파에서 강조하는 것처럼 합리적 경제 질서가 시장과 계획의 어떤 지능적 조합이라는 이념 또한 불가피한 것으로 보인다. 하지만 우리가 마르크스와 더불어 이러한 합리적이며 합당한 질서라는 가상이 자본주의 사회 내에서 '그 반대의 것'으로 전도된 것으로서만 실현된다는 것을 이해한 이상, 그러한 식으로 제기된 문제의 본질을 규정할 필요가 있다.[9]

---

9) 여기서 출발하여——하지만 우리는 이에 대해 전체로서 현대적인 '세계체계'를 고찰하고 있는 8장에서 훨씬 더 많이 보게 될 것이다——, 우리는 이러한 접근이 최근의 '포스트식민주의적' 문헌에서 제안된 계몽주의적 비판을 어떻게 전적으로 수용하고 있는지 이해하기 시작할

두 개의 극에 있는 지배계급

이제부터 우리는 메타구조에서 구조로 이동한다.

우리는 마르크스의 근본적 테제와 재회한다. 현대 계급구조는 우리가 자유롭고, 평등하며 합리적이라는 공통의 **요구**로 귀착한다. 이러한 요구는 사실상 상품생산관계 속에 주어져 있다. 하지만 그것은 현실적으로 노동력이 그 자체로 상품이 되는 자본주의적 조건 안에서만 보편적인 사회 논리로 존재한다. 그리고 [『자본』] 1권 23장[10]에서 제공한 그 유명한 논증을 따라서 이러한 계급관계는 생산과정 내에서 재생산된다. 계승할 필요가 있는 것도 바로 이러한 전개 방식이다. 하지만 시장과 조직이라는 두 개의 극을 따라서 그것을 확장할 필요가 있다. 그것을 통해 그 전개의 끝까지 발전시킬 수 있는 수단이 확보된다.

사실상 현대적 요구, 즉 합리적이고 합당한 질서에 대한 요구는 자유주의에서 주장하는 것처럼 시장과 '시장경제'에 적합한 법-정치적 형태의 이념 속에만 부과되는 것은 아니다. 그것은 직접적으로 그리고 일부 적대적인 방식으로 우리가 협의(조직화)하고, 그것을 자유롭고, 평등하며 합리적이라고 승인하는 질서에 대한 요구 안에 부과한다. 왜냐하면 이러한 또 다른 조정 양식도 시장과 다를 바가 없기 때문이다. 현대 사회에서 모든 공동의 조직(과 기업)은 자유·평등·합리성의 존재들 사이의 합의 ——최종적으로는 입헌적인 ——에 원리적으로 제약되어 있다고 가정된다. 공동의 권위만이 최종적으로 조직의 규칙을 규정하기 위한 권한을 가질 것이다. 하지만 시장처럼 이러한 조직적 평등성의 전제는 현대성의 현실적 조

것이다.
10) 마르크스, 『자본』 I-2, 제7편 21장.—옮긴이

건──그 안에 경영 또는 관리, 생산 조직, 행정, 학교, 도시 등의 위계가 항상 이미 주어지게 되며 그것들이 떠받치고 있는 사회적 과정의 메커니즘 안에서 **재생산되는**──속에서만 '정립'되며, 공적 생활의 원칙으로서 선언된다. 만약 그러하다면, 재생산 원리가 부여된 조직과 시장의 합리적이며 합당한 매개는 그 교착 안에서 현대 사회형태의 **계급요소**를 구성한다.

양극성 내에 포함된 메타구조적 전제는 생산수단을 보유한 자와 그것을 가지고 노동하는 자를 분리하는 본질적 대립으로서 마르크스가 정의하고 수립했던 것보다 더 복잡한 계급구조를 나타낸다. 현대 사회형태는 조직으로 지양되는 역사적 경향을 갖는 오로지 시장을 통해서만 이해되는 것은 아니다. 그것은 시장과 조직, 상호개인성(l'interindividualité)과 모든 이-사이(l'entre-tous)의 공존과 공동-착종으로부터 이해해야만 한다. 우리는 민족-국가 개념을 연구하기 위해 8장에서 이러한 분석을 되풀이할 것이다.

우리는 이러한 방식의 해석을 통해 현대적 사회관계에 대한 더 현실적인 이해를 도모할 것이다. 이러한 충분한 근거를 둔 이론적 접근은 사회학의 기여 모두──'상층부에' 생산수단의 **소유자계급**뿐만 아니라 **관리자**, 조직가 또는 **전문가**들이 존재한다는 것을 표명한──를 사실상 통합할 수 있도록 해준다(베버와 관련되어 있고, 프랑스의 부르디외도 주목할 만한 인물이다). 이 두번째 극은 더 모호한 사회적 힘이며, 사회의 조직적·과학적·문화적인 능력과 분리할 수가 없다. 우리는 '능력'(compétence)을 한편으로는 권한을 보유하고 있는 결정 기관들의 위계 또는, 지위에 첨부되어 있는 권한을 승인받은 (다소 임의적이며, 종종 완전히 자의적일지라도) 개인들이라는 이중적 의미로 이야기한다.

세번째 분파인 근본계급

'아래에' 있는 또 다른 계급은, 생산이 조직되는 원칙(과 그것에 의해 착취와 지배가 실행되는 방식), 즉 시장적 형태(자영업자와 농부)나 조직 형태(공공서비스 종사자), 또는 그 두 가지 형태의 긴밀한 결합(민간기업에서 일하는 임금소득자)을 따라서 서로 다른 집단으로 세분화된다. 이러한 다양한 분파들 모두 동일한 시장/조직의 양극적 배치 속에 포함되어 있으며, 그 때문에 메타/구조 이론[11]은 소유의 극과 능력의 극이라는 '두 개의 극을 가진 지배계급'을 마주하고 있는 '유일하고 동일한 사회적 계급'을 만들어 낸다. 이 두 개의 계급은 매우 상이한 구조화 과정을 서로 대면하고 있는 양상을 나타내고 있으며, 그러한 구조화는 서로 다른 정치적 논리를 규정한다.

우리는 이러한 접근을 통해 '아래에 있는' 계급인 근본계급——고전 마르크스주의에서는 '위로부터' 착취받고 지배받는 이들로 일방적으로 지칭되었다——의 역량과 통일성을 구성하는 것들에 대해 더 잘 이해할 수 있다. 물론 그것은 확실하지만, '아래에 있다'는 것은 전적으로 수동적이며, 게다가 이 비참한 수식어는 현대 사회에서 그들의 역학과 사회적 지위를 표현하기에 부적절하다.

노동자들은 ① 사회적으로 강제된 노동시간이 ② 개인적으로나 집합적으로 자신들이 소비하는 재화를 생산하는 데 들어간 시간을 초과할 때 착취를 당하게 된다. 사실상 이러한 범위 내에서 잉여생산물이 특권적 계급에 의해 영유된다는 것을 알 수 있다. 특히 그것을 '착취의 일반적 조건'이라고 부를 필요가 있다. 그것이 사회적인 권위, 종속 또는 자율성의 관계

---

11) 메타/구조 이론은 메타구조와 구조의 총체적 관계를 지칭하는 것이다. 이를 자크 비데는 '현대성의 매트릭스'라고 부르기도 한다.—옮긴이

를 구체적으로 정의하도록 하지는 않으며, **모든 계급사회에 적용될 수 있는 일반적 정의를 제공한다.** 마르크스는 어떻게 **자본주의에서** 이러한 과정이, 특히 임노동관계를 매개로 하여 발생하는지를 보여 주었다. 그것이 잉여가치론이다. 우리가 이것을 자본의 임노동 전체에 적용하자마자 모든 이들이 착취받는 것은 아니라는 것이 드러난다. 특히 관리직의 일부는 '착취의 일반적 조건'으로부터 벗어나 잉여가치의 일부를 임금형태로 받는다. 다른 한편으로 임노동자들에 대한 상이한 착취 과정이, 그렇지만 이와 유사한 불평등교환으로 인한 이윤율 차이를 통해 고통을 겪고 있는 중소자영업자들에게 부담이 된다는 점을 이해하기는 어렵지 않다. 일반적으로 잉여가치가 전제된 시장관계 속에 포함되지 않는 공공부문 임노동자의 경우에도, '착취의 일반적인 조건'을 정의하는 ①과 ②의 불일치라는 상황에 직면한다.

관리직과 특히 전문가들의 일부도 임노동자에 속하기 때문에 (그들의 사회적 기능과 그와 연관된 특권이 그들을 지배계급에 위치시킨다고 할지라도) 그것만으로 임노동자들 사이의 두 계급 사이의 경계를 엄격하게 정의하기는 어렵다. 착취관계가 그 자체로 근본계급의 조건——이러한 조건은 항상 소유를 통한 시장 및 능력을 통한 조직이라는 계급요소의 이중성에 준거되어야만 한다——을 정의하는 건 아니다. 이러한 두 가지 요소는 항상 다종다양한 방식으로 결합된다. 또한 그것은 이러한 계급적 상황에서 벗어나기 위한 서로 다른 개별적 전략들의 원인이 되기도 한다. 따라서 근본계급의 통일성이 정치적으로 표현되는 상황은 항상 모호하게 주어져 있다.[12]

---

12) J. Bidet, *Explication et reconstruction du Capital*, pp.204~244. 메타구조적 이론의 두 가지 요소는 근본계급의 통일성이라는 이념에 유리하게 작용한다. 한편으로 마르크스적 의미에서 적합한 가치논리 내에 사회적인 필수적 생산과 거래의 노동시간을 통합하여야만 한

우리가 이러한 계급요소를 우리의 합리합당적인 조정의 두 개의 주요 극인, '사회적 이성'의 형태 그 자체로 드러낼 수 있다면, 근본계급의 구성원들은 [자신들이] 근본적 행위자의 자격으로서 거기에 투사되어 있음을 이해할 수 있다. 그들은 그러한 형태 안에서 사회적 삶과 꾸려 나가고, 부를 생산한다. 그것들은 우선적으로 그들의 응집력과 관련되어 있다. 이러한 다중에 대하여 '위에 있는' 행위자들은 '역사를 만든다'라고 믿고 있다. 시장 또는 조직 메커니즘에서 수익을 얻는 사람들과 담당 관리자들은 오로지 자신들의 특권을 극대화시키려고만 한다.

[보충설명 4] **비교 노트**

이러한 접근은 이전 장에서 제시되었던 것과의 관계와 비교하여 또 다른 차이를 나타내고 있다. 이는 시장과 조직이라고 지칭되는데, '계급요소' 개념을 도입하고 있으며, 그것을 '계급관계' 속에서 결합하고 있다. 따라서 그것은 두 개의 관계와 두 개의 지배계급이라기보다는 두 개의 극으로 정리되는 유일한 지배계급과 계급관계라는 결론에 도달한다. 기능적으로 차이가 나는 각양각색의 민중계급이라고 말하기보다는 시장 또는 조직관계 각각에서 활동하며, 따라서 위계적 지배와 노동을 착취하는 서로 다른 역할에 따라, 다양한 분파로 배분된 '근본계급'이라는 개념을 사용한다. 이는 현대 정치철학의 도식에 경제적·사회적인 개념을 결합시키는 현대성에 대한 역사적 이론이라는 더 일반적인 관점을 추구한다. 그것은 상호 정의되는 개념들의

다는 테제이다. 따라서(가치에서 잉여가치로 이동할 때), 모두를 '생산적' ——이러한 점에서 틀렸다라고 판단되는 마르크스적 분석과 반대로——이라 취급하면서 자본에 대한 임노동자 모두의 통일성을 드러낸다. 다른 한편, 그와는 반대로 마르크스가 원했던 의미로 가치는 **상품** 생산에만 적용된다고 전적으로 가정하는 동시에 우리의 접근 방식은 국가부문의 임노동자 또는 비상품적인 다른 공공부문 노동자에 대한 착취까지 이해할 수 있도록 하는 더 일반적인 개념화 과정으로 확장된다. 이 부분과 관련된 장 마리 아리비(Jean-Marie Harribey)와의 논쟁은 웹사이트(http://perso.orange.fr/jacques.bidet)를 참조하라.

정의된 집합(corps)과 분리할 수 없으며, 다양한 현대적 문제설정 방향으로 교량을 건설한다. 따라서 또 다른 질문들을 제기하고 있지만, 그 일반성으로 인해 상당한 이점이 존재한다. 하지만 이러한 주장을 증명해야 하는 상당한 과제도 남아 있다. 그리고 이러한 기초적 접근이 오히려 마르크스주의에 새로운 측면을 추가하는 것을 목표로 한다면 더욱더 증명되어야 할 과제를 가지고 있다고 보아야 할 것이다. 설사 그 두번째 야심이 위험을 동반하면서, 더 급진적인 비판에서 재출발하려는 데 있다 하더라도 말이다.

결국 여기서 유래하는 정치적 지향의 측면에서도, 그리고 20세기 역사 해식의 측면에서도 폭넓게 수렴되는, 한편으로는 더 사회경제적이고, 다른 한편으로는 더 사회철학적인 두 접근이 본질적이다. 이러한 의미에서 이러한 두 접근은 서로 대립한다기보다는 서로를 강화시키는 경향이 있다. 이로서 분석의 새로운 장을 또 다른 연구로 개방한다.

따라서 이는 어느 정도까지는 그러한 독해를 서로 번역할 수 있는 공통언어를 발견해 가면서, 각자의 또 다른 언어로 말할 수 있다. 우리가 이후의 장에서 첫번째로 접근하게 되는 '민중계급'(노동자와 종업원)과, 뒤이어 유일한 '근본계급'(세번째 분과)을 검토하면서, 복수적으로 '근본계급'에 대해 말할 수 있거나 '지배계급들', 다시 말해 두 개의 극에 있는 유일한 '지배계급'에 대해 말할 수 있을 것이다. 우리는 '관리직과 전문가'라는 범주 속에서 차라리 '관리직', 또 다른 용어인 '전문가'로 표현될 수 있는 명칭들을 발견할 수 있다. 이러한 타협적 명칭으로 인해 어떤 불협화음이 존재한다는 것을 확인할 수 있다. 이는 두 저자들 사이의 논쟁의 여지를 남겨두고 있다.[13] 하지만 이러한 불완전성으로 인해 폭넓게 수렴하고 있는 분석들의 발전이 방해받는 것은 아니다.

---

13) 이 책에서 이러한 논쟁은 진행되고 있지 않으며, 다만 착취 또는 가치 개념과 관련된 논쟁 속으로 진입할 수 있도록만 하고 있다. 여기서 고려하고 있는 것과는 다른 형태의 착취에 대한 접근은 5장 3절(잡종형성)에서 행해지고 있다.

계급투쟁, 그 구조적 조건

이 장에서 전개된 접근에 의하면 시장과 조직은 두 개의 계급요소이다. 지배와 착취의 현대적 관계가 실현되는 것이 바로 그 요소를 통하여 이루어지기 때문이다. 바로 그러한 상호착종 안에서 **현대적 계급관계**가 구성된다. 근본계급과 마주하고 있는 지배계급이 항상 두 개의 극을 내포하고 있는 과정 속에 개입하고 있다는 점을 강조하기 위해 이러한 독특하고, 유별난 정식화를 행하고 있다. 그리고 현대적 계급형태에 고유한 계급투쟁을 포괄적으로 나타낼 수 있는 것도 바로 여기로부터 출발할 때 가능하다. 착취——상품순환 A-M-A′[14]에 근거하여 1권 7장[15]의 도식을 등가교환에 대한 위반(잉여가치의 강탈)으로서 묘사하고 있다——는 **조직화된 현상**이다. 왜냐하면 잉여가치의 착취를 보장하는 건 기업 내의 노동의 위계적 조직화이기 때문이다. 그러한 조직화는 역으로 자본주의적 시장에서 상품의 처지에 있는 노동력에 대해 실행된다. 요컨대 자본주의적 착취가 존재하기 위해서는 소유자와 조직가가 동시에 존재할 필요가 있다. 우리는 계급투쟁이 세 개의 계급 속에서 이루어지는 게임이라는 걸 예감할 수 있다.

하지만 이러한 투쟁을 아래에 대한 위의 일방적 관계로서 이해하면 안된다. '지배계급/피지배계급'이라는 명칭은 우리가 본 것처럼 이러한 점에서 위선적이다. 푸코는 저항 없는 권력이란 존재하지 않음을 강조하였다. 하지만 그는 현대적 사회형태 내에서 그것의 구체적 근거를 파악하지는 못했다. 이러한 근거는 우리의 분석을 따라서 현대적 계급요소가 단순한 조작장치가 아니라는 사실에 근거하여 연구되어야만 한다. 시장과 조직은

---

14) A: 화폐, M: 상품, A′= A+ΔA.—옮긴이
15) 마르크스, 『자본』I-1, 제3편 5장.—옮긴이

사실상 우리의 사회적 이성-합리성의 형태 그 자체이고, 따라서 저항이 구성되는 영역 그 자체이다. 그 때문에 그러한 것들이 계급요소로 전도된다고 하더라도 그것은 끊임없는 대항적 계급투쟁을 위해서만 사용될 수 있다. 저항 그 이상의 투쟁인 것이다.

다른 식으로 말하자면 계급요소는 그 구성적 **양가성**을 가지고 있다. **착취**는 조직되지만, 조직이 그 자체로 착취는 아니다. 착취에 대한 저항도 조직되기 때문이다. 그것은 '착취의 장소들'에 있는 조합적(syndical) 유형의 조직들만의 문제가 아니다. 인민의 정치는 법률을 제정하고 제도를 설립하여 착취에 맞서 조직한다. 시장은 착취(상품관계를 빙자한)관계를 일으키는 형태이다. 하지만 그 자체로 착취관계는 아니다. 그것은 합리적인 관계를 위해 사용될 수 있는 형태로 남아 있다. 그리고 그 합리성은 **조직화된** 억압에 대한 [반대편에 있는] 준거적-힘(force-référence)인 정당성의 영역——각자에게 자유로운 관계에 대한 긍정의 영역——과 연관되어 있다.

만약 시장과 조직이 계급관계의 두 극이라면 계급투쟁은 그것들을 벗어날 수 있는 관계의 창출을 목표로 삼아야 할 것이다. 노동자운동의 오래된 요구인 '자유로운 연합'이 그 해답이자 상품관계 및 조직적 관계에 대한 대안으로 나타날 수 있다. 그것은 담화적 관계, 다시 말해 소통에 기초하고 있다. 우리는 목적과 수단, 임무 및 능력[권한], 산출물의 분할을 결정해야 한다. 주기적으로 우리는 그 역할과 역할 보유자들을 재정의한다. 언제라도 해임될 수 있는 책임자들을 선출하며, 연합적 행위가 실행되는 가운데서 지위 및 권한의 위계가 구성되고 재생산되지 못하도록 해야 한다. 사회적 실존 및 조직의 평등한 조건이 각자에게 확보된다. 바로 그러한 것이 시장과 조직에 대한 '연합'의 논리이다. 그리고 '노동자들의 연합'이 노동자운동의 주요 행동지침이 된다. 우리는 '자주관리'로부터 '민주적 경영참가'

까지 다양한 이름 아래서 그것을 재발견한다.

그렇다고 해도 연합은 (그 기관과 복잡성을 획득하자마자) 조직 그 자체로 불린다. 그리고 연합에 생산적 목적이 주어지자마자 시장적 공간에 기입된다. 따라서 현대 사회형태에 고유한 이중적 계급 제약 안에 포획된 채로 있다. 그것의 즉각적인 유효성은 상대적으로 담화적인 양식에 따라서 대상이 관리되고 생산될 수 있는 범위에서만 획득될 수 있다. 그 때문에 연합은 어떤 영역 속에서 더 잘 표명될 수 있다. 다른 말로 연합은 시장과 조직의 매개에 대한 비판적 방식으로 행사될 때만 실행된다.

하버마스가 제시한 '의사소통적 행위'로서의 연합은 규제적 이념 및 지도의 원리를 설정한다. 하지만 그것은 그 자체로 자본주의 내에서 결합된 계급요소인 시장과 조직에 **대립하는** 대안적 실천 개념을 제공하지는 못한다. 바로 자본주의에 대항하는 투쟁 말이다. 이러한 두 가지 사회적 조정 원리를 소멸시키는 것이 문제가 아니라 그것의 계급적 유효성을 중립화시켜야 할 것이다. 명백히 거대한 프로그램이다. 그러나 그 자체로 현대 사회형태의 일반이론을 정의할 수는 없을 것이다. 하지만 연합은 어떤 원칙적 증거를 제시한다. 특히 그것은 계급적 대립의 관점에서 지배계급의 두 극이 서로 비교 불가능하다는 점을 잘 보여 주고 있다(우리는 이 책 9장에서 이를 재검토할 것이다).

자본주의적 **시장**은 무언의 메커니즘이다. 그것은 자본의 추상적 이익과 금융적 이익에 대해서만 말한다. 물론 광고를 통해 그 현실적 유용성이 어떻든 생산물을 평가하고 그 성질과 기능에 대해서 알게 해야만 한다. 그리고 욕망의 생산 자체를 독점할 수 있는 한에서 시장은 만족을 추구하는 소비자의 최종적 파트너로서 부과된다. 하지만 그것은 진정한 목적을 정당화하는 것이 아니라 정당화할 수 없는, 사회적 사용가치가 아닌 사회에 대한 권력의 축적으로서 이윤을 정당화하는 것이다.

반대로 여전히 자본주의적인 모습을 지닌 조직도 그 자신이 가진 합리성을 해명하지 않고서는 실행될 수가 없다. 그것은 그러한 조직을 정당화하는 가치와 동기부여적 근거에 관한 것이며, 그것에는 세력관계가 아주 다양한 방식으로 얽혀 있다. 조직은 칸트적 의미에서 '공표'인 '공적 언어'가 가져올 위험에 경향적으로 처하게 된다. 따라서 논쟁에 위험이 있기는 하지만 권한이 발현될 때, 조직은 ('비-권한'과의 차이에 대한) 근거 ——효과적인 생산과 재생산을 위해 그러한 담론이 갖는——를 부여한다. 하지만 그것은 어느 정도 양도되지 않으면 결코 실행될 수 없는 권력을 표현한다. 그것은 우선적으로 조직화된 형태의 저항을 야기하기에 충분하다. 그리고 우리는 시장과 조직이 사회적으로 등가를 이루는 극이 아니며, 시장의 힘이 분명하게 '조직화'될 필요가 있는 시장에 대립하는 원리적 측면을 구성하는 이유를 이해하고 있다. 상징적 권력은 항상 이상화될 필요가 있는 문화와 관련이 있다는 점을 덧붙이자. 그리고 모든 '엘리트들'은 이러한 의미에서 공통점을 지니고 있다. 하지만 동일한 이유로 인해 문화도 또한 항상 정치적 투쟁의 영역이기도 하다.[16]

정치적 질문을 향해

이전 장에서 보여 준 것처럼 이러한 용어로 표현되는 세 극(tripolaire)의 접근은 우리가 현대 사회형태에 고유한 헤게모니적 투쟁을 파악할 수 있도록 해준다. 지배계급 내에서 두 개의 극은 공모하지만, 동시에 경쟁한다.

---

16) 헤게모니 이론으로 개방되어 있는 이러한 분석은 9장에서 전개될 것이다. 거기서 우리는 특히 시장뿐만 아니라 계급요소로서 조직과 연루되어 있는 부패들을 다룰 것이다.

근본계급은 이러한 모순을 타개하는 과정 속에서만 투쟁을 진척시킬 수 있다.

이러한 구조적 분석은 **역사적 해석**의 차원에서 그 생산적 성격을 드러낸다. 시기들이 지나감에 따라 우리는 국가의 정상에 금융적 역량을 가진 세력 또는 전문가적 엘리트 세력들이 잇달아 나타나는 것을 볼 수 있다. 이것이 3장에서 보여지고 있는 적어도 20세기에 드러난 시기 구분의 원리이다. 각 시기 내에서 입법부 임기의 주기를 따라, 그리고 다양한 위기와 사회운동의 발전에 따라, 비록 사회적 질서를 근본적으로 지배하고 있는 또 다른 극이라 할지라도 그러한 세력들은 교대되었고, 정부에 결합되었다는 점을 추가하자.

우리는 이러한 작업의 마지막 부분——**정치적 예상**과 관련된——에서 이러한 분석의 동일한 공통적 원칙을 발견할 것이다. 근본계급은 이중적 전선에 대한 그들의 정치적 투쟁을 추진하는 한에서만 정치적으로 등장해 왔다. 한편으로 농민, 기업의 임노동자, 국가 영역에서 일하는 종사자들과 같은 다양한 '분파' 사이의 연합이 존재하고 다른 한편으로 소유자의 권력에 대항하여 전문가적인 사회적 세력과 맺는 동맹——아무리 임의적이라 할지라도——이 있다. 조직 극을 헤게모니화하려는 목표를 가지고 이러한 조임쇠를 풀지 않는 한 이러한 프로젝트를 제시할 수는 없다. 우리는 9장에서 이러한 관점에 동반하는 복잡한 질문들을 검토할 것이다.

네오마르크스주의적 국가 이론은 이러한 변증법적 복잡성에서 교훈을 끌어내고 있다. 고전 마르크스주의는 사실 세 가지 위치에서 동요하였다. ①어떤 이들은 국가를 지배계급 수중에 있는 기계장치로 본다. ②두번째로는 국가를 그 고유한 논리와 이해관계를 가지고 있는 말하자면, 계급들 위에 있는 계급적 장치로 보기도 한다. ③ 세번째로는 국가를 역사적으로 주어진 세력관계에 따라 정해지는, 계급들이 충돌하는 심급으로 생각하는 경향이 있다. 우리는 지배적 의미에 따라 각각을 ①소유 및 금융 자본가 세력 ②관리직과 전문가들의 조직적 '엘리트' 세력 ③단결과 동맹의 정치를 효과적으로 실행하는 인민 세력의 시각이라고 말할 수 있을 것이다.

우리는 오늘날 대중 정치가 위기에 빠져 있음을 알고 있다. 그리고 혁명을 또는 변혁을 목표로 하고 있는 정치적 실천의 경우에는 훨씬 더하다. 이러한 탐구의 목표는 그러한 도전에 활기를 불어넣는 것이다. '네오마르크스주의'라는 이름으로 나타난 분석적 작업이 충분하지는 않다. 우리가 사실상 더 멀리, 그리고 더 높이 있는 것을 다시 잡지 못한다면 보편적 해방의 정치로 나아갈 수가 없다. 우리가 세계적 규모와 인류적 차원, 그리고 인류의 공통적 행동에 대해 사고하지 않는다면 '또 다른 세계'를 사고하는 건 불가능하다. 우리는 그를 위해 '네오마르크스주의'로부터 '대안마르크스주의'로 이행하려는 시도를 할 필요가 있을 것이다.

3. 집산주의의 역사적 경험

18세기와 19세기의 혁명들은 적어도 1848년과 1871년 파리 프롤레타리아의 전진 때까지는 부르주아의 비호 아래서 거대한 대중운동으로 출현하였다. 20세기는 자본주의를 반대하는 방향으로 돌아섰다. 그것은 대개 노동자 대중과 농민, 관리직과 전문가 계층 사이의 어떤 합의로 나타나게 되었다. 그러한 것들은 일반적으로 관리직과 전문가들이 지배계급으로 형성되는 특수한 사회적 구조의 수립으로 종료되었다. 그들이 사적 소유와 동시에 시장을 폐지하는 '집산주의'를 목표로 했다는 걸 고려한다면, 그들은 또 다른 사회적 조정 양식, 즉 **조직**만을 남겨 두게 되었다. 조직가가 유일한 권력으로 남아 있었다. 이전 장의 접근을 통해 관리직을 이러한 계급권력으로 정의하였다. 여기서는 이러한 분석을 다소 확대하려고 한다.[17]

이러한 혁명이 선언한 프로젝트——마르크스가 부르짖었고, 유럽 사회주의 경향이 지지하던——는 생산으로부터 출발하면서 민주적으로 **구체화된** 조직화의 형태 아래서 자유주의가 채워 주지 못한 모든 사회적 삶의 약속을 현실화시키는 것이 목표였다. 그것의 결과는 새로운 계급사회였다. 하지만 그것이 우리가 때때로 그러길 원해 왔던 것처럼 '국가자본주의'로 규정될 수는 없다. 그것은 자본주의의 논리와는 다른 논리——시장을 거부하면서 조직을 보편화하는——에 속해 있다.

그렇지만 조직은 시장과 마찬가지로 그 자체로 계급적 요소가 아니다. 그리고 계급관계도 아니다. 따라서 문제는 조직이 어떻게 그러한 것이 되는가를 인식하는 데 있다. 현대에는 시장이 자유와 평등을 자칭하는 것처럼 조직도 합의된 것으로 주장된다. 하지만 현실적으로 조직의 기능은 사회적 '능력'을 요구하며, 그 자체로 조직화된 과정 속에서 계급적 지위로 구성되고 재생산된다. 자본주의적 맥락에서 이러한 현상은 우리가 보기에는 지배계급의 두 개의 극 사이에서 착취 메커니즘에 고유한 묵인과 보완적 관계에 속해 있다. 왜 집산주의 사회들은 이러한 과정을 비교할 수 없는 수준에 다다르게 되었는가?

그 이유는 시장을 배제한, 완전히 조직화되고 관리되는(administrée) 경제가 아주 제한적인 합리성을 보였기 때문이었던 것으로 보인다. 그러한 경제는 상층부로의 정보, 결정, 권력의 집중을 초래하였고, 사회질서

---

17) 완전한 설명은 다음을 보라. J. Bidet, "Le collectivisme", R. Motamed-Nejad éd., *URSS et Russie*, Paris: PUF, 1997.

에 특수한 취약성을 부여하였다. 그렇기는 하지만 우리가 알고 있듯이 그 람시가 말하는 것과 같은 사람들의 '동의'를 받고 있는 '지도적' 계급이 아 니라면 '지배적' 계급이 될 수 없다. 우리는 어떤 특징적 기관의 출현을 바 로 이러한 조건에서 목격할 수 있다. 사회주의를 창설한 시조들은 예상하 지도 상상하지도 못했던 유일당이라는 존재이다. 유일당은 여타 다른 곳에 서도 존재했다. 특히 그것은 1930년대부터, 그리고 제3세계 신생 민족국 가들의 출현 과정에서, 다시 말해 세계체계의 역사적 순간들과 상황들, 그 리고 그것의 조직 차원의 엄청난 발전과 연루되어 있었다. 만약 현실 사회 주의의 경험 속에서 그것이 발휘한 탁월한 기능성에 대해서 확인할 수 있 다면, 그것은 완전히 관리되는 경제가 그 유일당과 맺는 상관성 때문일 것 이다. 이러한 고유하게 기능적인 기관은 체계에 이데올로기적이고 윤리적 인 응집력을 보장하였다. 그것은 가치와 합의, 훈육을 선동하는 임무를 수 행하였고, 그것 없이는 어떤 정치적 지도도 효율적일 수는 없었다. [유일당 은] 노동자당의 영웅적인 전통과 혁명적 행동에 뿌리박고, 대중적 엘리트 의 진출을 보증하면서 한동안 어떤 정당성을 향유하였다. 그러한 당은, 공 통적이라 규정되어 있다고 가정되는 목표에 대한 그 성원들의 이른바 계 몽된 헌신을 바탕으로, 건설 중인 새로운 사회의 이념적 상을 구성하였다. 그것은 시장을 통해 이루기도 힘든 조정 과정(tâtonnement)이 아니라 합 리적 계획화에 기초한 것이었다. 그것은 '인민의 지도자'였다.

그렇다고 현대성의 정치적 범주들이 폐기되는 건 아니다. 그것은 이 러한 사회가 버릴 수 없는 모든 민주적 의식(ritualité: 투표, 대표성, 법, 사법 제도 등)을 통해 명목상으로(fictivement) 유지된다. 심지어 법을 통해 정 당화된다 하더라도 유일당은 이러한 사회 내에서 형식적으로 선언된 현대 질서라는 견지에서 **민간기관**으로 출현한다. 그러나 사회 내의 경쟁이 존재하지 않으며, 성원들의 개인적 헌신과 내적 훈육이 상당한 정도로 이루어져 있어, 구질서의 폐허 위에서 공적 기관들에 대한 권한을 확실히 발휘할 수 있었다. 이러한 사실로부터 그것은 법치국가의 파괴 도구로서 급속하게 나타난다. 정치 또는 경제적 민간기관이 많든 적든 국가를 통제한다는 것은 자본주의의 경우 일반적이다. 그러나 배타적 독점 상황에 있는 민간 조직은 공적 기관을 더욱 부패시킨다. 만약 1917년에 시작된 과정들이 식민화된 주변부의 다소 무정부적인 조건의 징후를 나타낸다는 것이 진실이라면, 집산주의적 계급구조 내에서 완곡하게 말해 '민주주의의 결핍'은 고유한 것이다. 유일당의 역효과적인 기능성은 경제적 비합리성 ──그 특수한 '제한적' 합리성 ──의 상관물이다.

당은 생산수단을 소유하고 있지는 않다. 생산수단은 국가의 소유이다. 그러나 당에 소속하고 있다는 것은 적어도 꽤 오랫동안 위계적으로 높은 일자리로 올라갈 수 있는 열쇠이다. 그러한 것이 존재하길 멈춘다면 체계는 붕괴한다. 따라서 지배적인 사회적 세력이 당일 수도 있고, 관리직일 수도 있다는 관념이 두 개의 서로 다른 테제로서 대립하기는 어렵다. 당을 통해서 이루지기 때문에 모순이 없는 것은 아니지만, 관리직 **지배계급**은 **지도적** 계급으로서 존재한다.

정치적 지배는 집산적 자산을 통해 실행되는 착취 과정에서 이중화된다. 고용주의 단일성 때문에 그러한 특권은 자본주의와는 완전히 다르게, 위계화된 조직 형태를 따라 분배된다. 그것들은 본질적으로 구체적이다. 우선 그것은 관리직과 전문가의 특권이다. 특히 유일당을 매개로 하는 사회관계 및 문화적 수단이 있다. 그리고 그들이 독점화되는 경향이 있는 것도 이러한 형태 아래서 그러하다.

이러한 계급 체계는 잉여가치와 유비할 수 있는 추상적 부의 논리를 발전시킨다. 일반적인 관리 행정적 성격과 관련이 있는 이러한 사회의 여러 특징들을 통해 나타나게 된다. 그것이 발생시키는 '기회주의적' 행동 성향을 통해서 말이다. 사용가치에 대해 자본주의적 무차별성과 같이 비용에 대한 무차별성이 발생한다. 자본주의에 고유한 경쟁 상황과 관련이 없지 않은 동종의 관료들 사이의 **경쟁**이 발생하며, 이는 [자본주의와] 동일한 부정적 효과의 유형이다. 모든 것이 끊임없는 자본주의의 확대된 공격과 계속된 압력을 마주하여 최종적 파국이 발생할 때까지 경제적 정체 상태, 생태적이고 문화적인 재앙, 정치적 불안의 증대로 전환된다. 우리가 보기에 자본주의의 유혹은 위계관계의 정상을 사로잡게 됨으로써 완성된다.

하지만 어떤 시나리오도 미리 써 둔 것은 아니다. 앞 장에서 다룬 바와 같이 '서구'체계와의 수렴 가설도 배제할 수 있는 건 아니었다. 일정한 관점에서 보자면 어떤 수렴이 중국에서, 그리고 파국적인 방식으로 러시아에서 실현되었다. 그러나 지배적이었던 것은 더 이상 전후 발생했던 것과 같은 사회-민주주의적인 것이 아니라 신자유주의적 세계화였다.

4부

대안마르크스주의

잉태 중인 세계적 국가성 속의 제국주의

*　　*　　*

우리는 아직 재건(reconstruction)으로 가는 와중에 있다. 우리는 현대 세계의 사회적 조정의 문제가 시장의 문제일 뿐만 아니라 마찬가지로 조직의 문제이기도 하다는 점을 보여 왔다. 이러한 양극성(bipolarité)은 오직 경제적 본성에 대한 것만이 아니며, 법-정치적(juridico-politique)인 두 번째 측면을 차지하고 있다. 그것은 동등하며 상호적으로 승인되는 모든 이들 사이의 자유로운 계약성으로 보증되는 것으로서 어쨌든 사실상 서로 간의 자유로운 계약성을 가정한다. 이러한 사회적 논리는 현대 세계의 공식적 담론으로 선언되었으며, 동시에 그러한 논리를 부정하는 계급구조 속에서만 확증된다. 우리가 이미 본 바와 같이 그것은 자본주의적 형태의 착취, 지배, 그리고 집합적 소외로서 실현된다. 지배요소(dominants)의 양태에 기인한 이러한 분석은 낡은 마르크스주의에 의해 제출된 사회계급 분석을 많은 부분 수정하도록 한다.

그와 같이 5장과 6장에서 각각 보여 줬던 두 개의 이론적 접근이 계급구조의 정점에 있는 '소유'와 '조직'이라는 별개의 사회적 힘들을 식별하는 쪽으로 이어진다. 그것은 '근본계급'으로서 지칭되는 아래로부터의 사회적 힘과 대립한다.

두 가지 접근은 그 일반성 속에서 이러한 정식화를 통해 통합적으로 파악된다. 첫째로 5장에서 보여 준 바와 같이 한편으로는 대중계급과 대립하며 이른바 고유한 자본주의적 관계와 관련되고, 다른 한편으로는 '관리계층'라고 불리는 두 개의 지배계급(자본가와 관리자)을 구별한다. 두번째는 6장과 동일한 기준에 따라 전문가와 관리직 및 소유자라는 두 개의 극과 다양한 분파로 분할되어 그들과 대립하고 있는 근본계급을 구별하면서도 유일한 지배계급이라는 마르크스주의 이념을 유지한다. 우리는 이러한 선택지의 이면에서, 그것이 순전히 형식적인 것으로 보일 수 있지만, 어떤 점에서 현대적 계급관계에 대한 이해를 명확하게 할 것이라고 보고 있다. 하지만 또한 우리는 이러한 공동의 연구를 추구하기 위해 한편에서는 자본소유자와 관리직 및 전문가를 일컫는 '지배계급', 다른 한편으로 '근본계급'이라고 말할 수 있는 공통의 언어를 발견할 수 있음을 보일 것이다.

여기서 본질적인 것은 계급 위계관계 상위에 있는 양극성을 고려하여 마르크스주의가 말하자면 두 다리를 가지고 움직일 수 있는 역량을 되찾는 것이다. 바로 그것이 이 책의 첫번째 기획인 네오마르크스주의적 기획이다.

두번째 목표는 바로 또 다른 질문들과 대결하는 것이며, 두 개의 관점이 어떤 하나의 지형 위에서 결합되는 것이다.

20세기 초반 노동자운동이 시작된 이후로 해방을 위한 민중투쟁의 목표로 지칭되어 왔던 것은 바로 '사회주의'이다. 그리고 마르크스가 시장과 사적 소유에 반하는 자본주의적 발전의 동역학 속에 기입된 **조직**의 역사적 경향을 설명하는 것도 바로 이러한 의미이다. 그것은 노동자들의 조화된 **연합**이라는 원칙을 제시하였지만 말이다. 그렇기는 하지만 이러한 '거대서사'는 잘못 제기된 것이다. 조화된다고 가정되어 있는 조직과 해방의 결합은 이루어지지 못했다. 우리는 그것을 현실 사회주의의 전성기에서 목격할 수 있었다. 자본주의 사회 내에서조차 사회주의 패러다임은 그 역사적 성공에도 불구하고, 점점 더 명확하게 그 한계를 드러내었다. 우리는 이 책의 5부에서 대안적 정치를 정의하려고 시도할 것이다.

하지만 세계가 세계화됨에 따라 이러한 질문은 대안세계화라는 용어로 글로벌한 층위에서만 제기될 수 있다. 따라서 어떤 다른 차원의 문제와 관련이 있다. 민족국가 내부에서 부과는 계급**구조**로부터 글로벌 **체계**, 총체성으로 표현되는 세계체계로서 세계로 이동한다. 이러한 프로젝트는 오늘날 우리가 살고 있는 '세계'의 형세를 인식하는 것과 관련된 질문과 마주하게 된다. 우리는 제국주의라는 용어로 규정되는 고전 마르크스주의 분석에서 출발하여, 우리의 눈앞에서 역사로서 굳어진 새로운 과정에 대한 해석을 위한 개념적 확장성에 대해 검토한다(7장). 우리는 계속해서 현대적 역사의 일반적 맥락에서 더 나아간 질문을 제기하려 하며, 민족국가의 출현에서부터 시작된 운동인, 그 최종적인 결말로서 세계적 국가성이라는 맥락의 이해와 관련된 연구를 수행할 것이다(8장).

제국주의와 신자유주의적 세계화

고전 마르크스주의 내에 하나의 형상이 도입된다. 이미 오래전부터 관련되어 있었지만, 주요 산업 열강들의 대결 속에서 특히 맹렬히 전개된 세계 분할을 '제국주의'라 불러 왔다. 말하자면 마르크스 『자본』의 이론적 전개를 정당화하는, 즉 착취에 대한 고발이 새로운 차원에서 나타난 것이다. 동일한 방식으로 제국주의 이론은 국제적 관점에서 계급 대신에 민족국가들 사이에 존재하는 위계 및 지배와 착취관계 ─제국주의적 민족국가들과 그들이 눈독 들이고 있는 영토들 사이의─를 고발하였다. 저속하게 표현하자면, "가장 강한 자가 가장 약한 자를 지배하고 착취한다". 다양한 형태 ─정치·문화·군사적─의 굴종관계가 형성된다.

첫번째 절에서는 이차적 관계의 근본적 개념을 전통 마르크스주의의 공식과의 관계 속에서 살펴본다. 두번째 절과 마지막 절에서는 신자유주의적 세계와 미국 헤게모니에 조응하는 매우 특징적인 제국주의적 관계의 형세에 대해서 알아본다.

지배와 착취의 두번째 관계: 제국주의

레닌은 제국주의를 자본주의의 특정한 단계, 즉 어떤 의미에서 '최종적' 단계라고 말하였다. 그것은 다섯 가지 성격을 가지고 있다. ①자본과 생산의 집중(독점), ②은행자본과 산업자본의 융합, ③자본 수출, ④'국제적 독점 동맹' 사이의 세계 분할, ⑤거대 열강들 사이의 세계 분할의 달성.[1]

하지만 제국주의 내에서 자본주의의 구조적 특징을 살펴보는 것이 더 나은 듯 보인다. 자본주의의 기원, 즉 그 맹아적 형태——17세기 유럽 북부의 한자동맹과 같은——이래로 부르주아는 '후진적' 영토——명백히 모호한 의미에서——, 다시 말해 많은 경우 꽤 멀리 떨어진 장소와의 매우 불균등한 관계를 수립하면서 이윤을 추구하였다. 국내 자본축적과 마찬가지로, 특히 그 시초적 형태 내에서 이러한 방식은 거대한 폭력 수단을 통해 추구된다. 이는 매우 잘 알려진 사실이고, 이러한 상황을 묘사하는 데 필수적이다. 우리는 이러한 파괴적 폭력이 추구된다는 점을 강조하려 한다. 그것은 '단순한' 경제적 과정——특히 매우 불균등한 경제발전 수준의 나라들 사이의 금융 및 무역의 경계를 개방하는——에서 제국주의 국가의 무기——부패, 파괴, 전쟁——로 전환된다. 그 목표는 식민지('공식적' 제국주의)처럼 직접적으로 통제되거나 제국주의적 열강을 통해 지배되는 정치 체제의 수립에 있었고, 그것을 지속시키는 데 있다.

어쨌든 연대기적으로 동일한 것이 아니라는 점을 알고 있음에도 불구하고, 이러한 제국주의적 관계도 민족국가 측면의 메타구조적 선언과 어떤 관계를 가지고 있다. 민족국가들이 평등하고, 이러한 상호적 승인에 기

---

1) V. Lénine, "L'impérialisme, stade suprême du capitalisme"(1916), *Œuvres*, t. 22, Paris: Édition Sociales, 1976, pp.201~327[『제국주의론』, 남상일 옮김, 백산서당, 1986].

초한 관계를 수립한다는 점은 17세기 유럽의 베스트팔렌조약을 참조할 수 있는 긍정적 명제이다. 하지만 세계적 차원에서 이러한 승인이 이루어지기까지는 더 오랜 시간이 걸렸다. 미국의 대통령인 우드로 윌슨(Woodrow Wilson)이 민족국가 내의 시민들 사이의 관계를 모방한 권리 관계를 수립할 수 있는 '민주적'이고 자유로운 세계에 대한 거대한 비전을 제시한 1차 세계대전 기간 때까지 기다릴 필요가 있었다. 하지만 우리가 알다시피 이러한 선언에도 불구하고 구래의 질서가 2차세계대전 이후 식민제국 속에서 수십 년 동안 잔존하고 있었다.

이러한 관계는 식민주의 이후 20세기 자본주의의 '비공식적인' 제국주의 관계의 전 지구적 구조——현대 자본주의에서 지배적인——속에서만 실현되었다. 선언된 시민의 평등이 자본주의 계급 구조 내부의 전복으로만 역사적으로 전개되어 왔듯이, 민족국가들의 평등도 제국주의적 위계질서를 부정함으로써만 진전될 수 있다.

자본주의 내의 지배와 착취의 두 가지 관계——자본가가 노동자에게 수행하는 근본적인 관계와 지배적 국가가 저발전 지역에 행사하는 관계——에는 이론적 모호성이 존재한다. 지배국가의 자본가계급이 제국주의 관계의 원칙적 수혜자이며, 저발전 국가의 피지배계급이 원칙적 희생자임은 말할 필요도 없다. 이를 통해 근본적 착취관계는 국제적 차원에서 새로운 표현을 발견하였다. 제국주의 국가의 자본가와 피지배국가 그 자체의 피지배계급 간의 관계이다. 하지만 제국주의라는 개념은 이러한 관계를 이중적 방식으로 넘어선다.

우선 그러한 개념은 제국주의 국가의 모든 계급이 다양한 정도이기는 하지만, 수혜자이자 대리인이 될 수 있다는 착취관계에 대한 상을 가지고 있다. 제국주의 국가의 '노동귀족'이라는 개념——세계 나머지 지역(노동귀족들이 시민으로 있는 민족국가의 입장에서)에 대한 지배를 통해 강화된 구매력 덕택으로 존재하는——은 이른바 '부수효과'라는 걸 설명하기 위해 만들어졌다. 우리는 그 타당성에 대해 논의할 수 있을 것이다. 프랑스 본국의 노동자들은 프랑스 식민제국으로부터 뽑아낸 이익을 어느 정도까지 누리는 것일까?

두번째로 제국주의라는 개념은 피지배국의 자본가계급까지 확장하는 착취 관념을 만들어 낸다. 예를 들어 우리는 영국의 주주와 채권자들이 자신들이 지배하고 있는 영토의 자본가가 실현한 이윤을 징발하여 형성하는 수입들 속에서 그러한 관계를 목격할 수 있다. '민족' 자본가들이 그와 같이 수탈당하는 것이다.

하지만 역사의 얽혀진 경로는 현대 제국주의 내에서 보이는 것처럼 '독립적'이라고 여겨지는 민족국가들 사이의 관계를 넘어 나아갔다. 예를 들어 식민지들은 매우 엄격한 구속적 네트워크 속에 포함되었는데, 이는 본국 자본가와 식민지 소유자들의 관계를 본국 자본가들의 이익에 유리한 쪽으로 매우 엄격한 규칙을 통해 상업 및 금융적 관계를 매개로 한 네트워크였다. 하지만 이러한 형세에 고유한 우회로가 무엇이든 간에, 문제가 되는 건 동일한 제국주의적 관계이다.

이른바 자본주의적 착취와 관련된 전통적 개념을 '초과'하는 이러한 두 가지 지점에 대한 개념들이 존재하지 못했기 때문에, 고작 공간적 차원이 추가된 자본주의적 착취에 대한 근본적 분석으로 고착할 수밖에 없었으며, 제국주의 개념은 그 이론적 혁신을 입증할 수 없었다. 정확히 민족국가들 사이의 착취와 지배가 제국주의 개념을 통해 전달되는 것이다.

마르크스의 마르크스주의와 레닌의 마르크스주의 내부에서 이러한 착취의 두번째 측면에 대한 대안이자 응답은 그 유명한 "만국의 노동자여,

단결하라"라는 (제국주의에 맞선) 국제주의적 용어로 사고되었다. 그 활동적 대변자는 공산주의 인터내셔널이 되는 것이었다. 전통적 마르크스주의는 프롤레타리아 계급——이미 자본주의에 의해 지배되고 있는 지역에 있는 프롤레타리아의 경우에——이 세계를 모든 착취 형태로부터 해방(débarrasser)시킬 것이라고 기대했다. 동일한 '전 지구적' 해방의 의지가 현대 자본주의, 즉 대안세계화의 현격히 갱신된 형세 속에서 중심적으로 재출현하고 있음을 강조할 필요가 있다. 마르크스주의가 적응하는 데 오랜 시간이 걸리고 있음을 보여 주는 하나의 변용이다.

신자유주의적 세계화

자본주의 내에 공존하고 지배 및 착취의 두 가지 관계와 마찬가지로 지금까지 살펴본 것이 국내외적 차원에서 신자유주의를 분석하는 핵심이 된다. 이를 통해 '신자유주의적 세계화'라고 부르는 것이 인식될 수 있다. 세계화는 오래된 역사적 현상이다. 신자유주의는 바로 그러한 현상에 구체적인 성격을 부여한다. 그 안에서 두 가지 용어의 재결합이 필연적이게 된다.

3장에서 신자유주의가 새로운 사회적 질서임을 분석하였다. 그러한 질서는 자본가계급의 상위 분파와 그 계급들의 권력을 체현하고 있는 금융기관——우리가 '금융'이라고 총체적으로 지칭해 온——에 의한 헤게모니의 복원을 표현하고 있다. 그러한 자본가계급 상위 분파와 금융기관의 헤게모니 복원은 분명히 국제적이고 제국주의적인 측면을 포괄하고 있다. 여기서 명확히 두 개의 관계가 문제시되고 있다. 한편으로 각 나라들 내에 있는 자본주의 착취 조건을 자신의 수중으로 회수하는 것과 다른 한편으로 제국주의적 지배를 추구하고 격화시키는 것이다. 특정 국가 내에서 이는 노동자들과 관리자들(노동과 고용 및 해고, 보수와 사회보장 조건과 관련된 내용)에 도입되는 새로운 규율과 새로운 정책의 문제이다. 국제적 차원에서는 금융과 무역의 경계를 개방하는 것, 다시 말해 자본——채권자 및 초민족기업——의 사냥터를 전 지구로 확장하는 것이 문제이다.

　신자유주의 내에서 자본가계급의 수입이 회복되는 모습을 연구해 본다면 우리는 미국을 선두로 하는 제국주의 본국으로의 그 외 지역에서 유래하는 수입의 대규모 흐름에 대한 어떤 양적 지표를 확인할 수 있을 것이다. 1980년대 초부터 20년 동안 '포트폴리오'라고 말하는 투자로부터 나오는 이자 및 배당의 흐름은 1979년의 과도한 이자율의 상승을 감안하여, 중심부 자본가계급의 수입의 막대한 양을 공급하게 되었다. 이러한 흐름으로 인해 부채에 대한 비용이 주변부 국가들을 짓누르게 되었다. 하지만 세계에 걸쳐 퍼져 있는 초민족기업의 자회사들로부터 나오는 '직접'투자의 비밀스런 수입들이 역사적으로 확대되었다. 2000년대 초반 이러한 흐름이 세계의 여타 지역들로부터 나오는 막대한 양의 수입의 원천이 되었다. 하지만 우리는 거기에서 현상의 일부분만을 알 수 있을 뿐이다. 직접적으로 수입된 원료 가격 및 인재 유출 등에서 기인하는 이전 또한 추가될 필요가 있다.

　신자유주의적 전환 이전에 이러한 메커니즘은 특히 라틴아메리카의 제3세계주의자들과 '발전주의자들'의 테제였다. 이러한 테제는 제국주의가 원료에 대해 낮은 가격을 매김으로써 이러한 나라들——특히 이러한 나라들의 불충분한 경제발전——을 압박한다고 보고 있다. 하지만 신자유주의 시대와 비교해 본다면, 전후 첫 수십 년 동안의 라틴아메리카의 성장은 훨씬 강력했다.

　민족적 과정과 국제적 과정을 연결시키는 것은 확실히 복잡하다. 만약 이론적으로 착취의 두 가지 측면——민족적이고 국제적인——을 구별할 필요가 있다면, 그것들 사이에 있는 저마다의 메커니즘은 서로 독립적이라 보기 어려울 것이다.

노동자의 구매력 문제가 이러한 상호의존을 잘 묘사한다. 무역(수입과 수출의 자유화)과 금융 개방(투자 흐름의 자유화)은 두 가지 효과를 갖는다. 한편으로 그것은 노동자들을 세계적 경쟁의 장에 내던진다. 선진국 핵심부의 유럽 노동자들은 최근에 통합된 낮은 비용의 동유럽 국가의 노동자들 및 매우 취약한 임금을 받는 중국 또는 베트남 (그리고 그들의 봉급은 매우 과소평가된 환율에 의해 더 훼손된다) 같은 나라들의 노동자와 경쟁관계에 있다는 처지를 알게 된다. 이러한 일차적 메커니즘이 노동자와 봉급생활자들에게 규율을 부과하는 데 기여한다. 동시에 이러한 국가들로 '싼 값에' 수입되는 소비재는 기업 수익성 회복(신자유주의는 그러한 이윤을 자본계급에게 이전한다)에 기여한다는 게 두번째 측면이다. 이러한 낮은 가격의 재화와 서비스는 선진국 봉급생활자들에 도움을 주지 못한다. 임노동자들은 정체된 것이나 다름 없는 구매력에 준거하여 협상할 수밖에 없기 때문이다. (만약 자전거 가격이 물가 지표 계산에 필요한 상품바구니에 포함되고, [저가의 중국 자전거 수입으로 인해 협상력이 낮아져] 1% 정도의 구매력 상승의 범위에서 협상이 이루어진다면, 중국 자전거의 수입은 임노동자의 구매력이 아니라 중심국 자본가의 이윤만 증대시킨다.)

미국 헤게모니하에서 제국주의의 새로운 형세

동일한 지배 및 착취관계의 공존이 민족적이고 국제적인 차원에서 신자유주의의 더 당혹스러운 성격을 풀 수 있는 열쇠를 제공한다. 그것은 미국 헤게모니의 새로운 형세이다. 이러한 현상은 미국으로 제한되는 것은 아니며, 유럽 또는 일본에서 그 완화된 형태를 발견할 수도 있다. 하지만 물론 미국이 이러한 배치의 중심에 있다.

무엇이 문제인가? 미국 자본가계급과 민족국가로서 미국의 점진적 분리 ——우리가 본 바와 같이 모순적일 수밖에 없는——가 주요한 문제이다. 현대 세계를 이해하기 위해서 두 행위자, 다시 말해 자본가와 국가를 구별하는 것이 점점 더 필수적이게 된다. 왜냐하면 이러한 이해가 어떤 범위 내에서 분기하고 있기 때문이다.

미국의 자본가에게는 이러한 수입이 국내 영토이든 아니면 라틴아메리카, 중국, 혹은 다른 곳에서 행해진 노동으로부터 나오는 것이든 크게 중요하지 않다. 그들은 무엇보다도 수익률을 고려한다. 이러한 무차별성으로 인해 생겨나는 탈영토화 과정이 존재한다. 생산은 대개 다른 곳에서 행해진다. 미국의 국내적 차원에서 생산은 특히 지출이 급증하고 있는 보건 같은 개인적 서비스, 교통, 건설, 그리고 국내적 활동으로 고정되어 있는 다른 활동 등으로 집중되었다. 다른 나라로부터의 수입이 엄청나게 늘어났고, 이러한 생산의 탈영토화는 대외 무역적자의 원천 ——이는 그 자체로 다른 나라에 대한 금융적 의존의 원천이기도 하다(종종 조금 지나치게 '대외부채'라고도 불리는)——이다. 우리는 이에 대해 재론할 것이다. 그와 같이 제국주의의 고유한 착취관계는 다른 곳에서 생산하기 위한 자본의 수출을 통해 상당한 비중을 차지하게 되었다. 이것이 바로 중심들 중의 중심의 견지에서 보는 신자유주의적 세계화의 근본적인 일차적 성격이다.

하지만 국가로서의 미국을 고려해 보면 이러한 형태의 진화는 자본의 국지적 축적, 다시 말해 미국 영토 내의 생산에는 도움이 되질 않는다. 이러한 대외 투자가 조세 피난처를 통해 이루어진다면, 미국의 예산 징수는 잠식될 것이다. 탈영토화는 그와 같이 국가의 이해와는 반대되는 것이다. '낙수효과'의 형태로, 부분적이고 간접적으로만, 국가의 이익에 도움을 줄 수 있을 뿐이다.

그렇지만 지배계급을 대표하여 미국 정부는 국가의 경제적 힘을 염두에 두고 있다. 군사적 능력 및 더 일반적으로는 정치적(정보 및 외교라는 면에서) 능력에 관한 사항들도 잊어서는 안 된다. 그리고 모순이 발견되는 것도 바로 거기에서 그러하다. 우리는 조세 천국에 자신의 자금을 빼돌림으로써 조세를 회피하지만, 당연히 상당한 비용이 드는 정치적 헤게모니, 즉 특권적 지위의 집행자가 되어야만 하는 미국 자본가 개인이 처해 있는 모순적 상황을 목격할 수 있다.

우리는 이러한 상당히 당황스러운 형세의 일차적 측면 및 그것의 구체적인 미국적 성격에 대해 과소평가할 수 없다. 우리는 여기서 어떤 양적 측면들에 대해 묘사할 것이다.

우선 조세 천국 속에 있는 것을 무시한다고 하더라도 백만 달러 이상의 금융 자산을 보유하고 있는 미국 가계들에 전 세계 부의 40%가 집중되어 있다.[2] 하지만 이러한 계층의 미국 가계들은 여전히 국내 행위자들(미국의 금융·비금융 기업들)에 투자하기를 선호한다. 미국의 부유한 가계가 투자하는 것 중 80%가 미국의 국내 행위자들에게 돌아간다. 이는 위에서 다루었던 것들과는 모순되는 것처럼 보이는 일종의 애국주의이다. 이러한 반론에 대해 이러한 기업들이 대부분 초민족기업들, 즉 다른 나라에 투자를 하는 행위자들이라고 말할 수도 있다. 이 나라의 경우, 이러한 민족 부르주아——'민족주의자'라고 말할 수는 없어도——들이 제국주의적 지배관계로부터 수입을 뽑아낸다고 하더라도, 그러한 부르주아들의 민족주의적

---

2) 가계 자산을 관리하는 거대한 기관들 중 하나인 메릴린치-캡제미니(Merrill Lynch Capgemini)가 제공하는 *World Wealth Report*를 참고하라.

성격을 부정할 수는 없다.

두번째, (이전에는 관찰되지 않았던) 신자유주의의 특징인 미국 대외 무역적자의 증가는 다른 나라들로부터의 유입을 수반하고, 미국 경제의 자금조달에 기여하고 있다. (이렇게 유입된 것 중 1/4은 나라의 예산에 나머지는 기업에게 흘러 들어간다.) 미국이 가지고 있는 최고의 제국주의적 능력에도 불구하고, 미국 이외의 다른 나라들이 미국에 대해 보유하고 있는 증권(채권 및 주식)이, 미국이 다른 나라들에서 보유하고 있는 것의 두 배 정도가 되는 현상이 누적적으로 나타나게 되었다. 이는 이러한 탈영토화 과정 ——주요 모순을 설정하는—— 을 인상적으로 표현하고 있다. 미국이 이러한 자산을 보유하고 있는 외국인들에게 배당과 이자를 지불해야만 한다는 게 우선적인 결과이다. 미국 경제에는 매우 다행스럽게도, 미국이 외국 투자로부터 얻는 수익률보다 외국인들에게 지불해야 하는 것이 두 배 정도로 낮아 출혈을 막고 있다.[3]

이러한 관찰들을 종합해 보면 우리는 미국의 '제국주의적 모델'이 세계 전체로 일반화될 수는 없음을 이해할 수 있다. 이것이 기능하기 위해서는 대칭성 ——미국에 투자하는 자본가계급이 있는 나라들—— 이 필요하다. 전체 총량을 고려해 보면, 미국의 일차적 자금조달처는 유럽이다. 하지만 그 상대적 규모에 따라 라틴아메리카와 중동이 그런 역할을 맡고 있으며, 그 뒤에 아시아가 있다. 물론 중국은 미 재무부 증권을 다수 보유하고 있다.

제국주의적 세계 지배에 충분히 개방되어 있는 이러한 미국 '자본가

---

3) G. Duménil & D. Lévy, "Le néolibéralisme sous hégémonie états-unienne", F. Chesnais éd., *La finance mondialisée: Racines sociales et politiques, configurations, conséquences*, Paris: Découverte, 2004, pp.71~98.

의 애국주의'——표면상으로만 하나의 역설로 보이는——는 세계 자본가 계급에게 매력적 효과를 발휘하며, 미국으로 그들의 자본을 끌어들인다. 당연히 '조국'이 있다. 하지만 그것은 '자본의 조국'이다.

8장

민족국가에서 세계국가로

앞 장에서 우리는 제국주의적 관점에서 현대 세계에 대한 경제·사회적 분석을 제시하였다. 그러한 분석을 통해 우리는 신자유주의를 미국의 역량의 비호 아래 세계 질서를 자본가계급의 손에 넘겨주는 것으로서 정의하였다. 우리는 이러한 접근에 준거하면서, 6장에서 개진했던 분석을 적용하여, 제국주의를 자본주의의 구성적 특징으로 만드는 동시에, 잉태 중인 세계국가라는 또 다른 측면과 접합된 형세로서 이해해야 한다는 가설을 제시할 것이다.

자본주의적 세계는 독특한 지리적 앙상블(ensemble)로서 단숨에 출현하였다. 그 지리적 집합의 전반적 기능 양식은 그 **구성요소**들의 기능 양식과는 다르다. 역사적 초기 단계에서 '자본주의적 사회'의 논리는 그러한 경향을 갖는 공간들 내의 매우 작은 규모—여전히 전 자본주의적 세계의 기능 양식에 덧붙여져 있는—내에서만 자신의 논리를 드러내었다. 이러한 실체들은 오로지 점진적으로만 근대 민족국가의 규모를 나타내게 되었다. 하지만 이러한 자본주의적 현대성이 다소 표준화된 사회 **유형**으로만 귀착하지는 않는다. 그것은 영국과 네덜란드 또는 프랑스와 같은 다양한 구체적 단위들 속에서 실현된다. 그러한 자본주의적 현대성은 그 현대성의 논리와는 전혀 다른 논리를 따르는 자본주의적 '세계체계'라 부를 수 있는 어떤 體系로 출현한다. 이러한 점에서 그것은 구체적인 공간적 배치에 얽매어 있으며, 고유한 역사를 가지고 있다.

역사가 아직 끝난 것은 아니지만, 조만간 현대성을 그 궁극적 공간, 즉 전 지구적 공간에 기입하는 형성 중인 새로운 형세 속에서 세계-국가의 윤곽이 드러날 것이다. 바로 그것이 적어도 여기서 제시되고 있는 테제, 즉 민족국가의 최종적 운명으로서 세계-국가[1]라는 테제이다.

여전히 이러한 잠재적인 맥락 속에서, 그러한 집합 속에 있는 인류의 집합적 실존의 작용 방향들은 특정한 위계적인 경제-정치적 체제를 부과하는 세계체계적 제약——중심 또는 중심들을 형성하는 주요 열강들을 통해——들을 통해 훨씬 오랫동안 정의되었다. 하지만 세계-국가 및 세계체계라는 두 개념에 대한 설명을 통해, [우리는] 그것을 자본주의적 현대성과 장기적으로 연관시키며 현대 세계를 더 잘 이해할 수 있게 될 것이다.

1. 현대적 세계체계

왜 민족국가인가?

우선 자본주의가 어떤 이유로 민족국가를 취하게 됐는가에 대한 질문이

---

1) 세계-국가와 세계체계를 연관 짓는 이러한 이론은 *Théorie générale*, pp.233~306에서 처음으로 소묘되었고, *Explication et reconstruction du Capital*, pp.265~274에서 발전되었다. 주디스 버틀러와 가야트리 스피박의 책(*L'État global*, tran. F. Bouillot, Paris: Payot, 2007)의 출간으로 세계적 국가(État mondial)라는 이념은 필수 불가결한 것이 되었다. 광대한 이론적 작업대이다. 하지만 우리는 여기서 단순히 국가만이 아니라 구체적으로 그리고 역설적으로 민족국가 개념에 귀착하는 '세계-국가'가 문제라는 걸 주지시킬 것이다.

필수적일 것이다.

에티엔 발리바르는 다양한 작업을 통해서, 자본주의가 이전과는 다른 경로를 발견하였고, 최종적으로 종지부를 찍었던 건 역사를 통해서라고 주장한다.[2] 그는 특히 민족 부르주아들이 이미 존재하고 있었던 국가적 구조들 속에서 그들이 시장의 조직화와 노동력의 동원을 위해 필요한 제도들을 발견할 수 있었다고 설명하고 있다. 그 외에도 민족적 정체성 속에서 정의되는 시민을 주체로서 호명하는 장소인 민족국가는 부르주아들이 그들의 헤게모니를 발전시킬 수 있는 맥락을 구성하였다. 다른 것들(제국, 도시들의 네트워크)은 유지될 수 없었지만, 민족국가적 정치 형태는 도입될 수 있었다. 우리는 어느 정도 이러한 분석에 동의하지만, 결국 역사를 통해 해결되었다는 식의 결론을 내리지는 않을 것이다.

메타구조적 접근은 사실 자본주의적 사회관계의 두 가지 '측면'——경제적이고 정치적인——사이의 더 실질적인 관계를 제시한다. 그리고 이러한 이유로 인해 자본주의와 민족국가 사이의 필연적 관계가 수립된다. 현대적 사회형태가 수많은 상황들 속에서 확실히 뚜렷해진다. 하지만 그러한 형태가 확정하는 범위 내에서, 현대적 사회형태는 그것을 구성하는 다양한 요소들을 다소 갖춘——우리가 6장에서 이야기한——사회적 논리의 양식으로 나타난다. 전통적인 마르크스주의 분석은 시장 속에서 사회의 경제적 모태를 보는 경향이 있고, 시장을 지배하는 세력들이 (헤게모니와 강제라는 이중적 과업 속에서) 필요로 하는 조직적 상부구조를 국가에서 찾는 경향이 있다. 만일 우리가 메타/구조적 접근에 따라 조직을 현대 계급사

---

2) Étienne Balibar & Immanuel Wallerstein, *Race, nation, classe. Les identités ambiguës*, Paris: Découverte, 1988. 이 책은 여러 가지 점에서 선구적이다. 이 점에 대해서는 10장에서 다시 다룰 것이다.

회의 '제시된 전제조건'의 영역에 속하는 합리적 조정 양식으로서 동일한 사회적 존재론의 일차적 지위에 속한다는 점을 승인한다면, 우리는 이러한 모든 개념들 사이의 긴밀한 관계가 존재한다고 결론 내릴 수 있다. 이러한 관계만이 왜 역사가 민족국가라는 관점에서 해결되어 왔는지, 그리고 왜 이러한 형세 ──불가피하게 세계-국가의 차원 안으로의 돌아감으로써 종결되는──를 청산하기 어려운지에 대해 설명할 수 있다. 그리고 우리는 또한 무엇 때문에 이매뉴얼 월러스틴이 원하는 것처럼 글로벌 구조로부터 민족 단위를 사고하는 것이 불가능 ──하지만 그 반대는 가능──한지에 대해서 알 수 있다.

왜 자본주의는 민족국가들의 세계로 구성되어 있는가? 그 이유는 현대 사회를 구성하는 메타구조적 양극성 때문이다. 시장은 홀로 사회의 토대를 구성하기 위해 필요한 합리성이나 정당성을 획득할 수 없다. 그것은 조직화될 필요가 있으며, '시장 형태'는 결코 다른 것 ──'조직적 형태'──의 대안이 될 수 없다. 이러한 두 개의 극, 시장과 조직이 구조의 모든 수준에서 긴밀하게 공동-착종되어 있다. 그리고 이 두 극은 또 다른 측면, 즉 법-정치적인 측면으로 나타난다. 그것에 따라 시장과 조직은 서로서로 공동-내포된다. 계급관계적 요소로서 구조적인 대응관계에도 불구하고 그것들의 핵심은 그러한 관계들이 맺고 있는 비대칭적인 관계 속에서만 존재한다. 자유주의는 시장과 국가 없는 권리라는 이상(理想)을 끊임없이 꿈꾸지만, 시장 형태는 소유권(공모와 대립으로서의)과 관련된 권한을 규정하는 조직적 형태를 필요로 한다. 시장형태는 특히 최종적 권한의 심급을 요구하며, 그것 없이는 어떤 실제적 권리나 받아들여질 수 있는 정당성도 존재할 수 없다. 더 정확하게 자본주의적 생산양식은 **전제된** '법치국가' 형태 아래서 형식적 울타리를 확보하는 조직적 심급으로서 민족국가를 내포하고 있다. 메타구조적 형태로서 법치국가는 적대적 계급들의 대결의 장소로서 자본주의 국가 형태 내에서 '반대로 뒤집힌 채로'만 존재한다. 자본주의적 계급구조가 민족국가 형태 속에서만 존재할 수 있다는 건 바로 이러한 의미에서 그러하다. 그것이 우리가 이러한 설명 지점에서 말해야만 하는 것이다.

두번째 질문은 무엇 때문에 자본주의는 **다수적** 민족국가들의 형태를 취하는가에 대한 것이다. 이는 **첫번째 질문**으로부터 명확해진다. 자본주의적 사회형태는 공간적 배열(공간 재정립spatial fix)로서만 실제적으로 (matériellement) 존재한다. 자본주의적 구조——사냥꾼 집단이 활동하는 것과 유사하게——는 규정된 층위에 대해서만 적용되고, 도입된다. 이러한 층위——시간이 지남에 따라 차츰 커졌음에도 불구하고——는 생산력의 발전과 엄밀한 상관관계를 갖는 건 아니었다. 그것은 잠재적 '공간적 배열' 에 따라 매우 다양하게 나타난다. 그러한 경우에 따르면 강, 섬, 평야, 해안, 원료의 매장 지역이 시장 및 조직과 배열될 수 있는 공간, 즉 어느 정도 생산과 교환, 소통에 고유하고, 중앙적 권력이 어느 정도의 범위에서 현대적 형태로 지배하고 통제하는 경제적 실체에 장소를 부여할 수 있는 공간을 규정한다. 19세기와 20세기 국가에 대한 에릭 홉스봄의 분석을 보라.[3] 그리고 그것은 결코 단순하게 자연적인 문제가 아니라 항상 역사적으로 특유한 정세 속에서 '해석'에 부여된, 이전의 공간-문화적이며, 물론 정치적인 배치에 대한 문제이다. 초기 자본주의는 종종 그것이 개조하는 이전의 사회(도시 또는 왕국)를 통해 이미 성격이 규정된 공간 속에 포함되어 있다.

---

3) Eric Hobsbawm, *Nations and Nationalism since 1780: Programme, Myth, Reality*, Cambridge: Cambridge University Press, 1990[『1780년 이후의 민족과 민족주의』, 강명세 옮김, 창비. 1998].

민족국가에 대한 메타구조적 테제는 그 존재의 근거를 시장 및 조직, 그리고 이러한 형태들이 사회적 생산의 모든 측면을 포괄하면서 공동-착종되는 범위에서 수립되는 두 개의 극 사이의 결합에 두고 있다. 그러한 사회적 형태 전체에 대한 조직화——그러한 전제조건을 제기하고 그것으로 통합된 사회적 권력——는 우선 매우 가변적이지만 규정된 층위——상황에 알맞은 공간적 배치와 기술적 발전의 역할을 하는——에서는 가능하다. 따라서 자본주의는 제국처럼 유일한 권력 아래 결합된 광범위한 형태로 발전되지 않고 원형적-국가, 더 나아가 다수의 서로 다른 별개의 민족국가들속에서 전개된다. 그것은 체계적 복수성을 내포하고 있다.

왜 '체계'인가?

'체계'라는 개념은 최근에는 상호의존적인 요소들의 총합을 가리키는 것으로 사용되고 있다. 이는 현대 세계의 경우 확실하다. 하지만 만약 우리가 자본주의 세계를 서로 보완적인 요소들이 존재하고, 이러한 보완성이 전체의 항상성을 보증하는 기능성에 대한 관점과 관련시킨다면, 그것은 제국주의와 관련하여 작동하는 포식(predation) 및 지배를 바탕으로 한 의사-체계(pseudo-système)로만 묘사될 수 있을 것이다. 그럼에도 불구하고 우리는 월러스틴과 그 학파의 작업을 통해 대중화되었고, 마르크스주의 내에서도 꽤 일반적으로 쓰이고 있는 세계-체계[4]라는 표현을 받아들이고 있다.

---

4) 우리는 다음과 같은 책 두 권을 참조하고 있다. I. Wallerstein, *Le système du monde du siècle à nos jours*, Paris: Flammarion, 1980, 1984. 원래 출간된 책(*The Modern World-System* I, II, III, New York: Academic Press, 1974)은 세 권이다. [『근대세계체제』 1, 나종일 외 옮김, 까치, 2013; 유재건 외 옮김, 『근대세계체제』 2, 까치, 2013; 김인중 외 옮김, 『근대세계체제』, 3, 까치, 2013.] 같은 저자가 쓴 두 가지 개괄적인 저작을 읽어 보라. *Le capitalisme historique*, Paris: Découverte, 1979[『역사적 자본주의/자본주의 문명』, 나종일 옮김, 창비, 2014].;

자본주의적 '세계체계'는 사실 특수한 논리에 상응하는 독특한 역사적 형세를 구성한다. 그것은 세계적 경제보다는 브로델의 정식을 따라 '세계-경제'——지중해 연안과 같은 세계의 어떤 지역들에 있는 봉쇄된 교환이기 때문에——, 국가연합, 문명, 제국 내에서 존재했다. 그러나 전 지구를 둘러싼 또 다른 체계의 세계는 결코 없었고, 그것은 여기서 정의하려는 체계로서의 세계도 아니었다. 우리는 거기에서 민족국가 내의 사회적 구조를 가리키는 '구조적인 것'에 '체계적인 것'을 대립시킨다.

무엇이 '세계체계'의 본질인가? 이러한 의문은 왜 자본주의가 단일 권력 아래서 통일된 전체로서가 아니라 독립적인 개체들의 다수성으로서 나타났는지를 자문하게 한다.

우리가 본 것처럼 제시된 가정은 현대적 사회형태가 광대한 전 현대적인 세계 내부의 소단위들 안의 성과를 바탕으로 한 새로운 '사회적 논리'로서 역사적으로 출현하였다. 이는 자본주의 경제의 맹아적 형태와 상관관계가 있는 르네상스 이전의 인본주의적 전제, 즉 공화주의적 정부의 이러한 새로운 주장과 관련된 17세기, 18세기의 이탈리아 공동체 내에서 특히 발견할 수 있다. 물론 모든 것이 원형 자본주의(proto-capitaliste)의 상업 및 과두적 토지 소유집단의 손에 오랫동안 잔존하였다. 하지만 이러한 형태는 시간이 지남에 따라 처음에는 미미하였지만, 점점 증대된 형태로 주민이 참여해야 한다는 집단적 조직 형태를 내포하고 있는 사회·민주적 요구의 배경을 제공하게 되었다. 그러한 사회적 논리가 거대한 규모로 나타날

Comprendre le monde, Paris: Découverte, 2004. 또한 Samir Amin, *L'accumulation á l'échelle mondiale*, Paris: Anthropos, 1970[『세계적 규모의 자본축적』1, 2, 김대환 옮김, 한길사, 1986]을 보라. 오늘날 최근의 중요한 연구가 쟁점이 되고 있다. 우리의 분석은 다른 것들 중에서도 Giovanni Arrighi, *The Long Twentieth Century*, Verso, 1994[『장기 20세기』, 백승욱 옮김, 그린비, 2014]에 근거하고 있다.

수는 없었다. 그것은 현대적인 급진적 사회 주장의 형태를 띠는 시장 및 조직 사이의 공동-착종이 기술적으로 전개될 수 있는 층위에서만 명확히 드러났다. 도시의 하층민들의 요구가 반복적인 반역으로 표현되었다.

역사의 경로에는 왕도가 없다. 그러한 과정은 전진과 후퇴의 연속이다. 그러나 현대성의 첫번째 특징들을 그려 내는 건 바로 동일한 정신에서 고무된 원형 국가들의 복수의 앙상블 안에서 그러하다.

구조와 체계의 접합

그렇기는 하지만 앙상블로서의 세계體系는 어떻게 보면 **구조**, 즉 민족국가 내의 계급**구조**의 이면(envers)을 보여 준다. 체계는 완전히 다른 형세를 나타낸다. 홉스(Hobbes)와 같은 현대 정치철학의 창시자들은 민족국가의 특성 ──이 공간 위에서 시민권과 더불어 국가의 권한이 실행되며, 그러한 범위 내에서 이러한 세계체계는 시민적 안정이 유지된다──은 전쟁 상태에 있는, 다시 말해 공동의 의지에 대한 실효적 권력을 위임할 수 있는 권력이 부재한 세계적인 **앙상블** 속에 기입된다는 점을 강조하였다. 우리는 시장적 교환의 흐름이 국가들 사이에서 순환한다고 말할 수 있다. 그러나 모든 나라들 사이의 **시장관계**는 모든 나라들에 대한 통제를 부과할 수도 있는 공통적인 **조직**을 통해 통솔되지 않는다. 물론 국제적인 조직이 있지만, 두 개의 극 사이의 관계에 대한 무엇인가가 결핍되어 있다. 그것은 계급구조와 현대적인 민족국가의 구성적인 공동-내포 및 공동-착종의 세계이다.

세계체계의 구성적 사회관계는 계급관계가 아니다. 하지만 체계적 관계를 통해 말하자면 계급구조, 다시 말해 구조적 관계가 재번역되고(retraduit), 급진화되며, 극적으로 묘사되고(dramatisé) 있다. 그것은 전통적으로 중심/주변, 최근에는 남반구/북반구로 지칭되는 축을 따라서 민족국가들이라는 요소들 사이의 위계적이고 비대칭적인 질서를 따라 불균등한 관계를 통해 수립된다. 이러한 비대칭성은 사실 '구조적 관계'——계급구조 특유의 생산관계에 대한——의 점진적 약화라는 결과 속에서 발현된다. 중심부에서는 '장기적 투쟁'이라는 면에서 임노동이 나타나고 있는 반면, 주변부에서는 노예노동 및 노예제가 부과된다. 그리고 그것을 전근대적인 제도로 이해해서는 안 된다. 그것은 반대로 아직 저항할 수조차 없는 노동력을 착취할 수 있는 상황이 주어졌다고 생각될 때, 자본주의가 부과하는 사회적 관계이다.

인종주의가 이러한 체계적 비대칭의 특권적인 이데올로기적 표지로서 나타나게 된다. 그것은 종교와 같이 그 이전에도 존재했다. 주변부의 이단에 대해 중심부의 기독교를 신성화하고, 주변의 삶은 서구의 무력 앞에서 귀중한 가치를 잃었다. 그리고 인종주의에 대한 공식적인 폐기 외에 갑자기 나타난 문화적 또는 문명적인 차이에 관한 또 다른 표지들이 있다. 그러나 민족국가 내에서 보편적으로 뿌리 깊게 내리박힌 채 남아 있었던 인종주의는 **체계적** 낙인의 특권적 집행자의 자격을 부여받고 있다. 그것은 단지 신체적인 용모 및 지속적이며 본질주의적인 특성을 지칭——그러한 것들이 제멋대로 정의됨에도 불구하고——하기 때문만이 아니라, 거기에 접합되는 사회적인 성별 관계 및 갱신 가능한 모든 사회적 지배형태와 관계된다(우리는 10장에서 재검토할 것이다). 그것은 그러한 식으로 체계적 관계(말하자면 **인종**)와 사회적 **성별** 관계를 계급관계의 최악의 것에 내접시키는 탁월한 역량을 나타낸다. 바로 이것이 현대 '포스트식민주의' 이론의 중심 테마이다.[5]

자본주의 세계체계의 역사

마르크스는 역사의 새로운 흐름을 촉진하는 임노동자계급의 등장이라든지, 대기업과 거대관리가 출현하는 집중화 과정을 묘사하면서, 자본주의에 고유한 발전 형태를 고찰할 수 있는 역사적 문제설정의 기초를 세웠다. 그러나 구조적 관계, 계급구조와 기술적 과정 사이의 일반적 착종에서 출발하는 이러한 역사 접근은 더 실제적이고 보완적인 또 다른 전개 과정인 체계적 전개 과정을 면할 수는 없었다. 그러한 과정은 공간적 배치를 전체적으로 고려한다. 이러한 의미에서 각 민족의 특수한 역사는 정세적 상황의 또 다른 요소 그리고 민족들 사이의 충돌(interférence)의 역사와 분리시킬 수가 없다. 그리고 이러한 현대 민족국가들과 또 다른 영토들 사이의 역사-지리적 충돌이 바로 세계체계의 역사이다.

바로 그러한 체계적 역사의 실존이 세계체계학파의 연구 속에서 입증되었다. 이러한 연구는 세계체계에 대한 고찰에 근거한 **시기 구분**의 적합성을 보여 주고 있다. 세계체계의 중심부는 제노바로 집중화된 스페인 및 북

---

5) 우리는 포스트식민주의라는 기치 아래서 이루어지고 있는 다양한 지향과 본질을 갖는 연구들을 접할 수 있었다. 그러한 주장들은 서구가 일방적으로 정해 놓은 보편적 역사 속에서 부당하게 이득을 얻고 있다는 주장을 하고 있다. 이들은 이성의 비호 아래 시민권, 톨레랑스, 자유, 평등의 메시지를 담지하고 있는 보편적 '이성'이 출발한 장소로서 고려되는, 유럽적 유형의 민족국가들의 출현 위에서 인간 역사가 정점에 이르렀다는 주장에 대해 문제 삼고 있는 것이다. 우리는 여기서 확실히 서구적 형이상학의 요람인, 그러나 그 정반대의 현실과 연결되어 있는 이러한 상상적 형세가 기반하고 있는 현대성의 도식을 구성하려고 노력하였다. 우리는 계급관계에 대한 이념의 전도를 나타내는 고전 마르크스주의적 비판을 답습하는 데 그치지 않는다. 우리는 이러한 비판을 이중화하는데, 만일 '탈식민화'라는 용어로 현대 사회형태와 공존하고 있는 '식민적' 지배관계가 충분히 설명될 수 없다면, '포스트식민주의'라는 말을 쓸 수 있을 것이라고 본다. 사회적 현대성으로서 현대적 형세를 형성하는 단위인 (계급적) '구조'/(세계적) '체계'의 절합이라는 건 완전히 이런 의미이다. 그러한 체계적 관계를 '제국주의'라고 규정하면서, 동시에 우리는 그러한 관계가 표현되고 있는 문화적 차이주의(différentialisme)와의 대조를 통해 자본주의에 대한 비판 내에 있는 포스트식민주의적 비판을 수용할 것이다.

부 이탈리아 권력으로부터 그후 네덜란드 암스테르담, 영국의 런던, 최종적으로 미국으로 차례차례 재현된다. 어떤 기간으로부터 다른 기간으로, 우리는 동일한 비대칭적 배치가 최종적으로 전 지구의 모든 부분을 둘러쌀 때까지 항상 더 큰 공간으로 전개되는 것을 목격한다. 만약 그러한 시기 구분을 정교화할 수 있다면, 그것은 매번 확대된 규모로 반복되는 규칙성의 순환을 확인하는 것이다.[6]

체계적 비대칭성에 의한 민족국가의 변질

여기서 중요한 것은 다른 층위에 속하는 현상들 사이의 **구별**만은 아니다. 그것은 민족국가들에 속해 있는 **구조적** 메커니즘과 세계체계의 **체계적** 메커니즘 사이를 말하는 것이다. 무엇보다도 이 두 층위 사이의 **해석**이 중요하다.

그리고 우선 구조에 대한 체계의 **영향**을 말해야 한다. 우리는 주변부의 구조적 관계(계급관계)가 지배자들이 과도한 역량을 가지고 있기 때문에 (데이비드 흄이 이미 언급한 것처럼 '정의의 상태'état de justice를 성립하지 못하게 하면서) 완전히 변질된다는 점을 보았다. 백인들이 가지고 있었던 시장 및 조직적 기초는 자본주의적 배경을 가지고 있었으나 열악했으며, 그들은 탁월한 무기를 앞세워 도착하였다. 그들의 사적 전체주의는 그들이 도착한 지역에서 활용할 수 있는 구래의 방식을 도구화하는 공적 전제정으로 전환되었다. 그리고 이러한 모델은 [세계]체계 중심의 지배가 잔존하는 한 재생산되는 경향이 있다.

이러한 두 가지 차원의 해석만이 관련되어 있는 것은 아니며, 그러한

---

6) 특히 위에서 언급한 월러스틴과 아리기의 저작을 보라.

것들은 '현대성' 안에서 바로 그렇게 **본질적** 단위를 구성한다. 현대성은 그저 자유주의 —인권, 일반의지, 시민, 톨레랑스, 법치국가—를 굴절시키는 메타구조적 현실이 아니다. 단지 고전 마르크스주의가 계급관계나 자본주의적 착취를 제기하면서 폭로하는 것도 더 이상 아니다. 이러한 것들은 본질적으로 제3세계 및 포스트식민주의 담론(노예제, 정복, 일반적 전쟁, 여성에 대한 점유, 약탈, 인종청소)으로 독해될 수 있는 것들이다. 그러한 모든 것들이 본질적 단위를 구성한다고 말하자. 현대적 국가는 역사적 장 위에서 민족국가 **계급구조**의 **상부구조적** 특성만으로 고려되는 것이 아니라 세계체계 안에 있는 **행위자적** 지위에서부터 출발하여 파악해야 하는 것이다. 이러한 **외부적** 관계는 또한 **내면적** 본질이기도 하다. 따라서 우리는 세계체계를 명확히 도입함에 따라 마르크스주의적 비판을 통과하면서, 정치적 형이상학의 모든 범주를 재고찰하게 된다. 자본주의적 현대성은 단지 평등하다고 간주되는 시민과 착취되고 지배되는 사적 인간 사이의 수수께끼만이 아니라 시민권 그 자체의 집합적 **변질**, 즉 시민과 노예제를 통해 분리되고, 격리되거나 아파르트헤이트화된 비시민들 사이의 대립이기도 하다. 오늘날 그것은 제국주의에 대해 의사 민족들(quasi-nations) 내에서 유폐되고, 예속된 주변부 다수 대중의 의사 시민권의 문제이며, 불법이민자(migrants sans-papiers)들의 정치적 배제 속에 반영되어 있다.

이러한 특징들은 그 자체로 정상적인 현대성의 '병리학'이라 여길 수는 없다. 다시 말하면 병든 계급구조라 여길 수 없다. 그것들은 구조적 행위일 뿐만 아니라 동시에 체계적인 것으로 현대성을 **정의**한다. 현대 민족국가는 내적인 **구조**를 통해 규정되는 **계급국가**인 것만이 아니다. 게다가 그러한 구조는 세계체계를 통해 동시에 왜곡된다. 그러한 내면적 형세, 즉 그것의 '본질'은 구조적이며 **체계적**이다.

2. 잉태 중인 세계-국가

역사적 결말을 향한 경향

여기서 제시된 가설은 자본주의 세계체계의 역사가 역사적 결말로 가는 경향이 있다는 것이다. 그 점에서 완전히 '목적론'이다. 그것은 인간 행위를 결정할(fixer) 수 있는 종말의 의미로서의 **텔로스**(telos) 또는 우리가 상위 또는 공통의 이성과 연관시킬 수 있는 목적, 역사의 간지(ruse)나 보이지 않는 손과 관계된 것은 아니다. 그러기는커녕 개별적이거나 집합적인 결정에서 유래하는 것이 아닌, 인류 전체의 상호작용 조건을 점진적으로 전복시키며, 인류의 프로젝트에 대한 새로운 맥락을 구성하는 **식별 가능한 경향**과 관련되어 있다.

이러한 경향은 현대 국가를 통해 통솔되고 현대적 계급관계에 기초한 '사회의 기본적 구조'(자본주의 세계체계의 요소)가 끊임없이 중세의 도시국가로부터 민족국가를 통하여 오늘날 유럽과 같은 다소 국가적으로 통합된 대륙에 이르기까지 더 광범위한 층에서 실현된다는 사실 속에서 관찰된다. 이러한 불규칙적이지만 비가역적인 운동은 항상 더 넓은 공간 위에서 일어나는 기술들의 다형적인(multiforme) 전개 과정 ──현대적인 민족국가 형태 내에서 효과적인 조정을 가능하게 하는──과 밀접히 연관되어 있다. 자본주의적 대기업들은 자신들의 이윤축적이 전 지구적 층위에서 더 유리하다는 걸 인식하는 단계에 이르렀다. 그리고 우리는 여기서 이러한 분석이 고유하게 전 지구적 규모의 새로운 '공간적 배치'를 소묘하는 계기에서 제국주의에 대한 설명과 얼마나 수렴하는지를 보게 된다. 반면 장차 세계-국가의 유령이 윤곽을 드러내는 것도 자본주의적 조건 내에서이기 때문이다. 그러한 세계-국가는 전 지구적인 영토를 가지며, 인류를 주민으로 하고, 자본의 법칙에 따르는 것이다.

여기서 '영토'는 국가가 통제하는 공간을 의미한다. 현대의 영토는 적어도 시민들이 스스로 만들고 부과한 법을 통해 그것이 활용될 수 있는 조건들을 규정할 수 있다는 의미에서 시민 전체에 의한 어떤 '영유'의 대상을 말한다고 가정되어 있다. 이 영토가 지구 전체라는 사실로 인해 '영토'의 특징이 초월될 수 없다. 부분적으로만 영토가 될 수 있다는 이념은 특히 카를 슈미트의 접근을 통해 묘사된 과거 역사에 대한 더 논쟁적인 해석에서 출발하여 인류의 본질을 정의하는 원칙의 반복이다.[7] '총괄적 영토'의 출현은 반대로 그러한 점에서 현대적 영토 개념의 운명을 나타낸다. 이 시대는 모든 부분적인 영토와 모든 영토 분할이 쇠퇴하기 시작하는 시기이다. 이러한 전래된 영역/엔클로저(enclos)들은 자체로 보유하고 있던 절대적 영향력을 상실한다. 필연적으로 좋든 나쁘든 세계 공동의 법이 존재한다. 또 다른 한편에서 유용한 '탈영토화'와 '재영토화'라는 주제는 영토와 관련된 지리적 개념만으로는 충분히 이해될 수 없다. 우리는 모든 나라들이 점진적으로 서명하고 있는 어떤 협정의 비가역성 때문에 WTO 및 분쟁해결기구(ORD), 서비스 교역에 관한 일반협정(이하 AGCS) 등과 함께 그러한 것들을 보는 데서 출발한다. 제도의 이름은 변화할 것이다. 유사한 다른 장치가 그것을 대체할 것이다. 여기서는 좋든 싫든 간에 거기에 집결함에 따라 보편적으로 구성되는 사실상 일반의지에서 유래하는 규범(lois)이 문제이다. 그러한 규범들은 민족들이 가지고 있는 고유한 합법성보다 우세한 형태로서 그 민족들보다 상위에서 행사된다는 의미에서 단지 '민

---

7) Carl Schmitt, *Der Begriff des Politischen*, Berlin, 1928(*La notion de politique*, Paris: Flammarion, 1992, p.95 et s)[『정치적인 것의 개념』, 김효전·정태호 옮김, 살림, 2012].

족이상적'(supra-nationales)인 것도 아니며, 그렇다고 더 이상 '초민족적' (transnationales)인 것도 아니다. 사실 만일 민족들 사이의 협정에 의해 그러한 규범들이 수립된다면, 그것은 하나의 법적 구속력을 갖게 될 것이며, 그로부터 나오는 힘은 심지어는 민족들이 가지고 있던 특권의 포기를 통해 역사적으로 구성되는 권력(및 따라서 바로 그러한 권력의 주위에서 벌어지는 투쟁)의 통일성으로부터 유래할 것이다. 이를 통해 바로 '세계'로 지칭될 수 있는 실낱 같은 형태의 새로운 질서가 구성된다. 이는 '세계적' **영토**이자 **규범**이다. 여기에 바로 세번째 용어, 인민(peuple)이 가장 결핍되어 있다는 점은 사실이다. 우리는 여기에 이르게 될 것이다.

이는 어떤 기획이나 유토피아, 우리가 포기할 수도 있는 규제적 이념 (idée régulatrice)과는 관련이 없지만 실질적인 경향과 관련이 있다. 우리는 그러한 경향과 관련된 모든 척도를 확보하려고 애쓴다. 이러한 세계-국가는 여전히 상당히 막연한 미래 속에서 윤곽이 그려진다. 그러나 그러한 전제는 이미 유효하며, 개별적이고 집단적이며, 일상적인 우리의 실존 속에서 그 존재를 나타내고 있다. 특히 인류의 미래에 대한 불확실성과 생태적 재난에 맞서 함께 무엇을 할 것인지와 관련하여 우리를 호명하는 질문을 통해서 말이다. 우리는 민족국가 내부의 계급구조에 전제된 메타구조를 '호명'으로 해독하였다. 그렇기는 하지만 세계-국가의 속성은 최종적 층위에서, 그리고 탁월한 힘으로 이러한 메타구조적 호명을 재생산한다. 그러나 여기서는 동시에, 우리가 말했던 세계체계를 지배하는 헤게모니적이고 제국주의적인 열강을 통해 이미 특징화되어 있는 것 이상의, 전 지구적인 맥락에서 이루어질 궁극적인 현대적 계급구조화를 재고찰하는 것이 문제가 될 것이다. 따라서 우리는 세계-국가와 세계 사이의 모호한 교착을 고려할 필요가 있다.

역사적 과정

만약 우리가 역사적 추이를 고려한다면 2차세계대전의 대량학살 막바지와 핵무장으로 인한 위기 이전의 [1차세계대전 이후 베르사유 조약을 통해 탄생한] 국제연맹(Société des Nations)의 우유부단했던 관점이 UN이라는 '기구'(이러한 용어를 주의하라)의 헌법적 형태로 구체화된 1945년을 주목할 것이다. 국제연합의 헌장은 공식적으로 세계체계의 '자연상태'인 전쟁을 추방하였다. 그것은 공동의 상호-호명이다. "우리, 이 땅[세계]의 인민(……)"이라는 선언은 문자 그대로 세계적 합법성에 대한 긍정이다. 어떤 국가도 지금부터 공통의 제도에서 탈퇴할 수 없기 때문이다. 가장 큰 권력자가 권위를 약화시키기 위해 온갖 일을 함에도 불구하고, 세계적 국가권력은 극히 그리고 오랫동안 취약했다는 것은 진실이다. 그것은 원래의 목적과는 반대로 세계체계 중심부 열강을 위해 봉사하였다. 하지만 그것이 무엇을 형성하였던 간에 법적으로서 보편적으로 승인된 것이었다.

민족국가의 '조직가' 및 또 다른 '계획가'의 극이 가지고 있던 우세한 영향력 아래서 국내적 건설이 중심을 이루던 1930년대와 1940년대 이후로 지배적이었던 질서가 급변하게 되는 1970년대의 위기를 볼 필요가 있다. 어떤 주어진 정세와 기술적 변이는 금융이 복수를 감행할 수 있도록 해주었다. 자본의 국제적 유통의 자유화[해방], 임노동자에 대한 사회보장의 쇠퇴, 기업 및 은행 등의 민영화가 발생하였다. 오늘날 '신자유주의적 세계화'라 지칭되는 과정이 개시되었다.

하지만 이 범주는 우리가 자본주의적 특성에서 출발하여 이후에 존재했고, 전 지구에 대한 완전한 점유를 통해 궁극적으로 실현된 체계적 세계성(mondialité)과 관련짓지 못한다면 여전히 혼란스러운 것으로 남을 것이다. 우리가 1970년대 말 출현한, 진정으로 새로운 것에 대해서 파악할 수 있는 것도 사실상 거기서부터 가능하다. 가장 소외된 형태로 어떤 새로운 질서를 확인할 수 있는 것도 바로 이때부터이다. 그것은 '세계체계'라는 의미에서 국제적이고, '세계적 국가성'이라는 의미에서 '세계적'이었다. '체계'의 유효성은 이론의 여지가 없다. 우리는 반대로 그 위계적 질서가 강화되는 걸 목격하고 있다. 나토(NATO), 즉 미국의 전형적인 '체계적'이면서 일방적이고, 비대칭적인 군사적 세계지배에 대해 생각해 보자. 그러나 국가들의 기능은 수정되었다. 각 민족국가는 공통의 법칙, 즉 신자유주의 법칙의 조작과 활용, 그 적용에 최선을 다하면서, 이러한 상황에서 이익을 얻으려고 하였다. 신자유주의는 그것을 짓누르고 있는 민족적 계획 및 맥락이라는 제약으로부터 해방된 자유주의로서 자신을 선언하였다. 자유주의가 세계적 층위에서 실현되었다. 그것은 초근대성(ultimodernité) 내에 있는 초자유주의(ultilibéralisme)이다. 신자유주의는 잉태 중인 세계-국가 시대의 자유주의이다. [그렇다고] 미래가 전적으로 그들의 것이라는 의미는 아니다.

세계적 층위의 계급구조화로서 세계-국가

세계적 층위에서 '계급분석'을 이전 장에서 우리가 보았던 것처럼, 그 목표가 금융 메커니즘을 통제하거나 자본을 소유하는 사회적 집단들이 특히 민족국가 안에서 뿌리를 내리는 민족적 소속의 문제설정으로부터 자신들의 초민족적 실존을 표명하기 시작했다는 점을 부각시키는 사회적 본질에 대한 연구로서만 이해될 필요는 없다. 물론 '계급관계'는 (산업자본주의를 야기한 '노동자계급'과 같은) 사회집단을 출현하게 하는 원인이 되고, 게다가 변동한다. 그러나 그것은 자본주의의 조직적이고 시장적인 메커니즘을 통해 재생산되는 사회 내부의 분할, 대립의 원리로서 해석해야만 한다. 그렇기는 하지만 이러한 메커니즘이 이제부터 세계적 차원으로 격상된 제도적 질서를 통해 활성화되고 규제된다. 이러한 명확한 의미에서 세계-국가는 계급구조화의 궁극적 틀이다.

우리는 어떤 특징들을 환기시키는 데 그칠 것이다.

세계-국가의 세계적 층위에서 계급 제도의 본질, 즉 세계적 계급권력의 실행은 단지 합리적이고 본질적인 성격의 표명 아래 감추어져 있을 뿐이다. 사적 성격에도 불구하고 국가 장치의 제도, 이 경우에는 자본주의적 세계-국가의 도구로서 이해되는 「상인법」(Lex Mercatoria)[8] ——이러한 자본주의적인 상업적 관계가 다양한 부문과 다양한 특정 상황에 따라 부여할 필요가 있는 조항(clause)들의 공통적 교리, 그것은 참여자들 사이의 분쟁을 규제할 수 있는 민간 제도를 통해 작동된다——이 존재해야만 한다.

IMF와 같은 '국제적'이라 말하는 거대 제도는 자본주의적 영유가 주도권을 갖는 자유로운 운동(libre jeu)의 개방된 공간 속에서, '세계적으로' 실현되는 프로그램 ——주변부 국가의 민족국가적 틀을 약화시키는——을 작동시킨다. 그리고 이러한 '자유로운 운동'은 계급권력, 정확하게는 세계적 계급권력의 실행으로서만 현실적으로 전개된다. WTO와 AGCS를 통해 민족 공동체들은 그들의 조직적 실존의 조직적 수단에 대한 모든 영향력을 점진적으로 박탈당하는 경험을 하게 된다. 국가가 없어지는 것은 아니지만, 보건, 교통, 통신, 교육에 대한 공적 기관을 생성할 수 있는 공동체, 즉 주도권을 가진 주체로 인정되는 인민들은 사라진다.

오늘날 우리가 유럽적 수준에서 목격하고 있는 그러한 구조들(cons

---

8) 중세 유럽의 비공식적 법 체계로 영미권의 관습법(common law)과 유사하다. 상인들 사이의 거래를 규제하는 것으로 오늘날 국제적 관습법 체계의 역사적 원천이다. 분쟁 중재, 중재자 등 최근 무역협정에 자주 등장하는 개념들을 포함하고 있다.—옮긴이

titution) 속에 신자유주의를 기입하려는 의도는 바로 그러한 점에서 '계급적 세계주의'(mondialisme de classe)를 나타낸다. 그것은 세계적 층위에서 계급적 대립의 사회적 재생산이 이루어지는 원리이다. 맹목적인 이윤 논리를 항상 더 파국적인 층위에서 재생산하고 '자유화하는' 것과 관련된 대립이다.

따라서 바로 자본주의적 민족국가로서 구조화되는 계급국가와 관련이 있다. WTO를 통해 부과되는 규범, IMF와 세계은행의 대책, 앵글로색슨적 법 등은 이전 장에서 이야기한 '체계적' 모순들에도 불구하고 자본의 비즈니스를 보편적으로 조화시키고 통일하는 데 기여하는 자본주의적 관계를 촉진하고 지배하도록 해준다. 그리고 그것은 동시에 남반구와 북반구에서, 그리고 남반구와 북반구 사이에서 대립하고 있는, 함께 모여들고, 분할되며, 짓밟힌 인민과 계급들의 문제이다. 인민의 투쟁은 계급투쟁이며, 그 반대도 마찬가지이다. 하지만 우리는 대안마르크스주의적 정치를 다루고 있는 10장에서 '인민'과 '계급' 사이의 아주 불확실한(problématique) 수렴에 대해서 계속해서 고찰하고 있다. 그러한 수렴은 자본주의와는 또 다른 합법성을 앞세워야 한다.

상관관계와 모순

국제적인 합법성의 세계적 합법성으로 이행, 다시 말해 어떤 나라도 탈퇴할 수 없고 대가를 치르지 않는 한 위반할 수 없는 그러한 합법성으로의 섬진적 이행 속에서, '체계의 중심'이 잉태 중인 세계-국가의 중심으로 자연스럽게 등장하는 건 아닐 것이다. 그러한 중심이 세계를 자신들의 제국으로 만들 수 없다. 비록 지도적 중심이라고 할지라도, 자신을 초월하는 세계국가적 정당성의 영역에 속하는, 정당화 과정 바깥에서는 존재할 수가 없다. 현대 세계는 세계-체계적인 중심이 세계-국가적인 중심의 지위를 차지할 수 없는 정치적 앙상블이기 때문에 '제국'으로 구성될 수가 없다.

　　아마 장기적으로 다중심주의가 장기적으로 도래하지 않는 이상, 공통적 합법성을 통해 그들의 고유한 합법성(예를 들어 영미식 법체계)을 지지할 가능성이 있다. 특히 그러한 중심은 세계-국가적인 기관을 조종할 수 있는 경제·군사·문화적인 수단을 가지고 있다. 1945년 UN 창설 이후, '강대국'들이 보유한 거부권과 더불어 안전보장이사회는 UN 총회보다 어김없이 우위에 있었다. UN의 '결의'와 그 결의의 적용은 자신들의 입맛대로 해석하는 강대국들의 임의적인 동맹에 의해 좌지우지되었다.

　　동시에 일련의 특별 기관과 더불어 UN은 잠재적 저항의 장소로 나타나게 된다. 설사 그곳에서 더 과점적인 권력이 실행된다고 할지라도, 역사적 전개 과정 속에서 민족국가에서 그랬던 것과 마찬가지이다. 그것은 그러한 기관이 반역적 역량을 인정받는 것은 아니겠지만, 더 소외된 현대적 형태 안에서 그러한 기관들은 아래로부터 잉태 중인 국가성의 주요 요소인 글로벌-민중의 주장과 저항의 영향을 강하게 받는다.

주체성의 형태로서 세계-국가

민족국가의 역사적 출현을 사실상 사적 및 공적 제도들의 복합성으로만 이해하면 안 된다. 그것은 또한 즉각적으로 새로운 형태의 주체성이자 상호주체성이다. 만약 [민족국가가] 자본주의의 비약적 발전과 분리할 수 없다면, 그것은 자본주의가 베버를 통해 허약한 상만이 제공된 '자본주의 정신'과 분리할 수 없다는 의미이다. 오히려 그러한 자본주의 정신은 『자본』의 첫 페이지들 안에서 연구될 필요가 있다. 마르크스는 자본주의 아래에 있는 상품관계의 보편화가 '평등이라는 선입견'의 보편화와 평행한다는 점을 강조하고 있다. 즉 평등에 대한 주장이다. 물론 이는 '위로부터는' 이미 실현된 것으로 간주하지만, '아래에서는' 그것을 계급투쟁의 목표로 지칭하는 것이기 때문에 다의적(amphibologique)[9] 주장이다. 그러한 '메타구조적 갈등' 아래서 공통의 주장이 모순적으로 제기된다. 따라서 항상 자본주의 정신 안에서 공산주의의 유령이 관통하고 있다. '근본계급들'이 역사적 행위자로서 뚜렷이 드러난다는 건 바로 이런 의미이다. 그리고 이러한 주장은 개인들 모두를 위해서 그들이 열망하는 삶의 형태를 위한 어떤 구체적 조건들과 실질적인 권리가 모두에게 승인되는 '사회국가'의 사회성 내에서 다소 효과적으로 실현된다.

바로 그것이 20세기의 민중적 획득물과 사회국가를 파괴하고 있는 신자유주의적 혼란기 속에서 위협받고 있는 것이다. 그러나 동일한 '현대적' 주장은 이제부터 자본주의적 층위인 세계적 층위에서 반복될 것이다. 민족국가 그 이상인, 민족국가의 궁극적 화신인 세계-국가를 단순히 '국제기구들'의 공식적 심급들 전체로서 이해해서는 안 된다. 그것은 어떤 주체성이자 상호주체성의 존재 양태와 일체가 된다. 그것은 고유한 의미에서 개인들 안의 완전한 제도로서, 그리고 개인들 사이의 관계로서 존재한다. 그를 통해 최종적으로 개인들에 대한 권력이 실행된다(그러한 프로그램은 '인권'을 바탕으로 한다). 그러나 현대적 제도로서 그것은 모두를 대표하여 선언된 자유, 평등, 합리성으로서 실행된다. 그것은 역시 메타구조적 준거와 관련이 있다.

---

9) 자유-평등이라는 메타구조적 요구(주장)가 갖고 있는 다의성과 계급투쟁의 연관 및 근본계급의 유토피아로서의 공산주의에 대해서는 졸고, 「공산주의는 어디에?: 자크 비데의 *Court traité des idéologies*(2008)에 대한 연구노트」, 『진보평론』, 53호, 2012, pp.237~253를 참고하라.―옮긴이

메타구조는 진정으로 그 반대의 것으로 전도되어 있는 조건 안에서만 제기될 따름이다. 메타/구조적인 규칙 ——그 반대의 것으로 전도됨으로써만 합리합당한 메타구조적 준거 위에서 수립되는 자본주의적 구조가 원용하기를 결코 중지할 수 없는——은 세계 층위에서 그 진정한 차원을 발견한다. 이러한 의미에서 세계-국가가 윤곽을 드러내는 순간부터 메타구조적 주장은 국가들 사이의 체계적 관계까지 영향을 미친다. 그리고 그것은 모든 전쟁의 중지를 의미하고, UN의 탄생을 설정하였다. 그러나 세계적 층위의 주장인 메타구조적인 질서는 세계체계와 긴밀하게 상관관계를 맺고 있는 민족국가보다 그만큼 더 허약하다. 따라서 세계-인민들이 자신들의 목소리를 진정으로 낸다는 것을 상상하기는 어렵다. 개인들은 오늘날 미래와 현재에 대한 더 결정적인 질문——생태, 근본적 인권, 집단적 안전, 자연에 대한 과학적 탐구——에 대해 모든 인간들이 동등한 책임을 지고 있다는 점을 공적으로 부정할 수는 없는 상황이다. 그리고 그것은 모든 경계들 저편에 있다. 사적이거나 민족적인 소유와 영유에 대한 모든 주장은 유산을 대상으로 하는 것이다. 그러한 유산은 어떤 방식으로라도 광범위하게 공통적인 것으로서 주어진다.

여전히 현실적이라기보다는 훨씬 더 가상적이며, 오랫동안 여전히 제국주의적 세계체계의 노획품이었던 세계-국가를 유토피아나 규제적 이념으로 이해해서는 안 된다. 그것은 인류 역사의 식별할 수 있는 경향 속에 기입되어 있다. [그러한 경향에도 불구하고] 인류는 뒷걸음질쳐서 민족국가적인 정치공동체로 식별되기에 이르렀다. 이러한 궁극적인 결말로 인해 우리가 여전히 정의해야 할 필요가 있는 계급투쟁이자 동시에 인민의 투쟁과 같은 투쟁의 현실적 조건을 작동시키려는 기획 ——그러나 훨씬 신중하게 ——이 정의되는 것은 아니다.

5부 |

세계를 변화시키자!

＊　＊　＊

우리는 마르크스로부터 이어받은 개념적 체계를 두 개의 지주 위에 재구성할 것을 제안하는 '네오마르크스주의'를 이 책 3부에서 제시하였다. 만약 '자본주의적 생산양식'과 더 일반적인 현대적 사회형태의 맥락을 구성하는 논리를 이해하려고 한다면 조직이라는 요소를 시장과 마찬가지로 고려해야 할 필요가 있다는 것이다. 그것은 더 현실적인 계급구조에 대한 이해로부터 기인한다. 즉 자본주의적 소유자와 관리직 및 전문가라는 지배계급의 양극성과 근본계급의 단일성 ——조직적이고 시장적 관계에 관한 계급관계의 다양성에 따라 분열되어 있기는 하지만——을 말한다.

4부에서 소묘된 '대안마르크스주의'는 더 이상 민족국가의 틀 속에서 실현되어 온 계급구조를 보는 것이 아니라 '총체성'으로서 세계를 고려하는 것이었다. 총체성으로 세계를 고려한다는 것은 우선 세계체계라는 형태를 부여한다는 것이다. 그것은 오늘날 더 일상적인 표현인 '북반구/남반구'라는 표현과 공명하며 제국주의의 근본적인 성격을 분석해 온 비대칭적인 중심/주변관계를 따르는 것이라 할 수 있다. 다른 한편으로 우리는 오늘날 민족국가 형태의 이면을 구성하는 이러한 국제적 형세는 여전히 감지되고 있지 않다고 할 수 있지만 이미 활성화된 채로 출현하고 있는 세계-국가라는 새로운 구조화와 겹쳐져 있다. 이는 두 가지 뒤섞인 형성과 관련이 있다. 그것은 공동-착종 내에서 제국주의에 시달리고 있으면서도, 원하든 그렇지 않든 간에 통합된 국가적 논리를 따라 그 조건을 구성하는 새로운 과정 속에 접어든 현대 인류의 조건을 정의하는 두 개의 형상들이다. 국제적 관계를 넘어 우리가 네오마르크스주의 분석에 묘사된 형태 속에서 계급의 대결을 필연적으로 발견한 장소인 고유한 세계적 구조가 정교화되기 시작한다.

우리는 네오마르크스주의에서 대안마르크스주의로 이어지는 진행 과정의 심오한 연속성을 포착했다.

우리는 마르크스의 강령인 "지금까지 철학자들은 다양한 방법으로 세계를 해석해 왔다. 지금 문제는 [세계를] 변혁하는 것이다"를 기억하고 있다. 따라서 이 마지막 부분에서 우리는 이론적 재건과 관련된 정치적 교훈을 얻어야만 한다. 현실 사회주의 체제의 파산 이후, 신자유주의는 사회주의라는 명목으로, 여전히 주어지고 있으며 주어졌던 모든 것을 체계적으로 파괴하여 왔다. 즉 장기적 투쟁에서 유래하는 정치·사회적 경험을 위협하는 급진적 청산 과정이라고 할 수 있다. 하지만 이러한 타격으로 인해 개조는 필수적일 뿐 아니라 매우 중대한 과제가 되었다. [개조가 이루어져야 하는 이유는] 고전 마르크스주의의 고유한 결핍으로 인해 답하기 어렵게 된 인류에게 주어진 문제들과 세계의 새로움 그 자체 때문이다.

따라서 우리는 네오마르크스주의와 대안마르크스주의의 이중적 플랜에서 제기되는 문제에 적합한 정치적 노선을 여기에서 소묘하려고 노력할 것이다. 분석적 탐구로 연역될 수 있는 이론적 노선은 바로 이러한 정치적 노선과 만난다. 하지만 가장 직접적인 투쟁의 구체적인 과제 속에서 그러한 노선을 깊게 이해하려고 하는 사람들은 그 기초가 서로 다르지만, 그럼에도 불구하고 하나의 변혁적 동역학으로 수렴할 필요가 있는, 사회운동 및 정치 조직의 노선으로서 그러한 노선들을 이해하려고 할 것이다. 그것은 '인류의 정치'라는 용어로 우리가 구상한 것 속에서 억압된 인민의 투쟁, 근본계급의 투쟁을 함께 사고하려는 노력의 문제가 될 것이다.

우리는 여기서 단계들 또는 기한을 말하는 어떤 구성주의적 도식을 제시하거나 미래의 과정들이 갖는 폭력적이거나 평화적인 성격에 대해 골몰하지도 않았다. 하지만 매우 중요한 이차적 문제들이 있다.

우리는 어떻게 고전적 정당들의 위기를 넘어서 근본계급을 공세적으로 전환시킬 단결의 계기를 포착할 것인가? 적은 누구이고, 잠재적 동맹자는 누구인가? 서로서로를 어떻게 다루어야 하는가?

자본의 보편적 지배에 대항하는 민중 조직화와 저항 운동부터 시작하여 미국과 그 위성국들에 저항하는 새로운 대륙들의 투쟁까지, 이러한 도처에서 등장하고 있는 동역학은 어떻게 세계적 층위에서 통합될 수 있을까? 어떻게 인류는 정치적 공동체로서 구성될 수 있을까? 어떻게 그들은 단 하나의 인민으로서 그들의 미래를 명확하게 검토할 수 있을까?

9장

네오마르크스주의의 정치학

민족국가 내부에서 고려된 정치적 장에 계급구조의 표지가 설치된다. 사회적 동역학에 가이드라인을 규정하는 투쟁과 타협이 결정되는 건 바로 이러한 영역에서 그러하다. 모든 것이 사회적 관계 내의 '계급' 때문이라고 할 수는 없지만, 계급관계는 자신의 방식대로 완전히 또 다른 지배형태를 도구화하며 개조한다. 오래된 대립들이 사회의 지속을 위해 사라졌다거나 급진적 사회 비판이 이제부터는 '배제'와 같은 다른 원칙에 준거할 필요가 있다는 견해에 반대하기 때문에, 우리는 여기서 계급분석에 기초한 정치를 정의하려고 한다.

우리는 네 가지 단계로 나아갈 텐데, 우선 고전 마르크스주의가 '프롤레타리아' 또는 '노동자계급'이라는 이름으로 지칭했고, 근본계급의 **단결**이라는 용어로 재해석할 잠재적이고 보편적인 정치 주체에 대한 문제설정을 다시 한번 고찰하려고 한다. 두번째 단계는 그람시 이후 '헤게모니'라고 지칭되는 것에 대한 질문이다. 이는 지배계급이 그 사회의 성원들의 동의를 얻어 사회를 지도할 수 있는 역량을 말한다. 우리는 지배계급이 두 개의 사회적 힘 ——한편으로는 **자본가**와 다른 한편으로는 **관리자**와 **전문**

가——을 통해 자신의 지배력을 실행한다는 우리의 분석에 기초하여 그람시주의적 탐구를 더 멀리까지 밀고 나간다. 세번째 절에서는 자본가를 소멸시키기 위한 관리직·전문가와의 **근본계급**의 '동맹' 테제를 주장할 것이다. 우리는 이러한 의미에서 정치 무대의 전면을 장악하고 있는 좌파/우파라는 쌍의 의미에 대한 논의를 되풀이한다. 마지막 절에서는 자본가에 대항한 투쟁의 정치·경제적인 차원을 탐구하고, '최종적으로 계급 없는 사회를 위한 계급동맹'으로서 관리직·전문가와의 동맹을 분석할 것이다.

1. 단결의 정치학: 다수의 주체

고전 마르크스주의와 노동자계급

어떻게 보면 마르크스의 이론적 분석을 이중화하게 되는 '거대서사'라는 용어를 상기해 보자. 자본주의적 발전은 피지배 및 피착취 프롤레타리아를 만들어 내지만 그들은 점점 더 많은 수의 깨우친 자들이며, 대기업 속에서 조직된 사람들이다. 그들은 불가역적으로 사적 생산으로부터 생산을 손에 넣고 계급지배가 결국 지양되는 구체적인 방식으로 조직하기에 이를 것이다. 이러한 과정을 통해 그들이 되찾게 된 사회가 해방의 새로운 시대를 열 수 있을 것이다. 어쨌든 바로 그것이 마르크스가 자본주의 체계의 핵심에서 확인한 잠재성이다. 그는 **산업 프롤레타리아**를 앞으로 보편적인 역사의 담지자가 될 역사의 중심주체라고 말하였다.

　　이러한 분석의 후계자인 20세기 마르크스주의 속에서 노동자계급은 실제로 그러한 중심성을 향유하였다. 그들은 자본주의적 소유자의 이해와 잉여가치의 형성과 직접적으로 관계 맺고 있었고, 그러한 이유로 중심적인 역할을 담지하였으며, 선봉에 서서 전위를 담당하는 응집력 강한 대중으로 구성되어 있었다. 공적 서비스에 종사하는 노동자들은 국가 고용자와의 관계 속에서 상당히 유사한 조건들을 가지고 있기도 하였다. 그리고 실제로 그것이 바로 '사회주의'의 이름으로 벌어지는 '노동자운동'의 활동이었던 혁명적 동역학이다. 우선 유럽에서 나타났던 이러한 [노동자계급의] 역량은 세계의 다른 곳에서도 명확하게 입증되었다. 산업자본주의가 발전되었던 곳 어디에서든지 노동자계급은 동일한 착취 조건과 단결을 위한 조건을 목격하였고, 자발적으로 동일한 저항의 도식을 발견하였다.

노동자운동——'자본주의 속의 사회주의'를 추동하고, 사회민주적 타협을 그 정점으로 하는——이 임노동관계 생활양식과 노동조건 전화(轉化)의 주축을 이루게 되었다. 우리는 3장에서 어떤 사회적 투쟁을 대가로 하여 사회민주적 타협이 확립되었는지를 살펴보았다. 이러한 역사적 과정은 주요 열강으로서 소련——그 계급적 본질과 반제국주의적 야망이 어떻든지 간에——의 출현과 관계가 있다. 최종적 결과는 다양한 형태로 나타났다. 혁명적 과정들은 결국 현실 사회주의라는 그 급진적 형태 내에서 새로운 계급체계가 구성되는 결과로 이어졌다. 요컨대 그 총체적인 측면과 그 효과의 다양성이라는 측면에서 20세기에 깊은 영향을 끼쳤다. 그와는 멀리 떨어진 21세기가 시작되는 시점에서 보면 노동자운동의 성과는 자신의 약속과는 거리가 멀었다. 하지만 그러한 승리조차 빼앗기게 된 것이었다. 많은 사람들은 프롤레타리아가 시합에서 패배하였다고 보았다. 거대서사의 주체는 역사의 장에서 그저 사라지고 말았다.

하지만 마르크스가 주창했던 계급의 문제설정은 우연적 형태와 연관되어 있는 것은 아니다. 그것은 훨씬 더 일반적인 범위를 나타낸다. 우리는 제한적인 부분에서 비판을 행하였다. 이러한 비판은 더 큰 기초 위에서 마르크스주의적 접근을 재건하고 연장하여 그것을 다시 활성화하는 쪽으로 이어진다.

　　마르크스주의적 유산의 본질적 이념은 역사운동을 식견 있는 엘리트나 그러한 운동의 결과에 지배되고 있는 순수한 개별적 행위의 상호작용으로부터 이해할 수 없다. 그러나 끊임없는 기술적 대격변들에 의해 모든 것들이 주기적으로 재개——즉 그들의 활동범위를 제한하는 유한성에도 불구하고——됨에도 불구하고, 인간들은 집단적 행위를 구성할 수 있다. 그리고 인류는 우리의 것인 그 시간 속에서 어떤 보편적인 관점을 설정할 수 있으며, 그것은 인류가 매일 노동을 통해 세계에 활력을 불어넣는 보통 사람들의 '다중'(multitude)[1]적 역량에서 생겨날 수 있다. 산업 프롤레타리아는 우리의 현대성을 끊임없이 사로잡은 일시적인 유령의 형상만을 지니고 있을 뿐이다.

노동자계급의 중심성 상실

구래의 의미에서 노동자계급이 잠재적으로 사라지게 되었거나 적어도 그 중심성을 잃었음에도 불구하고 그것이 노동자, 즉 임금을 받는 상품 또는 서비스의 생산자가 세계적 측면에서 수적으로 줄었다는 의미는 아니다. 이는 두 개의 연속적인 과정을 포함하는 복잡한 역사적 과정의 문제이다.

---

1) 안토니오 네그리는 이러한 용어를 그의 철학적 언어의 중심적 요소로 삼고 있다. 그는 아래로부터 인간 세계를 창조하고 생산하는 것이 무한히 다양하고도 고유한 역능을 가지고 있다고 확신하면서, 거기에 거대한 잠재적(suggestive) 힘을 부여한다. 이러한 개념은 다양한 전통에 속해 있다. 그리고 우리는 다양한 용법으로 사용할 수 있다. 여기서 우리는 철학적인 내포적 개념을 채택한다. 그러나 우리는 현대 사회이론의 개념으로 그것을 구체적으로 구성하는 경향이 있다. 실증성이 부과된 '근본계급'이라는 개념을 유사한(écho) 의미로 사용하고 있다. 여기서 '다중'은 젠더와 인민, 그리고 계급이라는 용어로 이해될 수 있는 삼중의 관계를 통해 구성되는 근본적인 사회적 역능의 과잉결정을 일컫는다. Michael Hardt & Antonio Negri, *Empire*, Paris: Exils, 2000[『제국』, 윤수종 옮김, 이학사, 2001].; M. Hardt & A. Negri, *Multitudes*, Paris: Découverte, 2004[『다중』, 정남영·서창현·조정환 옮김, 세종서적, 2008].

우선 3장에서 우리는 20세기 초반에 시작하여 전후까지 지속되었던 **조직자본주의**의 출현으로 인한 임노동자 구조의 상관적 전화를 보았다. 라이트 밀스[2]와 같은 사람들의 다양한 작업들에 의해 묘사된 화이트칼라와 블루칼라의 사이의 분할이 사회적 정체성과 미래에 대한 예상의 두 유형에 대한 깊은 분열을 규정하고 있었다. 더 일반적으로 이야기하자면 노동자계급은 자신들이 훨씬 더 광범위하고 다양화된 임노동관계 내에 있다는 걸 알게 되었다. 기술적으로 가장 발전된 나라들에서 노동조건은 생산적인 육체노동의 구체성을 파괴하는 쪽으로 변화하였다.[3]

다른 한편으로 1970년대에서 80년대로의 전환 과정에서 나타난 신자유주의는 상황을 엄청나게 변화시키는 데 기여하였다. 새로운 기술·금융·정치적 맥락 속에서 노동자계급이 단결할 수 있는 요인들이 해체되기 시작하였다. 우리는 거대 기업 내부의 폭넓은 금융·상업적 한계의 심각한 구조적 변화——생산단위의 분할과 하청 실행의 발전——라는 조금 다른 맥락에서 그러한 해체를 관찰하였다. 하지만 단순하게 생산력 발전과 관련된 기술적으로 필연적인 조정만이 문제시되고 있는 게 아니다. 그것은 또한 자본가계급이 특히 1968년과 같은 거대한 대립으로부터 나오는 위험에 대응하는 방법을 알게 되었다는 사실을 설명하고 있다.[4] 노동자들이 잠재적으로 위협적인 형세 속에 집결되어 있었던 곳이 바로 그곳이었으며, 생산은 연대와 단결이 이루어질 수 있는 모든 것을 약화시키는 방식으로 재배치되었다. 많은 임노동자들이 장기적으로 보증되는 일자리에 대한 전

2) C. Wright Mills, *Les cols blancs*(1951), Paris: Éditions Maspero, 1966.
3) Jean Lojkine, *L'adieu à la classe moyenne*, Paris: La Dispute, 2005.
4) Éve Chiapello & Luc Boltanski, *Le nouvel esprit du capitalisme*, Paris: Gallimard, 1999의 분석을 보라.

망이 사라지고 있다고 느끼게 되었다. 전문적이고 안정적인 일자리에 있는 노동자와 불안정한 일자리에 있거나 만성적인 실업자, 그리고 국내와 해외에 있는 일자리들 사이의 결정적인 분할이 도입되었다. 바로 '노동자집단의 파괴와 해체'[5]이다. 자영노동자들의 지위 또한 취약해졌다. 불안정 및 비공식 노동자들은 중심부 나라들에서 멀어짐에 따라 엄청나게 증대한다. 전 세계 노동자들을 경쟁으로 몰아넣고 해외 이전이라는 위협을 통해 노동자들을 취약한 위치로 몰아넣는 불안정성과 실업의 도구화 과정이 도처에서 발생하고 있으며, 이로 인해 일자리와 수입의 보존에 대한 걱정은 그것이 매우 미미하다 하더라도 집단적인 정체성에 대한 요구를 파괴하였다.

첫번째 모순과 두번째 모순

고전 마르크스주의는 **노동자와 자본가 사이의** 모순을 중심으로 접근한다. 그러한 모순은 노동자들이 생산한 생산물들 중 일부에 대한 강탈과 관련이 있다. 그것은 노동의 과실(果實)이 모두에게 '공평하게' 재분배되는 사회의 수립을 목표로 한다. 이런 자본주의의 '약탈적인' 형상은 두 가지 다른 생각을 결합시킨다. 한편으로 그것은 자본가계급의 고유한 사치스러운 생활 방식을 떠올리게 하는데, 신자유주의로 인해 크게 확대된 부국에 살고 있는 빈곤한 사람들의 삶은 물론이고 주변부의 끝없는 빈곤과도 대립된다. 다른 한편으로는 자본의 축적은 잉여가치의 영유 이외에는 다른 기초를 가지고 있지 않으며 그러한 것이 마르크스를 표방하는 모든 경제·사

---

5) "노동자집단의 해체와 분할──그들 주위(그리고 그들의 지식과 가치, 조합 및 정치적 대표자들 주위)에서 결집되고 구성되고 있는 민중계급의 또 다른 분파 집단"(Stéphane Beaud & Michel Pialoux, *Violences, urbaines, violences sociales*, Paris: Fayard, 2003, p.16). 같은 저자들의 *Retour sur la condition ouvière*, Paris: Fayard, 1999도 보라.

회적 분석의 중추에 있다는 것을 환기시킨다.

하지만 그것이 고전 마르크스주의에서는 평가하지 않았던 마르크스의 개념화 과정에 중심적인 두번째 차원이다. 사실상 자본주의적 착취는 임금노동자가 생산한 잉여의 강탈로만 이해될 수는 없다. 우리는 그 착취가 특수한 '추상적 부'의 논리를 따라 실행된다고 본다. 재화 및 자본 시장에서의 경쟁으로 말미암아 그 사회·문화·환경적 결과가 어떻든 간에 자본주의적 각 기업에 어떤 순수한 수익성의 논리를 부과된다. 신자유주의 시대에 요구되는 각 기업이 맞추어야만 하는 그 유명한 15% 수익성과 같은 수익성 규준을 고착시키는 것이 오로지 최종적 목표가 된다.

그로부터 이번에는 그 자체로 자율화되는 이윤논리의 파괴적 경향으로 빠지는 전적으로 **자본가들과 인민(인류)** 사이의 모순인 자본주의의 이차적 모순이라고 지칭한 것이 돌연 등장한다. 자본주의가 **약탈적**인 것만 아니다. 그것은 **파괴적**이다. 우리의 실존 및 생산양식을 급진적으로 수정할 수도 있지만, 자본주의는 불가역적이고 염려스러운 생태적 궤적 위에서 지구와 인류를 휩쓸어 버린다.

그런데 이러한 자본의 두번째 모순은 임노동관계에 매여 있는 사람들에게만 아니라 인민 모두에게 영향을 미치는 것이다. 따라서 엄밀한 의미에서 계급투쟁은 이러한 개념 확립 과정이 지속되고 있는 다중의 운동 내에 있는 더 거대한 형세 속에 기초하고 있다. 우리는 여기에서 앞에서 거론한 안토니오 네그리에 의해 주장된 주제를 재발견할 수 있지만, [네그리와 같이] 정치-신학적 전통에서라기보다는 마르크스주의 잠재적인 분석적 유산을 다시 소생시키는 경제·정치적 개념화 과정에 기초하여 그러한 것들을 다룰 것이다. 이러한 이차적인 모순에 대한 성찰은 물론 그 배후에 다양하고도 각양각색인 기나긴 과거를 갖고 있다. 그리고 그것이 마르크스주의의 내부 또는 외부에 있는 것인지에 대해 자문하는 건 다소 무의미하다. 예를 들어 프랑크푸르트학파의 '비판이론', 앙리 르페브르의 '일상생활비판', 상황주의(le situationnisme)[6], 1968년 일어난 무정부주의자들의 출현, 평화운동, 지방분권주의자, 공동체주의자들이 있다. 우리는 급진적 형태의 반소비자운동(l'anticonsumérisme)[7] 속에서 그 자체로, 때때로는 무의식적으로 이 부분을 목격하고 있다. 이들은 주변인들과 장애인, 정신병자, 수감자 등등을 다루는 모든 사회적 비판 속에 있는 조직적 '추상'과 더 직접적으로 맞서고 있다. 사회운동의 주요 벡터 중에서 이러한 두번째 모순, 특히 페미니스트들과 생태주의자들의 투쟁은 대개 마르크스주의의 바깥에서 발전되었다. 왜 그런지에 대해 자문할 필요가 있다.

생태문제

생태문제 내에서 이러한 이차적 모순은 더 분명히 드러난다. 마르크스──우리가 그에게 많은 비판을 한 것은 사실이지만 지금은 의외로 그러한 비방에 맞서 그의 타당성을 증명할 때가 되었다──는 진정한 정치 생태학의 이론적 기초를 제공한 인물이다. 바로 중심성 또는 본질적 구체성 안에서만 자본주의적 생산의 **추상적** 성격을 탓할 수 있다. '생산 일반과 자본주의적 생산'이라는 제목을 달고 있는 『자본』 1권 7장[8]에서 이러한 핵심 주제를 다루고 있다. 마르크스는 자본주의를 생산력주의(productivisme)로 설명하고 있다. 왜냐하면 자본주의는 시장의 논리와 마찬가지로 '사회

---

6) 50년대와 70년대에 걸쳐 일어난 예술 분야의 정치적 아방가르드 운동이다. 68혁명을 상징하기도 하였다.─옮긴이
7) 구매를 통한 물질적 소비를 추구하는 소비자주의를 반대하는 사회-정치적 이데올로기이자 운동이다.─옮긴이
8) 마르크스, 『자본』 I-1, 제3편 5장.─옮긴이

적으로 유용한 사용가치'에는 주의를 기울이지 않기 때문이다. 다시 말해 결과적으로 자본가치가 될 수 있는 사용가치만을 생산한다. 바로 자본을 위해 '생산'하는 것이다. 그러한 생산을 수행하는 권력에 의해 모든 생산물과 모든 이윤 생산관계의 사회적 유용성이 의미하는 바가 규정된다.

따라서 그 파괴적 동역학을 갖는 생산 형태의 개념을 정교화한 것이 바로 마르크스이다. 이전의 많은 사회에서도 인간의 행위로 인해 '자연이 파괴'되었다는 것은 사실이지만, 전(前) 자본주의 형태가 지배적인 사회는 구체적인 부, 즉 명예 또는 권력 수단의 축적이 주였다. 자본주의는 즉각적으로 처분할 수 있는 추상적인 부에 주목하였다. 그로부터 그 잠재적 파괴력이 존재하며, 그것은 이러한 생산형태의 특정적인 통제 불가능한 생산력의 동역학으로 나타난다. 이러한 의미에서 특히 자본주의는 인류의 공통 자원에 대한 관리와 사회적으로 유용한 사용가치의 문제로부터 벗어나 있다.

자본주의 내의 사회적 모순들의 간섭에 대하여

지금까지 계급모순을 거론하여 왔다. 우리는 자본이 ——만약 우리가 그것을 바로 자본주의의 사회적 논리로 이해한다면—— 바로 노동과의 관계 이상의 총체적 측면에서 인민들과 관계 맺고 있으며, 가장 직접적인 '계급관계'가 자본주의적 '세계체계' 속에도 함축되어 있다는 점을 보여 왔다.

이러한 계급관계에 대해서 사람들은 때때로 가장 결정적인 대립이 계급들 사이를 관통하는 것이 아니라 계급관계를 재조직화하고, 그것에 배제된 관계들 사이에 존재하고 있다는 점을 강조하기도 한다.[9] 하지만 이러

---

9) 이는 극단적으로 자크 랑시에르(Jacques Rancière)의 *La mésentente*(Paris: Galilée, 1995)의

한 용어로 현대적 상황을 논의하기는 힘들어 보인다. 만약 사실상 오늘날의 빈곤과 배제를 이전의 빈곤과 배제 형태와 혼동하지 않는다면 그것은 사실 자기만의 고유한 외부를 갖는 시장과 조직이라는 현대적 계급요소와 결부되어 있기 때문이다. 이러한 외부는 예전에 농민이었던 수백만의 사람들이 그러한 것처럼 시장의 효과적 작동을 위해 자신의 전 재산을 빼앗기거나, 그들이 갖고 있는 지식이 폄하되거나 승인되지 않는 언어를 사용하는 사람들이 그러한 것처럼 조직화된 노동을 위해 사회적으로 인정받은 능력 모두를 빼앗기는 그 순간 드러나게 된다. 따라서 배제와 포섭의 상황이 동일한 계급관계에 의해 규정된다. 또한 그 때문에 그들 사이의 연대성의 유대가 수립될 수 있다.

하지만 사회적 복잡성이 계급관계에 제한되는 것은 아니다. 1장에서 거론하였던 생산양식론과 관련된 전통적 마르크스주의 개념들은 다양한 맥락 속에서 ─사회적인 성별·직업·세대관계, 오래된 역사를 참조해야 하는 문화·종교적 전통의 다양성과 성적 지향─구성되고 있고 감지되고 있는 다수적 연대성을 직접적으로 고려하기가 힘들다. 역사유물론─여기서 이용되고 있는 '계급' 개념을 돋보이게 하는─의 범주는 어떻게 보면 사회학에서 연구하는 것보다 더 일반적인 인류학적 조건 또는 더 특수한 관계를 규정하게 되는 '메타-사회적 관계'를 정의한다. 자본주의적 지배는 바로 이러한 맥락 아래서 그 구체적 요소, 표현 형태, 자본주의가 사용 가능한 구래의 여러 장치들을 찾아낸다. 그리고 자본주의적 지배에 맞서는 사회적 주체성이 명확히 드러나는 것도 바로 거기에서 그러하다. 이러

테제이기도 하다. 그러한 테제는 어떤 급진성을 특징으로 하지는 않는다. 그러나 설사 포섭(계급관계 내의 포섭)과 배제가 동일한 사회적 논리에 속해 있다고 하더라도, 이러한 테제는 배제와 포섭─어떤 가정된 '합의'에 의한 관계를 통한─속에서 다양화되는 경향이 있다.

한 이유로 그 동기가 계급투쟁이 정의하는 것과는 또 다른 관계 속에 직접적으로 자리 잡고 있는 사회적 대립이 계급투쟁을 관통하고 있다. 즉 청소년들의 저항, 동성애자 운동(fierté homosexuelle), 공동체 운동(la dignité communautaire) 등 그 양상은 다양하다.

계급관계로 환원될 수는 없지만 그것과 깊숙이 뒤얽혀 있는 사회적 관계들 가운데서 사회적 성별 관계가 확실히 가장 중요하다. 그것은 사회 연구의 일반화 프로그램을 구성하는 또 하나의 부분을 구성한다. 그렇기는 하지만 오늘날 (예를 들어 마르크스주의가 그랬던 것처럼!) 하나의 통합된 공통적인 기본 개념을 토대로 성별 관계와 계급을 동시에 분석하는 메타-이론은 존재하지 않는다. 따라서 우리는 그것들 사이의 **간섭** (interférence), 즉 공동-착종을 사고하는 데 만족할 필요가 있다.[10] 하지만 그것은 우리가 성별화된 형태를 검토하지 않고서는 계급투쟁도 자본주의적 지배조차도 말할 수 없음을 단언하고 있다. 또한 계급투쟁 속에 착종된 관계 밖에서 우리가 여성들의 투쟁을 논의할 수 없다는 것도 말하고 있다. 여기서 우리는 과거보다 많이 마르크스주의와의 암묵적 관계들을 발견해 내고 있는 현대 페미니스트들의 연구를 참고하는 데 그칠 것이다. 우리는 10장에서 계급, '인종' 및 젠더라는 용어로 이러한 분석과 재회할 것이다.[11]

---

10) Danièle Kergoat, "Le rapport social de sexe. De la reproduction des rapports sociaux à leur subversion", *Actuel Marx: Les rapports sociaux de sexe*, No. 30, Paris: PUF, 2001.

11) *Cahiers du genre*, Paris: L'Harmattan.; Thérèse Moreau, Fabienne Baider, Edwige Khaznadar éds, *Nouvelles questions féministes*, Lausanne: Antipodes.; *Travail, genre et sociétés*, Paris: Armand Colin.; Annie Bidet-Mordre éd, *Actuel Marx: Les rapports sociaux de sexe*, No. 30. Paris: PUF.; Étienne Baliber éd, *Actuel Marx: Le racisme après les races*, No. 38. Paris: PUF.

바로 이러한 맥락에서 네오마르크스주의가 기여한 바 있다. 네오마르크스주의는 마르크스주의가 두 발 위에 서게 만드는 것이 목표였다. 네오마르크스주의는 시장 바로 옆에 있는 조직 또한 계급요소로 간주하고 있다. 사회적으로 가정된 '능력'에 따른 조직과 관리의 위계 내의 행위자들의 배치가——시장과 마찬가지로——오로지 개인들 사이의 투쟁만은 아니다. 그것은 재생산되는 계급적 구조화와 일치한다. 부르디외가 강조하는 것처럼 이러한 지위에 대한 투쟁은 계급투쟁으로서 이해해야 한다.[12]

그런데 부르디외가 사회적 규정이라고 말하는 이러한 능력의 '전횡'은 무엇보다도 여성과 남성 사이의 배치로 확장된다. 그러한 배치는 자본주의가 구래의 남성 지배를 소생시키는 두 가지 특징적 요소(시장과 조직)를 관통하여야 한다. 그것은 노동을 위한 신체 또는 쾌락을 위한 신체로서 여성의 신체를 상품화하는 시장과 관련이 있다. 또한 그것은 또 다른 요소인 조직과 연관된 위계와도 관련이 있다. 법적 평등이 시장에서의 소유라는 부분에서 양성 간에 엄격하게 부과되어 있다고 하더라도 또 다른 심급인 현대적 지배의 조직적 극 속에서 다시 발견된다. 그리고 그것은 소유의 견지에서 평등을 지속적으로 무력화하기에 충분하다. 이와 같이 여성들의 투쟁은 다른 사람들 사이에 자신들의 사회적 능력을 승인받기 위한 투쟁의 형태를 띤다. 이 영역에서 사실상 여성들은 가족적 맥락 속에서 지어진 위치에 따른 일자리에 할당되어 있음을 깨닫게 된다. 자본주의는 공적 및 사적 생활 사이에 더 명확한 경계를 수립하게 되면, 그것을 통해 손상되기

---

12) 특히 부르디외의 *La noblesse d'État*(Paris: Minuit, 1989)를 보라. 이는 이러한 의미에서 좀 더 깊은 분석과 조화되며, 저자의 작업 전체 내에 있는 '경제자본'/'문화자본'의 짝과도 부합한다. 그것은 조심스럽게 연구될 수 있다. 하지만 그것은 여기서 다루고 있는 계급요소의 이중성이라는 테제로 수렴할 수 있는 요소를 포함하고 있다. J. Bidet, "Bourdieu et le matèrialisme historique", *Dictionnaire Marx*, pp.407~421.

도 한다. 이러한 맥락에서 사회적으로 획득된, 아주 현실적인 여성들의 능력은 자연적이라 가정된, 다시 말해 여성적 본질에 고유한 자질과 동일시되고 지금은 '돌봄'이라고 부르는 것을 하도록 만들어진다. 기존의 억압이 현대 사회에 고유한 조직적 계급요소의 잠재된 형태 아래서 지속된다. 게다가 그것은 오로지 여성에게만 적용되는 건 아니다. 그 때문에 그것은 다른 것들, 사회적인 차별적 독단에 반대되는, 예를 들자면 윤리적 기초에 연결된다. 또한 이를 통해 여성들의 투쟁은 사회적으로 가정된 능력의 모든 위치에 첨부되어 있는 계급적 조건을 비판적인 방식으로 고려했을 때만 그 자체로 일관적일 수 있다는 점이 이해된다. 이러한 의미에서 계급투쟁은 여성들의 투쟁을 관통한다.

두번째 모순과 사회적 모순들의 충돌에 직면한 고전 마르크스주의

마르크스주의는 첫번째 모순에 대한 두번째 모순의 중요성에 대해서 잘 인식하고는 있었지만, 특히 정치 형태 내에서 그것을 다루는 데에는 소홀하였다. 마르크스주의는 노동자의 소외 또는 자본주의의 무정부성과 같은 다양한 주제 속에서 그러한 측면에서 대해 검토해 왔다. 하지만 일관적으로 개념화하지는 못했으며, 이러한 측면은 마르크스주의로부터 영향받은 실천들 속에서 나타났는데, 이로 인해 종종 노동자주의 또는 생산력주의라 비판받기도 하였다.

따라서 고전 마르크스주의가 무엇 때문에 자신이 준거하고 있는 것들을 명확히 인식할 수 없었는지가 줄곧 의문시되었다. 그 이유가 명백히 철학적 능력의 부족에서 비롯되었기 때문만은 아니다. 거기에 대한 역사적이고 사회학적 이유가 존재해야만 한다. 이는 마르크스주의적 실천들이, 특히 생태적 문제에 매우 무관심하게 된 이유를 인식하는 것과 관련되어 있기 때문이다.

아마 대중운동의 더 직접적인 관심사가 다른 곳에 있었다고 말하는 것으론 충분치 않다. 현실 사회주의나 서구의 사회주의 ―자본주의 내의 사회주의 ―내에서도 노동자운동은 성장과 발전을 우선적 과업으로 삼고 있었던 시기와 중첩된다. 그것은 원래 '후진적인' 상황의 맥락에서 훨씬 두드러지게 되었다. 하지만 우리는 지구 보존과 관련된 관심이 왜 이렇게 부차적이 될 수밖에 없었는지에 대해 자문할 필요가 있다. 우리의 분석은 자본주의를 인간과 자연에 대한 결과들과는 상관없이 상품적 논리에 추상적 부를 지향하는 권력에 대한 권력의 축적이라는 의미를 부여하는 계급적 관계로서 이해하고 있다. 노동자운동이 이러한 논리와 단절할 수 없었던 것은 사회적 조직[논리]에 대한 인식과 관련되어 있을 것이다. 사실상 **시장**이 여기에서 독점권을 가지고 있는 건 아니다. 우리가 6장에서 본 것처럼 또 다른 계급요소인 **조직**에 기초한 계급양식은 유사한 힘을 나타낸다. 생태적 질문에 대한 자발적 억압은 조직화된 계급권력의 프로메테우스적인 상상과 관련되어 있다. 현실 사회주의에서 극적으로 증명된 조직가의 상상이다.

시대가 변화되었다. '사회주의'에 준거하고 있는 모든 현대적 문제설정들은 생태적 차원 및 또 다른 한편으로 페미니즘적 차원을 중시하고 있다. 마르크스주의에게 이러한 질문들은 더 이상 불확실한 동반자로 평가되는 주변적 대상이 아니다. 하지만 이론적 문제설정 사이의 통합은 실현되는 데 시간이 많이 걸린다. 그런데 이러한 새로운 주제의 이론적 지위는 두번째 모순의 지위에 있다. 자본주의는 **추상적** 부, 즉 이윤을 지향하기 때문에, 이전의 계급 체계가 그랬던 것처럼 단순히 잉여를 강탈하고 착취하는 단순한 기계가 아니다. 그 잠재력이 무한정으로 부풀려지는 맹목적인 방식으로 집중된, 인간과 사물에 대한 무제한적 권력 축적을 의미한다. 그 결과는 파괴적이다. 자본/노동의 모순을 그것이 관통하는 다른 요소들과 떼어서 생각할 수가 없다. 그리고 계급투쟁은 자연에 대한 보존, 성적 평등 등에 대한 일상생활 및 문화를 위시한 삶의 모든 가치를 방어하는 투쟁으로 이해되어야 한다.

마르크스주의는 이러한 두번째 모순이 내포하고 있는 긴급성에 대한 의식을 획득하지 못했음을 자인할 필요가 있다. 그 역사적 출현의 계급적 조건과 관련한 이유로 인해 마르크스적 유산이 잠재적으로 포함하고 있는 개념적 논쟁의 유용함이 드러나지는 못하였다. 생태는 오랫동안 부수적 관심사로 취급되었고, 생태주의자들은 마치 외교적 관계만을 가질 수 있는 국외자 취급을 받았다. 그리고 남성적 지배에 대항한 투쟁도 마찬가지였다. 이러한 운동과 연대할 수 있는 능력의 부재는 참담한 결과를 가져왔다.

근본계급의 단결: 당과 운동

만약 우리가 자본주의를 그 추상적 논리, 즉 비교할 수도 없고 다양한 형태로 나타나는 피해의 관점을 따라 고려한다면, 그것과 조우하고 있는 저항이 곧바로 부조화되고, 불일치하며, 괴리되어 있다는 점도 알고 있을 것이다. 자본주의적인 추상적 논리의 야만성은 질적으로 비교 불가능한 상처, 불의, 고통을 통해 식별될 수 있다.──그러한 것들이 삶의 공간에 대한 파괴 및 건강, 상업주의적 획일화, 개인적 정체성, 양성 간의 평등과 같은 것에 영향을 미치는 정도에 따라──주민들의 각 인자, 각 계급 또는 계층, 그리고 사회적 퍼즐 각각의 조각은 다양하고 서로 다르며, 항상 독특한 피해에 사로잡혀 있는 상태이다. 저마다 각자의 방식으로 반응한다. 자발적으로 조화되지 않고, 종종 거부하기도 한다. 고립된 저항, 내일 없는 반역, 특수 단체나 코퍼러티즘, 로비, 뜻하지 않는 우호적인 정세 등 '사회운동'의 필연적인 다양성이 존재한다. 요컨대 자본주의는 맹목적으로 덮쳐 오며, 수렴하게 해야 할 투쟁을 발생시키는 건 그러한 자본주의의 공격에 대한 대응이다. 이론적으로는 물론 공동 규범을 통해 단일화된 고용 및 교육, 건강과 생활에 적당한 조건을 부과하는 것과 관련되어 있다고 말할 수 있다. 하지만 사회적 투쟁은 무질서하고 예측 불가능한 대립으로 출현한다. 그 것은 어떤 것을 다른 것으로──자각하지 못하고 있는 투쟁을──표출하는 훨씬 참신한 역량을 요구한다.

오늘날 일관적이고 동일한 맥락의 힘 속에서 당과 운동을 어떻게 통합시킬 수 있는지에 대한 질문은 바로 여기에 관련되어 있다.

여간해서 '운동들의 운동'으로서 구성되지 못하고 있는 사회포럼에 의해 만들어진 시너지 효과에서 나타나고 있는 것처럼, '당'──그 형태가 어떻든 간에 근본계급의 정치 조직이라는 일반적 의미에서──은 총괄적인 투쟁의 사명──독점하지 못하거나 더 이상 그렇지 않음에도 불구하고──을 가지고 있다(「보충설명 5」). 우리는 바로 그러한 당이 더 이상 전통적 의미의 노동자계급으로부터 출발한다고 생각될 수 없음을 이해하고 있다. 그리고 그것이 유일하다고 말할 필요도 없다고 본다. 근본계급의 정치조직──다소 연합적 또는 통일된──이 갖는 특징은 그들을 총체성 안에 다시 모이게 하는 데 필요한 전략들을 규정하려는 욕구이다. 그것은 물론 '첫번째 모순'이라고 부르는 것과 관련이 있다. 노동자들은 시장과 조직이라는 계급요소들을 통해 자본과의 계급관계──이를 통해 특히 고용 및 수입관계가 정의된다──를 유지한다. 계급관계는 모든 정치·경제적인 공간에서 국가기관까지 가로지른다. 하지만 그러한 일반적 작용이 '두번째 모순'에 동반되는 모든 투쟁 형태의 수렴적 요소로 똑같이 부과된다.

두번째 모순의 주위에서 (그리고 우리가 조합들의 경우에서 본 것처럼 절대적인 경계란 없다) '운동들'이 그 이질적인 다양성 속에서 더 구체적으로 조직된다. 우리가 오늘날 고전 마르크스주의를 넘어서는 영역을 발견하는 곳이다. 왜 우리는 문맹과 배고픔, 이주민(sans-papiers)과 무주택자(sans-toit), 스포츠, 아동과 장애, 문화, 감옥, 정보, 건강, 교육과 같은 더 다양한 영역에 대한 네트워크, 임시적 조직, 조합, 연합 등에 참여해야 하는가? 왜 가부장주의, 인종주의, 동성애 혐오에 반대해야 하는가? 기업과 도시는——상대편이 나타나는——물론 생활과 연대, 그리고 사회적 투쟁의 일차적 장소들이다. 하지만 차츰 유동적인 사회적 복잡성 내에서 각자는 다수의 횡단성(transversalité)의 영역에 속하고 있다. 그 안에서 각자는 그 유사성을 발견하고, 강한 인상을 받으며 그와 더불어 투쟁하고 승리를 쟁취할 수 있다.

공산주의 또는 사회주의에 대한 애정이 식어 버린 과정에서 나타난 새로운 특징은 자본주의에 대한 사회적 비판이 사회의 모든 미세 구멍 속으로 활발히 이전되었다는 점이다. 그리고 그것에 근거하여 그러한 틈새 공간 위에 연루되어 있는 많은 사람들은 자신들의 투쟁이 전역적인 정치적 조건을 갖는다는 점을 점진적으로 이해하게 되었다. 자본주의에 대항한 투쟁은 단지 근원적이고 일반적인 원인에 대한 투쟁이 아니다. 그것은 모든 다양하고 특수한 효과들에 대항한 투쟁들의 바깥에 있지 않다. 이러한 많은 투쟁들은 새롭지는 않지만 급진적 정당은 '원칙적 모순' 주위에 그러한 동역학들을 한 방향으로 모으고——계급적 모순을 인식하기 위해——, 하위에 종속시키는 경향이 있다. 오늘날 그러한 수렴을 위한 정치적 심급의 본질적 임무는 오히려 서로가 각각의 투쟁 속에 승인되어야 한다는 점을 깨우쳐야 하는 것이다. 이것이 공통의 적대를 확인하고 근저에서 상황을 장악할 수 있는 유일한 방식이다.

푸코가 말했던, '거대한 전투'는 동일한 원인에 매여 있거나 적어도 관계되어 있는, 점점 더 유동적인 사회적 상황들 속에서, 서로에 대한 구체적 승인과 관련된 극도로 다양한 투쟁들의 연금술적인 통합을 통해서만 발전될 수 있을 것이다. 일반적인 이해와 목표가 어떤 프로그램——공적 서비스에 대한 사회적 규범, 생태에 대한 민주주의 등——을 만들기에는 부족하다. 하지만 그러한 것들을 지탱할 수 있는 사회적 집단은 이전의 시대에 존재했던 상대적 동질성도 없고, 더 이상 안정적이지도 않다. 바로 그러한 조건 아래서 새로운 정치 주체가 구성된다(「보충설명5」).

[보충설명5] **사회포럼**

첫번째 세계사회포럼은 2001년 1월에 포르투알레그레(브라질)에서 개최되었다. 이때, 조직국과 브라질위원회는 '세계사회포럼 원리헌장'으로 알려진 문서를 준비하였다. 이 문서는 이 절에서 이야기하고 있는 운동의 관점과 꽤 정확하게 부합한다. 포럼은 운동들의 운동으로서가 아니라 운동들의 '만남의 장소'로서 정의된다. 그것은 '세계시민사회의 대표체'가 아니며, 물론 당도 아니다. 특히 포럼은 참가자들의 입장표명을 요구하는 것을 금지하였다. 각 조직은 명백히 자유롭게 활동할 수 있지만, 포럼의 이름으로는 아무것도 이야기할 수 없었다. 정당들과의 관계와 획일화에 대한 강한 불신이 나타나게 되었다. '복수성'과 '네트워크'가 키워드인데, 세계적 차원의 광범위한 출현을 증명하는, 민족적이고 지역적이며, 대륙적인 광범위한 사회포럼 전체가 이러한 관점에 대해 동의하였다.

그럼에도 불구하고 그러한 조직들에 결집된 정치적 관점은 모호하기 때문에 이 책이 주장하고 있는 두 가지 '모순들'과 결합한다. '세계사회포럼'은 신자유주의와 자본을 통한 지배, 모든 제국주의 형태에 반대하고, 인류를 중심으로 한 전 지구적 사회를 구축하는 시민사회운동 및 조직들이 민주적 이념에 대한 논쟁과 반성, 제안과 자유로운 경험의 교환 및 효과적인 활동을 목적으로 한 유기적 결합을 더 심화시키기 위해 열려진 만남의 공간이다. 게다가 '세계사회포럼에서 제시되는 대안들은 거대 초민족기업과 정부들, 그리고 그들에 이해관계에 봉사하는 국제기구들에 의한 자본주의적 세계화 과정에 반대하는 것이다'.

우리는 이러한 테마들을 포럼의 설립자 중의 하나의 치코 휘태커(Chico Whitaker)의 책에서 확인할 수 있다.[13]

권력, 개량, 혁명

근본계급의 단결에 필요한 정치가 당과 운동들 사이의 협조를 통해 이루어짐에도 불구하고 그들 사이에 존재하는 긴장을 단번에 극복하기는 어렵다. 당으로 조직된 사회적 힘은 사실 권력 획득의 관점에서만 존재한다. [반면] 운동들은 일반적으로 더 특수한 목표를 가지고 있다. 만약 '세계의 변화'를 목표로 삼고 있다면, 그것이 '권력의 쟁취'를 열망하는 것은 아닐 것이다. 하지만 우리가 거기에 그칠 수 있을까? 권력은 확실히 부패한다.[14] 그렇다고 해서 우리가 권력에 대한 질문으로부터 비켜 갈 수 있을까? 계급투쟁은 계급권력에 맞서는 것이다. 바로 그러한 권력을 폐지시키려는 기획은 구성되어야 하는 공동의 민주적 권력이라는 이념 바깥에서 이해될 수 있을까?

질문은 완전히 이러한 관계들로만 제기되지는 않는다. 권력은 일종의 총체성 ──우리가 장악하거나 장악하지 못하는── 이 아니다. 지배에 맞

---

13) Chico Whitaker, *Changer le monde: (Nouveau) mode d'emploi*, Paris: Les Éditions de l'Atelier, 2006.

14) 치아파스의 사파티스타가 계승하고 있는 표현으로서 다음 책에서 확인할 수 있다. John Holloway, *Change the World Without Taking Power: The Meaning of Revolution Today*, Londons: Pluto Press, 2002.

서 민중계급을 위한 '잠재적 향상'의 도정을 찾는 게 문제인 것이다.

새로운 역사적 주체의 출현과 당과 운동들의 조합에 대한 분석은 개혁과 혁명 사이의 위험한 대안을 새로운 관계들 속에서 제기한다. 무한한 다양성을 가진 운동을 '세계 혁명'의 벡터——'인터내셔널' 내부에서 재집결된 당들을 선도하는——로서 이해해서는 안 된다.

우리가 고찰했던 것과 같이 새로운 역사적 주체와 그것과 분리할 수 없는 당 및 운동들의 문제설정은 세계적 맥락(다음 장의 대상인)에서 고려된 다양한 궤도들로 나타나고, 지리적 상황과 역사적 조건의 다양성을 따르며, 착수 가능성이 있는 다수적 투쟁들의 앙상블이 수렴되는 것을 지향한다. 기한의 문제나 폭력의 문제 모두 여기에서는 적합하지 않다는 것을 되풀이하자. 운동들의 투쟁과 어떤 형태로든 민중적 사회 세력이 국가권력에 참여하는 것은 오직 하나의 비가역적인 동역학을 개시하도록 할 뿐이다.

이제 3절에서 볼 근본계급과 관리직 및 전문가 사이의 '동맹'과 그것에 대한 '지양'——즉 관리직과 전문가들의 특권에 대한 계급적 대결——이라는 관점은 두번째 과정[지양]이 첫번째 것 내부[동맹]에서, 그리고 그와 동시에 시작해야 한다는 걸 함의한다. 그것은 복수적(au pluriel)인 의미의 '개혁들과 혁명들'을 말하게 하며, 분리할 수 없는 두 용어가 문제임을 강조한다.

2. '헤게모니'의 문제

우리는 고유한 정치적 질문, 즉 자본주의 사회 내에서 권력관계의 수립에 대한 질문에 이르게 되었다. 우리는 특히 당이라는 현대를 특징짓는 정치

권력의 사회적 구성을 위한 구체적 도구의 본질을 분석할 필요가 있다. 하지만 우리의 출발점이 거기에 있을 수는 없다. 당은 공적 견해를 나누는 수많은 대립들의 단순한 표현으로서만 무의미하게 존재하고 있는 것은 아니기 때문이다. 계급사회에서 당은 **계급구조**로부터 출발하여 고려하고 이야기해야 한다. 그렇기는 하지만 각 당들의 비중——선거로 나타나는——이 계급관계로 정의되는 그룹들과 직접적인 상관관계를 갖는 건 아니다. 투표행위와 계급 사이의 괴리는 분명하다. 선거에서는 주류적 이해를 대표하는 당이 표를 모은다. 이러한 역설을 한 번 고려해 볼 필요가 있다.

따라서 우리는 사회적 계급과 당 사이의 관계에 관한 더 철저한 분석을 개시할 필요가 있다. 이를 위해 정치에 고유한 지배의 본질에 대한 확인을 목표로 하는 그람시적 '헤게모니' 개념에 출발한다.

헤게모니에 대한 그람시적 분석: 마르크스주의적 해석

그람시는 헤게모니라는 말이 가지고 있는 마르크스주의적 영향권을 넘어, 어떻게 보면 활용상에 새로운 의미를 부과하였다. 그는 **지배계급**이 오로지 강제에 의해서만 **지배**하는 건 아니라고 강조한다. 만약 그들이 주민들의 '동의'를 얻지 못한다면 무력한 존재일 뿐이다. 그런 식으로 부르주아, 즉 '지배계급'은 '지도계급'으로 구성된다.

지배계급의 헤게모니적 능력은 근본계급에게 약간의 자유를 보장하면서, 상황을 지배하는 당의 능력 속에서 나타난다. 하지만 어떻게 사람들을 복종하도록 하며, 선거적 형태로 된 정형화된 동의는 어떤 식으로 부여되는가? 이러한 능력은 어디로부터 오는가? 그 할당의 원리는 어떤 것이며, 어떻게 그것들과 대립하는가?

그람시는 자본가들이 국가장치 및 경제에 대한 영향력을 통해 헤게모니를 획득한다는 상식적 수준의 답변에 만족할 수는 없다고 주장하였다. 그는 그러한 권력이 문화적 제도들의 조직(le tissu) ——베버처럼 말하기 위해, 경제적 질서와 조화를 이루는 어떤 윤리적 '정신'를 보증하는 기능을 하는 소수의 지적 인물들이 주로 활동하는 특히 교회나 학교를 언급하면서—— 을 통해 부과된다고 강조하였다. 그리고 그것은 선거와 관련된 냉혹한 진실 안에서 나타나는 것이기도 하다. 그 때문에 혁명을 창조하는 건 겨울 궁전을 장악하는 것보다 더 어렵다. 서구의 정치·문화적 유산을 재해석 및 재투자하지 않고, 즉 '아래'를 통한 헤게모니를 수립하지 않고서는, 사회주의가 기초하는 새로운 사회적 세력을 구성할 수는 없다고 그람시는 단언한다.

사람들은 그러한 이념이 진부하다고 말할 것이다. 부르주아의 힘이 경제적 능력과 그에서 유래하는 강제적 역량에만 기초하지 않는다는 점을 이야기한다고 해서, 이것을 마르크스주의로부터의 이탈로서 평가할 수는 없을 것이다. 하지만 제3인터내셔널의 마르크스주의는 그러한 점을 포착하는 데 소홀히 하였다. 그리고 그 이후의 마르크스주의(다른 경로이기는 하지만, 프랑크푸르트학파의 마르크스주의를 제외하고는)는 더 이상 결정적인 발전을 이루지 못하였다.

네오마르크스주의적 문제설정은 새로운 형태로 그람시의 이론적 프로그램을 계승하는 것이 가능하다고 주장한다. 이러한 문제설정은 이미 보았듯이 계급투쟁을 세 가지 계급들이 그들 사이의 경쟁 속에서 두 가지 지배요소를 갖고 벌이는 상호작용으로 정의한다. 이러한 배치는 필연적으로 헤게모니를 획득하기 위한 투쟁을 경험한다. 이는 그람시도 되풀이한——문화적 거점을 가진, '부르주아'와 '하위계급' ——고전 마르크스주의의 이항적(binaire) 관계가 아니라 **삼항적**(trois) 관계로 이해되어야만 한다. '위로부터'의 헤게모니는 다양한 관계들——두 개의 지배 극 사이의 관계, 근본계급과 지배계급 간의 관계, 지배계급 각자와 그들의 다양한 분파 간의 관계——에 따라 구조화된다. '아래로부터의' 헤게모니적 목표가 대결해야만 하는 것이 바로 이러한 복잡성이며, 이는 우리가 볼 것처럼 동맹의 정치가 통과해야 하는 지점이기도 하다.

헤게모니의 두 개의 논리: 자본가들/관리자와 전문가

시장과 조직이라는 별개의 두 가지 사회적 논리가 실존하고 있다는 것이 우리 분석의 출발점이다. 그리고 이는 각각 지배력과——적어도 완전히 최종적으로는——동시에 특권을 얻는 두 가지 힘을 식별하는 것이다. 이것이 다소 통합된, 사회적 상황에 대한 지배적이자 '지도적인', 그리고 헤게모니에 대한 경쟁 과정 속에서 동시에 수렴되기도 하고 발산하기도 하는 두 개의 사회적 주체가 구성되는 방식이기 때문이다. 이러한 점에서 서로 다른 자격과 수단을 보여 주고 있다. 이러한 두 가지 사회의 논리의 차이는 근본계급의 헤게모니 추구의 정치를 요구하는 동시에 그 자체로 걸림돌이 되는 가공할 만한 장애물, 즉 수수께끼적인 '선택적 친화성'——지배받는 자들이 지배하는 자들에게 동조하는——을 형성한다.

지배의 두 가지 극은 완전히 그러면서 동시에 상호보완적이자 적대적이다. 그것은 공모와 우선권의 전략을 모순적으로 전개한다. 각각은 자신에 만족하고 있지만, 서로가 서로에 대해 우세하다는 점을 보일 필요가 있다. 각각은 중심 및 주변의 수익자들이 존재하는 사회에 대한 비전을 발전시킨다. 주주의 권력이 관리자와 (상위) 관료의 특권에 비해 더 중시되는 것으로 나타나고, 그 반대도 나타난다. 각각은 다른 것의 수입을 순환시키고, 그것의 방법을 이용하며, 자신의 언어를 사용하고, 자신의 진영 내에 행위자들을 거느리고 있다. 하지만 각각이 어떤 것에 대해 지배적인 다른 것으로 나타날 수 있는 건 근본계급을 포섭하는 (헤게모니를 발휘하는) 고유한 역량 속에만 있다. 그런 이유로 탁월한 수단을 보유하고 있다고 말할 수 있다.

시장에 대한 소유 극의 헤게모니는 가장 실행되기가 어렵다. 그 이유는 자본주의 경제는 '시장경제' ──사용가치로서 이해되는 상품생산을 지향하는──가 아니기 때문이다. 우리는 경쟁이 이윤을 중심으로 이루어진다고 말했다. 그 논리는 **추상적** 부의 논리이다. 공적 요구가 없다면, 주주에 대해서 말고는 제공해야 할 설명이 많지 않고, 각자의 주도권과 연결된 일반적으로 가정된 번영이 아니라면 제안해야 할 목표도 될 수 없으며, 합리적 개인성의 궁극의 가치가 그 자신의 이익을 지향하지 않는다면, 제시해야 할 가치도 존재하지 않는다. 그와는 매우 반대로 이것이 선전이 필요 없다는 걸 의미하지는 않는다.

역설적으로 이러한 헤게모니적 형태는 보통 그와 같이 전근대적 가족 형태 ──심지어 마피아에서 보는 것과 같은 다양한 권위와 복종의 기계──를 재개시한다. 그것은 특히 질서의 힘을 숭상한다. 그것은 전통적인 종교 장치의 초자연적인 영향력 또는 가족주의 및 가부장주의와 같은 낡은 가치를 도구화하는 데 뛰어나며, 그때 그 가능성이 표출된다. 그리고 인종주의 및 민족주의 또한 사실상 제국주의적 세계체계 내에서 끊임없이 재실행되었다.

조직 극의 헤게모니는 완전히 다르며, 그와 동시에 양가적인 합리성에 기초를 두고 있다.

조직 역시 시장과 마찬가지로 계급요소이다. 두 개의 조정 양식이 **결합되는** 현대적 사회형태 속에서 이 두 가지 헤게모니적 지배가 모두 성공하는 건 아니라는 점에 주목해야 한다. 그 이유는 그러한 사회적 층위에서 조직이란 효과적인 적용을 위해 목적 및 수단에 대한 설명, 즉 구체적인 목표와 공동의 계획을 정당화할 수 있는 가치들의 창출을 전제로 하기 때문이다. 조직 ──적어도 그러한 현대적 전제 내에서 ──은 위계의 꼭대기에 있는 목소리가 의견이 결정되는 데 영향을 미침에도 불구하고 협의를 통해서만 발전된다. 이러한 이유로 '관리직'은 '전문가들' ──이러한 용어에 결합된 임의성에도 불구하고 ──과 관련이 있다. 조직에 의한 지배는 소유와 자본주의적 시장의 영역에 있는 것과 동일한 본질을 갖지 않는다. 정치적 동맹은 바로 이러한 가능성에 기초하고 있다.

이로 인해 조직 또한 반대의 경우로 이끌어질 수 있다는 점을 망각할 필요는 없다. 우리는 5장과 6장에서 조직이 현실 사회주의 내에서 어떤 극단적인 행동으로 이어졌는지에 대해 살펴보았다. 그리고 조직의 논리는 권위주의적 체제 내에 최악의 것 ──그러한 논리가 자본주의 시장의 모호한 능력을 위해서 존재한다는 것이 그 안에서 판명된다 ──으로 드러나기도 한다. 또는 나치즘에서와 같이 제국주의적 지배를 위한 기획을 위해서 존재하기도 한다. 이 모든 경우에서 우리는 목적 및 수단, 그리고 전제된 가치에 대한 명시적 제약이 교육 및 선전 기구의 설치 형태 아래서 그와 반대되는 것으로 방향이 바뀔 수 있음을 볼 수 있다. 조직과 결합된 '협의의 위험성'에 대한 공모, 더 일반적으로는 위계적 권위는 카프카로부터 오웰까지 반관료주의적 문학을 통해 규탄된 바와 같이 그 고유한 독점화 및 은폐 양식을 가지고 있다는 것을 우리는 알고 있다. 푸코는 '훈육적' 발달에 대한 분석을 발전시켰다. 하지만 이 가운데 어떤 것도 조직의 전체주의적 본질을 정의하지는 않는다.

그 결론은 헤게모니적 질문이라는 점에서 그 양가성과 구체성 안에서 조직을 고려할 필요가 있다는 것이다.

선택적 친화성

앞에서 이야기한 것과 대칭적으로 제기될 수 있는 고전적 질문은 지배의 '사회적 기초'에 대한 것이다. 왜 피착취자들은 지배적 요소들 배후에서 자신들을 다시 발견하게 되는가? 왜 정해진 배치를 따르게 되는가? 어떤 선택적 친화성들이 있는가? 이는 근본계급의 다양한 분파들이 시장과 조직이라는 두 개의 계급요소에 따라 어떤 식으로 영향을 받고, 그를 통해 어떻게 배치되는지를 연구하는 것으로부터 출발한다.

시장의 영향력은 독립노동자(농부, 장인, 소매상인)에게 상대적으로 더 강력하다. 위계적 조직의 영향력은 공공부문 임노동자──중간적 지위를 점하고 있는 민간부문 임노동자──에게 강력하다. 그것은 매번 두 가지 사태를 의미한다. 한편으로 특정한 분파가 계급지배에 시달리고 있다는 건 바로 이러한 두 가지 요소의 다양한 측면들을 통해서 그렇다는 것이다. 동시에 당사자들이 개인적 향상, 심지어는 계급투쟁의 도구를 발견할 수 있거나 발견할 수 있다고 믿는 것도 바로 이와 같은 동일한 요소 속에서 그러하다.

소유 진영에 있는 전통적 우파는 자영업자[독립노동자]와 노동자계급 계층(중소기업)──능력을 통한 향상의 관점은 없지만, 독립적 지위에 대한 잠재적인 접근을 꿈꾸는──의 표를 확보한다. 민간부문의 임노동자와 같은 중간 계층들은, 일반적으로 공무원들처럼, 관리직과 전문가들의 일원이라고 볼 수는 없지만, 조직 극에 더 호감을 갖고 있으며, 거기에서 그들의 가치와 기대를 공유하고 따라서 그것이 이루어질 수 있는 조건들 또한 공유하기를 열망한다. 지배적인 헤게모니 극──양극적으로 적대적인──들이 각자의 사회적 기초를 발견하는 건 계급요소의 이중성에 준거할 수 있는 이러한 선택적 친화성 때문이다.

이는 결코 특정한 경우에는 완전히 부합하지 않는, 반복적 현상의 틀을 정의하는 배경과만 관련되어 있다. 그리고 어떤 순간이 아니라 어떤 시기와 관련되어 있다. 그것은 현대 사회적 공간의 배치를 묘사하고, 그 위에서 다양한 전략들과 복잡한 관계들을 구체적으로 발전시킬 것이다. 그러한 것들 중 하나를——특히 오늘날 중요한——우리는 주목하고 있다.

자본가의 헤게모니와 관리자들의 도구화

이러한 계급지배에 필연적인 '사회적 기초'에 대한 질문에 또 다른 하나——바로 그 상호관계들과 관련된——가 결합되어 있다. 그리고 그것은 전형적으로 관리직과 전문가들을 종속시키고, 결합시켜야 하는 자본가들의 필연성과 관련되어 있다. 이는 이윤의 추상적 논리가 동의를 통한 지배의 실행에 조직의 논리보다는 그리 적합하지 않다는 사실과 관계가 있다. 물론 몇몇 인구는 '선택적 친화성'에 의해 기업가의 지위에 오를 수 있는 가능성에 대해 민감하거나 자유 기업의 매력, 즉 그것이 스스로 부여하는 역동성과 안정성에 매료될 수 있다. 하지만 자본가들의 헤게모니는 더 일반적인 조건을 내포하고 있다. 그러한 헤게모니는 기업의 관리 이외에도 다수의 사회적 기능의 총체——행정, 문화, 교육, 교통, 건강, 정보 및 연구 등——가 보증된다는 걸 전제하고 있다. 이는 전형적으로 '전문가들'의 영역이다. 사실 이 분야 내에서 관리·운영에 적합한 전문가적 역량의 가치가 빛나게 된다. 자본가들이 그들의 고유한 헤게모니를 확보하길 원한다면, 바로 이러한 능력을 도구화하여야만 한다. 그렇지 않으면, 그들의 약탈자적 형상만이 우세하고, 지배의 모든 정당성은 상실된다. 벌거벗은 임금님과 마찬가지다. 따라서 자본가적 헤게모니는 관리직과 전문가들의 구체적 매개를 통해서만 현실적으로 부과될 수 있다.

3장에서 이야기한 '조직자본주의'를 이해할 필요가 있는 것도 바로 이러한 맥락 안에서 고려해야 하기 때문이다. 이는 단순히 자본주의 생산관계의 자기파괴적 경향에 대한 극복의 필연성만을 가리키는 건 아니다. 조직의 차원은 근본계급의 동의에 절대적으로 필요하다. 자본주의는 태생적이지는 않지만, 필연적으로 사회적 '조직가'의 질서이다. 두 개의 지배적 관계가 적대적 협업 관계 속에 기입된다. 자본가들은 경제·문화적 차원에서 관리직과 전문가들이 행사하는 권력 때문에 그들에 의존한다. 따라서 자본가들이 헤게모니를 확보하기 원한다면, 관리직 및 전문가들을 의존적 상황 속에서 고립시킬 필요가 있다.

최근에 미국에서 신자유주의적 자본주의는 자본가적 소유와 연결된 연금기금과의 관계 속에서 계급대립을 혼란 속에 빠뜨리기도 한다. 언뜻 보기에 전체 임금소득자에게 제공되는 것과 같은 이러한 메커니즘은 현실적으로 '자본가적' 지위에 있지만, 여전히 소유에 대해 종속적인 민간 및 공공부문 관리직 계층과도 관련되어 있다.[15] 자본가들의 헤게모니는 관리직과 전문가들의 고유한 역량의 예속화를 통해 통용된다. 그에 비해 그 반대는 명백히 진실이 아니다.

이러한 계급구조의 삼원적 문제설정을 통해, 그람시가 만일 자본가계급들 내부의 바로 그러한 관계에 대해 잘 파악했더라면, '유기적 지식인'이라는 표현을 통해 프로그램 전체를 풀어 나가지는 않았을 것이라는 점을

---

15) G. Duménil & D. Lévy, "Neoliberal Income Trends: Wealth, Class and Ownership in the USA", *New Left Review*, No. 30, November-December 2004, pp.105~133.

확인할 수 있다. 그람시의 접근은 사회적 구조의 이원적 비전에 제한되어 있다.[16) 우리가 이 책에서 제시하고 있는 삼원적 도식이 헤게모니에 대한 질문을 더 폭넓게 정리할 수 있도록 해준다.

동맹의 필연성과 타당성

여기서 출발하여 우리는 근본계급에 고유한 세번째 헤게모니적 관점과 그 것이 암시하는 동맹관계를 이해할 수 있다. 근본계급도 자본가들과 마찬 가지로, 문화·사회·정치 및 경제적인 이유로 인해 그들은 관리직 및 전문 가들과 협력해야 할 필요가 있다. 이러한 동맹은 정치적 전투이며, 우리는 그러한 정치적 전투의 본질을 탐구할 것이다.

이러한 관계들은 노동자운동 내에서 상당히 자연스럽게 수립되었다. 사용가치 생산이 효과적으로 이루어지는 장소인 기업은 조직에 능한 관리 직 ── 그들은 사용가치(자본주의적 맥락에서 그것에 대해 행사되는 과잉결 정은 제외하고)에 요구되는 상품화와 생산을 관리한다 ── 을 필요로 하는 하나의 조직이며, 그들의 본래적 논리 ── 그 기능을 통해 초래된 ── 는 '산 업적' 논리이다. 그것은 노동자운동이 항상 '금융적 이해'에 반하는 '산업 적 이해'로서 지칭되는 것과 어떤 공모를 해왔기 때문이다. 그런데 생산의 구체적 목적인 그러한 '산업적' 이해는 그들이 만족시켜야만 하는 사회적 요구 조건이라는 점에서 필연적으로 더 넓은 공적 공간 속에서 논의되기

---

16) 그람시가 제시한 '포드주의' 분석은 이러한 이원적 비전에 지배 ── 첫째로 우리가 말할 수 있는 ── 받고 있음을 강조할 필요가 있다. 공장과 관리혁명 간의 관계는 대체로 계급관계로 인식되질 않는다. 조직은 그람시적 계급구조의 문제설정에서 반향을 일으키지 못한다. 그 람시는 자본주의적 진화가 적어도 기술적으로는 임금을 받는 노동자 모두에게 '접근'하였 다고 간주하였다(A. Gramsci, "L'instrument de travail", *L'Ordine Nuovo*, 14, février 1920, *Gramsci dans le texte*, Paris: Éditions Sociales, 1975, pp.64~70).

에 이른다. 그 때문에 탄광노동자들은 장 조레스——문화와 전문가의 힘에 호소하는——의 힘을 자발적으로 빌리게 되었다.

이는 문화·사회·정치 및 경제적 요구에 따른 전문가 및 관리직과의 동맹이라는 원대한 관점을 수긍할 수 있도록 해준다. 어떤 조건에서 민중의 힘이 조직 및 [전문적] 능력 장치 내에 기입되어 있는 계급적 효과를 중화시킬 수 있는지에 대해 알아야 할 필요가 있다.

3. 동맹의 문제: 우파와 좌파

우리는 19세기 초 출현한 근본계급의 의식적 정치 투쟁이 항상 자본가 및 토지소유자 속에 뿌리박힌 것과는 대조적인, 전문가 및 관리직의 사회적 힘과의 동맹으로 이어졌던 이유를 더 잘 이해하게 되었다. 우리가 접어든 영토는 미개척의 영역이다. 우리는 좌파와 우파 사이의 고전적 구별을 하기 전에 우선 이러한 형세——우리가 관찰할 수 있었던 바 그대로——를 재검토할 것이다. 우리는 최종적으로 어떻게 이러한 동맹의 문제설정이 두 개의 전선에서 투쟁을 발생시키는지 검토한다.

동맹의 역사적 궤도와 형상

20세기 마르크스주의는, 그것이 노동자운동 내부에 부과된 형태 속에서, 어떤 의미에서 보면 이러한 과정——그것은 민중세력과 그때 당시 자본주의적 동역학이 그 출현을 요구하고 있던 조직적인 사회적 계층 사이의 역사적 동맹을 주장하였다——을 이론화시킨 것이었다. 그것은 1917년 이후, 전후 사회민주주의적 타협까지의——그리고 노동자운동 및 마르크스주의의 영향력 범위를 꽤 넘어——, '자본주의 내의 사회주의' 및 현실 사회주에 이르는 급진적 형태에 대해서도 똑같이 유효하다. 마르크스를 통해 열린 이론적 관점과 결합된 모호성 및 풍부함을 평가할 필요가 있는 것도 바로 그 지점이다.

노동자집단은 그 개입 능력을 통해 추진력을 나타내지만 또한 혁신 역량——사회주의라는 명목하에 형성되는 급진적인 정치 및 사회·경제적 요구 때문에——을 나타내기도 한다. 그리고 자본가들에 대항하여 그들은 논리적으로 자신들의 계획을 조직하고 관리할 수 있는 사회적 계층——전문적 지식과 정당한 권위, 효과적인 소통 형태 및 이러한 모든 기능에 핵심적인 관계들을 보유한 계층——의 힘을 빌린다. 공동의 임노동 조건을 공유함으로써 정의되는 '즉자적 계급'을 본래의 의식적인 정치 주체인 '대자적 계급'으로 나타나게 할 수 있는 당을 구성하는 프로젝트는 동맹의 실행이라는 관점과 분리할 수가 없다.

사회주의 및 사회-민주주의, 그리고 공산주의 정당은 다양한 자격으로 그러한 동맹의 중심적인 매개자가 된다. 인터내셔널 내부의 사회주의적 세력과 공산주의적 세력 사이의 분열로 인해 두 가지 별개의 운명이 규정되었다. 하지만 이러한 두 가지 경우, 관리 및 전문가 세력과의 동맹은 결정적인 조건으로 남아 있다. 현실 사회주의 내에서 그러한 세력들은 지배계급의 지위를 급속하게 독점화하게 되었다. 자본주의 내에서 그들은 전후에 무르익었으며, 20세기 자본주의 사회에 중대한 특징이 된 원대한 역사적 타협 속으로 밀려들어 갔다. 민중세력은 관리자들이 특권적 집행자가 될 수 있는 그러한 정책들의 실존적이며, 사회적이고, 문화적인 내용의 틀을 어느 정도의 수준까지 억압할 수 있었다. 이러한 타협은 민족국가에 집중된 사회 및 경제적 발전을 가능하게 하였다. 그것은 몇십 년 동안 지속된 전후 타협 기간 동안 자본소유자가 갖는 특권을 억제할 수 있도록 해주었다. 이 또한 제한적이었으며, 이는 관리-능력을 점유하고 있는 돌출된 사회적 지위와 관련이 있었다.

이러한 맥락이 쇠퇴하고, 적어도 사회국가에 이르게 되는 민중적 영향력에서 벗어나려는 경향이 보였던 1980년대부터, 관리직 및 전문가 세력들은 자본주의적 상품화와 민영화라는 신자유주의적 깃발 아래 협력하기 시작하였다. 타협은 오늘날 위기의 한복판에 있다고 말할 수 있다. 모든 근본계급의 정치가 현실적으로 개조되어야 한다. 어떻게 근본계급의 정치를 전진시키고, 진정한 '동맹'으로 전환시킬지 알아야 할 필요가 있다.

하지만 그러한 분석은 여기서 가공할 만한 장애물을 만난다. 그것은 우파/좌파라는 쌍으로 고려하지 않으면 안 되는 개념적 형상 아래서 형성되어 있는 어려움과 관련되어 있다.

우파와 좌파

동맹의 문제설정의 기초가 되는 헤게모니적 장의 사회적 삼중성은 모든 정치적 담론의 일반적 관례에 따른 이중적 표현인 우파/좌파의 대립을 통해 은폐되어 있는 것으로 나타난다. 이러한 용어는 여기서 '민주당'과 '공화당'을 대조하고, 또 다른 식으로는 '사회-민주주의자들'과 '보수주의자들'을 비교하기 위해 동원되었다. 그리고 동일한 종류의 대립을 설명하는 많은 다른 명칭도 가능하다. 우리는 그것을 '극단적'이라고는 말할 수 없는 좌파와 우파의 강령 및 정책들을 지칭하기 위해 사용한다. 이는 정치 무대에서 쓰이고 있는 표현들과도 관련되어 있는데, 프랑스혁명까지 거슬러 올라가는 오래된 표현인 동시에 고전 마르크스에서도 계승된 것이다. 그것은 그 내용이 매우 다양하고, 경우에 따라 이러저러한 의미 속에 엄청나게 변화할 수 있는 균형의 중심을 표시하는 커서(cursor)와 같지만, 대부분의 민족국가들에서 아주 명백하게 나타난다.

그것은 확실히 어떤 윤곽과 관련이 있다. 당연하게도 다양한 형태의 지역적이고 언어적이거나 종교적인 요인들에 의해 과잉결정되는, 그 기초의 독특한 역사적 상황에 대한 증거를 나타내는 당들의 거대한 다양성이 존재한다. 그렇다고 해도 그러한 당들은 양 진영으로 나뉘는 경향이 있다. 물론 다수결의 필요성은 다소 공평한 분할로 완성된다. 왜냐하면 통치를 위해서는 과반수이어야만 하고 그것으로 충분하기 때문이다. 그러나 그것은 이러한 두 개의 진영을 구분하는 계급적 내용을 규정하지는 않는다.

이러한 우파/좌파의 대립은 우리가 정의한 사회적 삼분화(tripartition) ——그 기초에서는 근본계급과 '위에서는' 잠재적으로 적대적인 두 세력들을 포함하는—— 와는 모순적인 이분화(bipartition)의 도식으로서 나타난다. 네오마르크스주의의 메타 사회학과 경제학이 해독하는 삼중의 형세와 다른 한편으로 정치적 분석에 부과된 이러한 쌍 사이의 간격을 어떻게 이해할까?

여기에서는 우리는 '좌파'라는 용어가 매우 확고한 논리를 지니고 있지만, 동시에 가변적인 내용을 전달한다는 점을 분명히 할 것이다. 우리는 삼분화가 **구조**의 현상(fait)이며, 우파/좌파의 이분화는 **역사와 사건**[17]에 속한다고 말할 것이다.

그것은 근본계급이 좌파라는 용어를 통해 변혁적 내용을 정치에 부과하여 관리직과 전문가들에 대해 영향력을 행사하는 위치에 있다고 생각할 때만, 대문자 '좌파' ——이러한 용어와 결합된 해방에 대한 주장의 실천적

---

17) 알렉스 캘리니코스는 알랭 바디우의 사건 개념을 논의하면서 실재론적 인식론의 전통에 서서 **구조**와 사건이 동일한 방식으로 '존재'하지 않음을 강조한다. Alex Calinicos, *The Resources of Critique*, Cambridge-Boston: Polity, 2006, pp.161~171.

이고 효과적인 긍정에 의한──라고 이야기할 수 있다는 걸 의미한다. 이러한 대문자 좌파는 사실 그것이 생겨난 이래로 자유, 평등, 박애라는 현대적 약속 내에 함축되어 있는 정치·사회적인 조건들을 보증하거나 적어도 그런 목표로 활동할 수 있는, 실질적인 대중권력을 담지하고 있는 자들의 지배에 반대하는 주장을 통해 규정된다. 그렇기는 하지만 이러한 의미에서 대문자 좌파가 정치적 장치의 일상적인 경향은 아니다. 그것은 민중투쟁의 역사 속에서 다양한 정도로 발생하며, 급진적 변혁을 야기하는 하나의 사건이다. 투쟁 속에서 자신들 내부의 단일하고 강력한 성장이 부재한 가운데, 근본계급들은 자신들의 정치적 대표권이 형식적 '좌파'──현대적 계급지배의 두 구성 요소 사이의 권력 분할을 은폐하는──속에서 증발해 버렸음을 목격하고 있다. 상위 층에서 일어나는 새로운 조정이 '아래로부터의'라는 원칙의 취약성에 공명하게 된다. 오직 근본계급의 투쟁만이 잠재적으로 그들이 올라설 수 있는 범위에서 또 다른 미래를 기약할 수 있도록 하는 지배의 두 분파 사이의 잠재적 적대를 드러내고 활성화하여, 그들의 연대 끈을 완화시킬 수가 있다.

따라서 '좌파'는 모순적이면서 동시에 유용한 개념이다.

그것이 관리직과 전문가들에 의해 영유될 수 있다는 점에서 모순적인 개념이다. 다양한 동맹의 형세 속에서 관리직과 전문가들은 중심적이지만 매우 가변적인 역할을 향유한다. 그들은 또한 혁명적 전위들 내에서 중요한 역할을 하기도 하였다. 그리고 그것은 민간·공공 관리 및 행정 당국에서도 마찬가지이다. 우리는 그들이 좌파 타협에서 우파 타협으로 이동하고 있음을 목격하고 있다. 그들은 이런저런 방식으로 적응하는 역량──심지어는 불편한 형세 속에서도──을 가지고 있다. 그들이 주요 정치적 정세들을 나타내는 변화를 생산할 수 있는 원동력이 될 수는 없다. 하지만 그들은 근본계급의 불가피한 파트너이자 적수이기도 하다.

만약 우파/좌파라는 이중적 대립에 변증법적 의미, 그 실천적 범위를 부여하는 **자본소유자/관리직 및 전문가/근본계급**의 삼각 형세를 파악한다면 '좌파' 개념은 유용하다. 이러한 문제설정을 통해 오늘날 상대적으로 보편적인 양당주의(bipartisme)──우리가 이러한 용어를 통해 정치적 진영(다양한 형태를 취할 수 있는)이 지배계급의 사회적 양극성으로 이어진다는 사실을 이해하고 있음에도 불구하고──적인 상황의 모호성이 드러난다. 이는 근본계급을 대표하고 헤게모니적 영향력을 행사할 수 있는 정치적 조직 형태의 필연성을 나타낸다.

신자유주의가 부상하는 전 지구적 맥락 속에서 근본계급의 정치적 패배가 이러한 잠재적인 세번째 헤게모니 극의 붕괴──공고하게 구성된 것처럼 보이던 바로 그때──를 통해 표출된 역사적 순간에 이러한 질문들이 매우 중요한 것으로 드러나게 되었다. 고전 마르크스주의 내부에 이에 상응하는 적절한 개념이 결여되어 있었기 때문에, 본질적이고 전략적인 지점──사회적인 삼분화와 우파/좌파 쌍 속에 기입된 이원주의 사이의 변증법적 관계──과 이론적으로 대면할 수가 없었다. 그것이 그의 정치적 사고를 더 발전시키지 못한 이유다.

동맹의 내용: 두 개의 전선에서의 투쟁

그렇게 정의된 계급적 맥락 속에──우리는 여기서 신자유주의적인 동시대적 형세 속에서 그것을 이해하고 있다──신자유주의적인 자본주의적 금융의 지배에 대항하는 첫번째 전선이 부과된다. 다시 말해 '반자유주의'(antilibéral) 전선이다. 말의 함정에 빠지지는 말자. 민주주의 및 톨레랑스적 요구라는 의미에서 '정치적 자유주의'는 장기간에 걸친 민중투쟁에 의해 야기된 자산의 일부분이다. 그것은 특히 부르주아가 보편적 남성(및 여성)의 투표권을 보장하도록 하였다.[18] '반자유주의적'이라는 슬로건은 이러한 정치적 자유주의와 경제적 자유주의 사이의 유사성에 가정된 명증성을 정면으로 공격한다. 게다가 그에 반해서 자본주의적 소유에 대항하는 관리직과 전문가들과의 동맹이 중요하다.

이러한 첫번째 전선은 일련의 전통적 목표들을 내포하고 있다. 민족국가——더 큰 세계적 차원의 정치적 연대는 이러한 통제와 영유의 일차적 심급 없이는 불가능하다——를 생산의 국가적 틀로서 확인하는 것이다. 이러한 의미에서 우리는 명확히 경제정책이라 확언할 수 있는 전략적인 것 모두를 공적으로 준수해야만 한다. 고용조건에 대한 국가적 통제를 시장적 전횡이 아닌 민주적으로 제정된 규범(특히 임금계약 및 보수 수준의 안정성)에 종속시킨다. 그리고 그것은 완전고용과, 공적 서비스——교육·보건·문화·정보·연구·교통(transports)——를 확보하는 일이다.

하지만 동일한 동맹의 틀 속에 두번째 전선이 나란히 부과된다. 그것은 관리직과 전문가들의 계급적 특권의 재생산에 기여——학교 교육상의 차별에서부터 관료화, 그리고 제도들, 특히 기업들이 그러한 재생산에 맞게 개조되는 것까지——하는 모든 것과 전문가적 능력의 독점에 대항하여 형성된다. 이는 기회의 평등뿐만 아니라 결과의 평등에 대한 것이다. 미국에서처럼 신자유주의를 통해 재활성화되어, 관리직과 전문가들을 또 다른 지배 극에 접근시켜 자본주의 금융의 하수인이 되도록 운명 짓는 것은 바로 이러한 특권 때문이다(3장을 보라). 만약 우리가 그 고유한 모순의 영향

---

18) 이를 자신의 의제로 최초로 채택한 정당은 노동자정당이었다. 독일 사회민주당의 「에어푸르트 강령」(Programme d' Erfurt, 1891)에 잘 나타나 있다.

으로 동맹이 허물어지도록 놓아 두길 원하지 않고, 어떤 비가역적인 과정을 개시하기 원한다면 이러한 특권들과 단절해야만 한다.

그러나 이러한 근본계급의 헤게모니 장악을 위한 매개물은 불가피하게 얽혀 있는 **당**과 **운동**의 관계로서 분석된다. 그러한 관계는 끝없는 긴장과 수렴의 연속으로, 당과 권력, 권력에 대한 저항과 운동을 지칭한다. 심지어는 대중적인 정당들조차, 정당들은 모두 조직 형태의 공통적인 논리에 의해 파괴되는 운명에 처해질 것이다. 그러한 논리는 [조직관계를] 어떤 저항할 수 없는 친화성의 힘을 통해, 관리직과 전문가들에게 익숙한 활동영역에서 뚜렷이 나타나는 꼭짓점으로 수렴시킨다.

특히 공산당 진영의 노동자운동은 그것을 알고 있었다. 그들은 견고한 듯 보이는 절차로 무장하게 되었고, 그 결과는 결코 무시될 수 없는 것이었다. 그러한 절차는 '노동자계급' 내에서 지도자를 체계적으로 선발하는 데 있었다. 민주집중제가 사실상 빗장을 걸어놓은 것이다. 하지만 감독의 필요성과 연결된 정치적 관리의 증대된 복잡성 ——전문가를 사령탑 자리에 앉히면서—— 으로 인해 모든 빗장이 풀렸고, 공포스러운 형세가 재생산되는 것이 불가피하였다.

현재 근본계급의 정치적 구성은 고유한 내적 다양성과 관련한 더 엄격한 규칙을 확보하기에 더 이상 충분하지 않다. 오직 '운동'과의 끊임없는 유대만——그 다양성과 끊임없는 갱신 속에서——이 그 대중적 성격을 보존할 수 있다. 바로 이러한 것이 계급투쟁에 활력을 불어넣는 것이며, 이는 어떤 유일당의 전횡이 가능한, 강령화할 수 있는 문제가 아니다. 이는 유토피아와 저항의 진정한 유인을 구성하는 투쟁의 국면에서 발산되는 일시적 힘들이자 분출이다. 어떤 또 다른 세계도 이것 없이는 삶의 징후로 주어지지 않는다.

4. 동맹과 그 지양의 경제적 형상

'사회주의'는 항상 '자본주의'의 안티테제로서 인식된다. 이러한 전도의 관계를 어떻게 이해할까? 어떻게 그러한 전도는 완전히 실패했는가? 어떤 새로운 도정을 묘사할 수 있을까?

사회주의, 자본주의의 '전도'?

사회주의라는 이름으로 행해진 두 번의 역사적 경험 —— 현실 사회주의와 '자본주의 내의 사회주의' —— 은 생산수단의 사적 소유에 기초한 자본주의의 명예를 실추시켰고, 일반적이거나 선택적인 국가적 소유(국유화의 관점에서)로의 반전을 이루어 내었다. 동시에 계획은 자본주의 시장에 대한 전형적 반대물——시장의 무질서에 대한 응답——로서 인정되었다. 무질서와 시장 개념의 긴밀한 조합은 그 이후로 거부되었고, 소비에트주의의 오류에 대한 대안적 원리를 '시장사회주의'라는 이념 속에서 연구하기에 이르렀다.

국가적 소유를 통한 사적 소유의 대체, 그리고 계획을 통한 시장의 대체가 어느 정도로 정당화되었는지에 대해서뿐만 아니라 또한 똑같이 사회주의 사상의 부흥을 오직 시장을 통한 조정 속에서만 생각해 낼 수 있는지를 알아야 할 필요가 있다.

우리는 여기서 또 다른 길을 탐구할 것이며, 현실 사회주의에 대해 재론하지 않을 것이다. 우리는 그것이 다양한 변종들이 개조되기 불가능한 계급적 체계로 이어졌다는 걸 알고 있다. 우리는 더 일반적으로 어떤 양상들이나 최종적 기일에 대한 계획을 뽑아내는 것을 경계할 것이다. 따라서 근본계급 위에 두 개의 계급적 지위, 즉 자본가와 관리직 및 전문가들의 지위가 존재하며, 우리가 근본계급과 관리직 및 전문가들의 동맹의 정치로서 지칭하고 있는 것이 필수 불가결하다는 생각에서 재출발한다. 이는 어떤 절대적 요청으로부터 출발하는데, 시장과 계획 및 공적 또는 사적 소유에 대한 고전적 질문들이 이러한 요청을 계승할 수 있다. 그러한 동맹의 실천적이며, 경제적이고 사회·정치적인 목표는 어떤 것인가? 그리고 어떤 조건에서 이러한 **계급동맹**이 **계급 없는** 사회로 가는 도정으로 이해될 수 있는 것인가?

네오마르크스주의를 통해 우리는 이중적인 인식론적 목표를 획득하였다. 한편으로 조직과 시장이라는 두 개의 조정 양식의 상보성을 확립하였다. 이러한 두 개의 사회적 규모에 따른 합리적 조정 양식이 현대 사회 내에서 두 개의 계급요소로 이루어진다는 사실을 수용하였다. 그러한 식으로 어떤 역사적 과업이 정의된다고 입증되었다. **둘 모두**가 가지고 있는 합리성의 담지자적 역할을 유지하면서, 계급관계의 기초로 작동하는 것을 정지시키는 수단을 발견하는 것이다.

바로 그러한 것이 근본계급과 관리직 및 전문가들 사이의 동맹의 정치적 관점이다. 그것은 우리가 어떻게 시장을 포기하지 않고서도 자본가적 소유를 제거할 수 있는지를 연구하는 방향으로 이끌 것이다.

자본주의적 소유와 폐지의 의미

동맹이라는 표현은 바로 생산과 교환수단의 소유권을 보유하고 있는 자본가들의 수입과 권력을 제한한다는 것을 뜻한다. 즉 자본가적 소유권을 약화시키고, 그 폐지를 향해 나아간다는 의미이다. 하지만 시장은 폐지되지 않는다. 고전 마르크스주의와는 대조적인 이러한 관점 속에서 우리는 결정적인 질문으로 이어지게 된다. 잘 피해 갔다고 볼 수도 있는, 그 자체로 고려된 소유에 대한 질문이다.

필연적으로 우리는 소유에 대한 일반적 정의로부터 출발할 수밖에 없다. 소유는 어떤 물건에 대한 **사회적으로 승인된 사용권이다.**[19] 여기서 사용은 가장 넓은 의미에서 그 물건이 주는 이익을 뽑아내거나 양도할 수 있는 권한을 포함하고 있다. 바로 그러한 정의로 인해 소유권이 마찬가지로 다양한 한계들과 조건들에서 실행되는 매우 상이한 몇몇 목표들, 즉 권리들을 은폐할 수 있다는 것을 파악할 수 있도록 한다.

특히 2차세계대전 이후 타협 기간에는 자본가적 소유권이 고용과 과세 조건 및 도시계획과 같은 관련된 사회적 규범 내지 기준에 제약되어 있었다. 자본가적 소유의 **사용권**을 제한하는 지침이 설정되었고, 때마침 마르크스는 노동일의 활용에 대해 '권리에 반하는 권리'[20]를 말하였다. 그것은 바로 계급투쟁의 일용할 양식이며, 특히 매 선거 과정에서 구체화되는 쟁점이기도 하다. 신자유주의가 전진할 때마다 매번 불안한 질문들이 제기된다. 노동자들의 권리로 주장할 수 있는 것이 여전히 남아 있기라도 한 것일까?

그렇지만 자본주의적 소유의 기생적인 성격은 점점 더 그러한 권리가 가지고 있는 신용을 떨어뜨린다. 그러한 권리 주장은 또 다른 기초에서 그것이 보유할 수 있는 생산적 심급의 역할만을 가질 뿐이다. 예를 들어 중소기업 단위에서 그렇듯 말이다. 그러한 층위를 넘어, 소유가 감독 기능으로부터 해방되고, 관리자들이 그러한 모든 기능을 확실히 실행하고 있는 관

---

19) J. Bidet, "La théorie des droits de propriété", *Théorie générale*, pp.315~318을 보라.
20) Marx, "La limite de la journée de travail", *Le Capital* I, chap. X. [국역본은 『자본』 I-1, 제3편 8장 1절. 노동일을 연장하려는 자본가의 구매자로서의 권리와 노동일을 제한하려는 노동자의 판매자로서의 권리가 갖는 이율배반에 대해 마르크스는 말하고 있다.]

리적 대기업에서는 그러한 권리 주장이 약화된다. 이러한 점에서 자본주의적 소유는 오래전 부재지주(不在地主)의 토지 소유를 계승하고 있다. 그 일부 성원이 이사회에 출석한다고 해도 말이다.

만약 우리가 **소유를 사회적으로 승인된 사용권**이라고 이해한다면, 그것의 폐지에 동반되는 과정 또한 이해할 수 있다. 우리는 개량주의적 길과 혁명적 길 사이의 위선적 간극으로부터 벗어난 계급투쟁의 실천적 도정을 묘사할 것이다.

만약 사실상 자본주의적 생산의 논리가 추상적 부, 즉 우리가 말한 것처럼 이윤의 논리라고 한다면, 반자본주의적 투쟁은 자본주의적 소유권——어떤 조건 아래서라도 무엇이든 생산하는 데 그들의 자본을 사용할 수 있게 하는 소유자들에게 승인된 능력——을 제한하는 것을 목표로 할 것이다. 이러한 투쟁은 일종의 전부 아니면 전무——노동자들이 구성원이 결정한 것을 '구체적 계획'에 따라 생산하기 위해 생산수단을 '소유할 것' (disposer)이라는 (예컨대 혁명적인) 표현으로 볼 때——는 아니다. 우리는 그 이유를 잘 알고 있다. 이러한 투쟁은 더 이상 개량주의자들의 기반이 되는 진보주의적 신념에 기초한 것도 아니다. 물론 그것은 다소 장기적 관점에서 매 순간 목표를 설정한다. 하지만 그것은 매번 고용 조건에 대한 사회적 전횡(專橫)을 감소시키기 위해, 그 본성의 활용과 수입과 분배의 반복적 정세들에 본질적으로 기초하여 결정된다. 이러한 경험이 누적되고 때때로 다소 혁명적 또는 개량적인 한계를 뛰어넘는 데 성공하기도 한다. 그리고 이렇게 획득된 권리는 '소유'에 대한 규범을 재정의하면서 법적 텍스트들 속에 기입될 수 있거나,[21] 아주 단순하게는 일상적인 것으로 굳어지곤 한

---

21) 1972년 프랑스에서 노동력에 대한 자본주의적 소유의 제한인 CDI[Contrat à Durée Indéter

다. 계급투쟁이 자본주의적 소유에 결합되어 있는 특권에 대항한, 결국 그것의 폐지를 위한 투쟁이라는 건 바로 이러한 구체적 의미에서 그러하다.

'자본소유자' 계급의 무용성

주주들이 존재한다는 사실만으로 자본주의적 소유의 대기업에 대한 직접적인 또는 정책을 통해 발생하는 영향력을 측정할 수는 없다. 왜냐하면 자본가계급이 생산수단을 사용할 수 있도록 하는 것은 임금을 받는 관리직의 행동과 행정적 틀을 통한 정책적 규정을 통해 매개되기 때문이다.

우리가 본 것처럼 주주들의 이해(채권자로서의 이해로서)가 지난 규제 기간 이후 재수립되기 위해 신자유주의적 세력의 반격이 필요했다. 이러한 결과로 이어지도록 하기 위해 관리직들을 자본가계급의 품으로 되돌아오도록 할 필요가 있었다. 관리의 기준을 정의하고 ——경영자들에 대한, 더 충격적인 보수 수준과 양식을 통해 뒷받침되는——, 뻔뻔하게도 주주들의 이익에 기업 행위의 목표를 설정하면서(예를 들면 투자결정), 투자에 대해 이윤 배당의 우선권을 부여하고, 수익성 규준을 정하며, 금융기관의 권력(은행과 기금 각각)을 극단적으로 강화하였다. 이러한 것들 중 어떤 것도 문자 그대로 경제적 요구라고만 볼 수는 없다.

만일 그러하다면 우선 신자유주의적 경향에 대한 역전(inversion)이라는 관점이 동맹에 부여되어야만 한다. 불확실한 경로로의 전환이 아니며, 동일한 것으로의 회귀도 아니다. 그것은 역전 불가능하게 만드는 것을 목표로 하는 이미 탐험된 경로에 대한 급진화이다.

---

minée: 무기고용계약과 파견근로에 대한 엄격한 규제.——옮긴이]가 부과되었다. 다른 한편으로 석유산업을 국유화하였을 때도 그러하였다. 획득된 것이 뒤집어질 수 있다는 것도 진실이다.

대안적 관리양식들이 수십 년 동안 자신의 역량을 나타내게 되었다. 그러한 틀은 사회-민주적 타협 형태, 즉 더 많은 자율성을 승인한 관리 양식 및 발전 모델——말 그대로 잠재적 '사용권'——내에서 계급적 형태임에도 불구하고, 집합적 소유 형태——행정 책임의 수뇌와의 상호작용과 민간 기업 이사회 내의 상호적 의석 분할에서 나오는 상호적 통제를 결합한——로 실행되었다. 말 그대로 사법적 차원에서 비금융 및 금융 민간 대기업은 대개 상호적으로 소유되었다(서로의 주식을 보유하였다). 자금조달의 대부분이 기업 내 유보이윤과 차입에서 비롯되었으며, 신주발행의 기여는 매우 미미하였다. 신자유주의 시대에 들어와서도 이런 특징이 변화하지는 않았다. 2차세계대전 이후의 성장은 강력한 국가 개입과 주주의 권한이 억제되거나 어떤 경우에는 거의 존재하지 않는 경제 내에서 이루어졌다.

경제적 메커니즘에 대한 주주의 미약한 영향력에도 불구하고, 자본주의적 소유가 고유하게 담당하고 있는 모든 기능——자금조달과 투자 등의 분야에서——이 확보되었다. 신자유주의적 자본주의는 1970년대 위기 기간 동안 위태로워진 수익성을 회복시킨 것만이 자랑이었다. 그러나 그것이 사용한 방식과 게다가 이윤을 회복시키는 데 이용된 방법은 존경받을 만한 것은 아니었다.[22]

---

22) *Crise* 및 같은 저자의 많은 논문을 참조하라. 이러한 작업을 통해 1970년대 자본수익성의 추락 및 그 규모와 메커니즘, 그리고 신자유주의 기간 동안 나타난 회복 경향이 분석되었다. 또한 미국과 프랑스의 경우 어떻게 이러한 이윤율의 새로운 상승이 생산적 투자로 구체화되지 못하는지에 대해 드러내고 있다(*Crise*, 14장 '금융은 경제에 자금을 공급하는가?'를 보라). 우리는 여기서 '존경받지 못할' '방법들'을 통해 임금 동결, 사회보장 지출에 대한 축소 시도, 노동조건의 악화 및 불안정화, 세계 노동자들 사이의 경쟁과 생산의 탈영토화 등을 암시하였다. 그와는 다른 방식으로 1970년대 위기의 구조적 조건을 개선하며, 이미 성취한 노력의 열매를 보존하는 것은 사회-민주적 타협의 행위자들의 일이었다. 어느 정도의 '수익성'이 ——심

프랑스 경제에서 매우 활동적인 국영기업과 공기업들이 자신의 방식대로 작동하여 왔다. 이와 더불어 주주의 권한 내에 있는 소수의 관리직을 통해 경영되는 대기업도 존재하였다.[23] 독일의 경우 자본가 집단들은 매우 적은 주식을 보유하고 있다. 그들이 가진 자본은 대부자본으로서 사전에 결정된 이자율로 보상받는다. 즉 그것은 매우 자율적인 기업들에 대한 자금조달이 이루어지는 채권자 자본주의이다. 상징적으로 1960년대와 1970년대 기업의 관리직과 MITI[일본의 통상산업성]의 관리들이 긴밀히 협력한(한 기관에서 다른 기관으로의 경력의 유동성을 고려한) 일본의 경우를 들 수 있다. 주식시장은 그곳에서 실질적으로 별다른 역할을 하지 못했다. 기업들은 매우 낮은 수익성——인플레이션에 의한 채권의 가치절하를 고려할 때 적자 운영을 하고 있는——에서 생산계획에 대한 자금조달을 위한 활동을 하고 있는 특정한 은행들에 연결되어 있었다.[24]

공적 소유에 대해서 말한다면, 역사는 국가적 형태의 소유가 자본주의의 악에 대한 만병통치약이 아님을 가르쳐 주고 있다. 그것은 기업 관리직들의 자율성을, 그 결과가 자신들에게 유리할 수 있는 공적 부문의 자율성과의 의존관계 속에 고정시켰다.

지어는 자본주의적 소유권에 결부된 특권들의 '억압'이라는 맥락에서도——시장경제적 과정(투자와 거시경제적 안정성)과 결부될 수 있는지는 경제이론의 과제이다(*La dynamique*, 특히 13장과 18장을 보라).

23) 우리는 1960년대 출판된 프랑수아 블로흐-레네(François Bloch-Lainé)의 기업의 수뇌부에 관한 책을 언급할 수 있다. 그 책 뒤표지에 다음과 같은 요약이 붙어 있다. "기업은 소유자들에게만 종속되는 것이 불가능한 이익공동체이다. 기업 내에는 공화국처럼 통치자(관리자)와 피통치자(자본과 종업원)가 존재한다." F. Bloch-Lainé, *Pour une réforme de l'enterprise*, Paris: Seuil, 1963.

24) 이러한 형세 속에서 양태의 다양성으로 인해 일반화는 확실히 어렵다. 우리는 소련의 최고경제회의(Vesenkha: 1918년과 1931년 사이에 거대 산업을 관리하였다)와 일본의 대기업들 사이의 관계를 동일한 평면에 위치시킬 수 없을 것이다.

따라서 우리는 이미 두 가지 도정을 경험할 수 있었다. 한 가지는 관리직들이 민간기업에서 취득할 수 있는 집합적 영향력에 기초하였으며, 또 다른 한 가지는 더 복잡한 형태로 공적 감독의 맥락에서 이렇게 획득된 권력을 국가적 기관의 관리직들에 더 단단히 접합시켰다. 이는 경제의 관료화에 대한 투쟁과 공적 서비스(전기, 수도, 철도) 등에 대한 중앙집중적인 조정에 대한 이중적 요구가 없다면 선험적으로 해결될 수 있는 문제들이 아니다.

대기업 관리 및 시장 이상의 일반적 조정 과정의 측면에서 자본가들은 현대적 경제가 기능하는 데 필수적인 요소로 등장하지 않는다. 우리는 그들을 제거하는 것이 두 가지 측면을 가지고 있다고 이해할 수 있다. 첫째로 관리와 정책을 채권자와 주주로부터 해방시킨다. 그것의 당연한 결과로, 두번째, 경제이론에서 '저축에 대한 보상'이라고 지칭하는 경향이 있는 금융자산에 대한 보수를 하찮은 것으로 만들어 버린다. 프랑스의 경우, 우체국예금(livret A)이 하나의 사례가 될 수 있다.[25] 이는 명백히 사회·정치적 세력관계가 만들어진다는 것을 필요조건으로 한다.

더 엄격한 잠재적인 분리를 제기하는 원칙적 제한이 존재하지는 않지만, 이러한 자본주의의 역사적 탈출구에 대해 '안락사'라는 용어를 사용할 수도 있다.

---

25) 프랑스 우체국 은행(la Banque postale) 예금이다. 대부분 전자통장으로 이루어져 있으며, 약간의 이자와 세금 감면이 동반된다. 15,000유로까지 예금이 가능하다. 여기서 "하찮은 것으로 만들어 버린다(banaliser)"라는 표현을 통해 사람들이 남는 돈을 예금하고, (물가상승률보다 약간 이상의) 이자를 받는 정도의 상황을 묘사하고 있다. 금융자산의 보유와 관련된 어떤 권력도 생겨나지 않고, 투기도 없으며, 단지 저축에 대한 약간의 보상만이 존재할 뿐이다. 다른 은행에서도 이 예금을 기본예금 형태로 취급하고 있다.─옮긴이

시장은 필수 불가결하다. 그렇다면 어떤 형태로 그러한가?

하지만 기업을 자본주의적 소유의 후견으로부터 해방시킨다는 것이 시장을 폐지한다는 걸 의미하지는 않는다. 대기업에 대해 생각해 본다면, 그것은 두 가지 이유로 시장논리 속에 포함된다(「보충설명 2」).

우선 이제는 초민족기업들에 의해 획득된 규모가 어떻든 간에, 어떤 완결되고, 폐쇄된 조직들이 존재한다. 그리고 그 관리적 논리와는 개별적으로 그러한 조직들은 시장 위에서 마주치며, 시장은 이러저러한 방식으로 일반적 경체체계 속에 통합되는 그들의 역량을 뒷받침한다. 그것이 바로 그들이 갖는 효율성의 조건이며, 그 여파로 그러한 조건들이 조직들의 내적 수행 능력을 지배한다.

두번째는 비시장적 조정 양식을 보증하는 상급 조직의 불완전성(자본주의에서는 금융 메커니즘이 특히 이윤율의 극대화라는 자신의 고유한 방식에 따라 그와 유사한 조정을 담당하고 있다)과 연관이 있다. 하지만 이러한 필연적 불완전성이 오직 자본주의가 그 기능을 확보할 수 있는 특정한 메커니즘들의 효과는 아니다. 그것은 본래 증대하고 있는 경제체계의 복잡성의 효과이다.

부문 간 또는 기술 선택에 대한 투자의 결정은 비시장적 경로——산업 정책과 같이 다소 중앙화된 결정 및 계산을 목표로 하는——로도 이루어질 수 있다. 하지만 시장의 **사후적** 승인이 있어야만 한다. 이러한 필연적 승인 과정은 자본주의에서처럼 수익성과 충돌하거나 소비에트 사회에서 경우에서 보는 것처럼 위계제와 충돌할 수 있다. 하지만 그러한 과정을 포기한다면 불가피하게 관료적 문제를 야기할 것이다.

우선 오직 자본주의적 관계——비시장적 조정을 끊임없이 진전시키고 있는——만이 관료적 일탈을 바로잡을 수 있다고 우긴다든지, 둘째로 조직의 결정에 대한 **사후적** 승인을 용인하는 것이 자본주의적 시장의 재출현으로 이어진다는 주장에 현혹당할 수 있다. 이러한 두 가지 관점은 두 경우 모두 자본주의적 관점에 대한 불충분한 이해와 대안적 사고를 하는 데 있어 나타나는 상상력의 결핍으로부터 비롯된다고 할 수 있다.

시장에서 기업들이 대면하는 이러한 상황은 대기업과 중소기업 사이의 관계에서 특히 중요한 요소이다. 오직 대기업들——더 효율적이라 할 수도 있는——의 경쟁만이 작은 기업에서 발현되는 개인적 이니셔티브의 증식을 억제할 수 있을지 모른다. 하지만 '관리주의적' 대기업들이 자신들의 특권을 영속화하기 위해 그러한 이니셔티브에 대한 국가적 금지를 요청할 수는 없다. 우리가 현대 자본주의에서 목격하고 있듯이 그러한 가능성은 이미 상당한 수준에 도달되어 있다.[26] 마찬가지로 '협력적인' 조직화가 위로부터 도입될 수는 없다. 절대적인 것은 아니지만, 그러한 이니셔티브가 전통사회의 맥락에서는 장려되기도 했지만 말이다.

만약 우리가 좁은 의미의 기업들을 넘어서는 관점을 취한다면 경제적 조직화 양식이 불균질하며, 매우 다양한 성격의 사회 및 개인적 요구들과 관계하고 있음을 볼 수 있다.

예를 들어 '시장 밖에' 있다고 지칭되는 자본주의 내에서 기능하고 있는 학교 또는 진료 기관들을 고려해 보자. 그것들은 다양한 정도와 형태 아래서 존재할 수 있다. 이러한 조직들이 자본주의적 시장논리에서 벗어나 있음을 이러한 표현을 통해 나타낼 수 있다. 이러한 범위 내에서 수익성 제

---

26) 여기에서 우리는 복잡하고도 기술적인 영역으로 들어간다. 어떤 정책적 '공정성'을 내세우는 게 문제는 아니다. 우리는 사회적 과징금이나 조세 규범이 기업들의 기능 양식을 조건 짓고 제도적 성격 및 규모에 따라 조정될 수 있도록 한다는 걸 알고 있다. 각각에게 유리할지 아닐지에 대한 문제는 정치적 문제이다.

약은 고전적인 민간기업들에 대해 이루어지는 것과 동일한 방식으로 그러한 조직들을 억누르지는 않으며, 특히 수익성 제약은 투자를 기계적으로 지배하지 못한다. 가격은 특별한 규칙에 따라 정해지고, 재정은 그러한 활동에 대한 지불이 발생하면 균형이 맞추어지게 된다. 만약 그러한 경우가 아니라면 어느 정도의 예산 규범이 존재하여야 하며, 기금의 할당으로 책임자들의 활동 폭이 정해진다. 이러한 서비스의 잠재적 공급은 일정한 수요에 대응되어야만 한다. 그리고 만약 이러한 수요가 제한되어 있지 않다면, 공급은 사회적 제약(집단적으로 정의된)에 따라 조정될 필요가 있다. 하지만 이러한 부문의 규모와 기능 양식과 관련된 규칙은 사회적 쟁점, 즉 계급투쟁의 쟁점이다. 이러한 맥락에서 사회적으로 승인된 서비스의 제공과 관련된 중요한 쟁점들이 존재한다.

우리는 일반적으로 생산활동이 '시장에 맡겨'——현실적으로는 '자본에 맡겨진다'고 이해되는, 즉 자본주의적 소유에 맡겨지는——져야만 한다고들 말한다. 하지만 교육과 보건 또한 생산적 활동이며, 독점될 수 있다면 자본에 대해서도 상당히 영리적일 수가 있다. 만약 이것들이 **자본주의적** 영유 형태를 갖는 시장적 양식에서 자주 벗어나는 경향이 있다면, 그것은 기술적 이유 때문만은 아니다. 지도적 계급의 헤게모니에 고유한 요구 및 그에 적합한 노동의 필요 이외에 이러한 영역은 근본계급의 관점에서 그들의 이해를 방어하는 데 필요한 절대적 우선권(과 사회적 타협의 특권화된 영역)으로서 항상 고려된다는 점이다. 항상 학교와 병원이 본질적으로 시장적 활동(즉 자본에 맡겨지는 게 좋다)이라고 주장하기는 어렵다. 정반대로 그것은 가스, 수도, 전기 등의 민영화에 대한 잘 알려진 기술적 근거가 더 이상 진실로 받아들여지지 않는다는 점을 시사하고 있다. 현실은 수확할 수 있는 이윤이 존재한다는 것이며, 공교육보다는 수도를 전환시키는 것[민영화]이 더 쉽다는 점이다.

기업들을 자본주의적 논리에 전적으로 복속되지 않게 하면서 시장적 관계 속에 자리 잡게 하는 것이 문제라면 현대 사회는 지금 첫발을 내딛은 수준은 지났다. 그러한 힘들을 과대평가하지 않고, 우리가 그러한 경로를 만들고 있다는 점을 인식하면서, 이미 열려진 길이 존재한다는 것, 그래서 우리가 그 길 위에서 더 멀리 갈 수 있다는 점을 알 필요가 있다.

경제정책과 규제

경제정책은 교육 및 연구, 고용——고용의 산출과 평등한 고용기회——, 사회적 보호에서 환경보호에 이르는 광범위한 영역을 관장하고 있다. 이러한 정책들은 법과 규제를 통해 사회적 행위자들에게 부과되는 주요 선택지들을 규정하며, 그러한 사회적 행위자들은 이러한 규범들을 존중하면서 자신들의 고유한 목표를 추구할 것이다. 그것들은 계획화 형태——즉 예를 들어 연구 또는 투자에 대한 자금조달 정책을 지배하는 장기적인 지침 같은——를 포함한다. 동맹은 그것이 내포하고 있는 수렴과 긴장이라는 맥락에서 그러한 내용을 규정할 것이다.

넓은 의미에서 이러한 정책들의 영역은 매우 미묘하다. 왜냐하면 각 사회집단에 어울리는 위치(진료와 교육에 대한 접근권, 노동조건, 구매력, 소비와 투자 사이의 조정 등)를 정의하는 것이 바로 그러한 영역이기 때문이다. 따라서 그것은 동맹 내부에 존재하는 위험한 긴장의 원천——특히 만약 일반적인 경제적 조건이 악화된다면——이기도 하다.

우리는 전후 타협이 1970년대 구조적 위기에 의해 나타난 긴장들에 견디어 내지 못했음을 기억하고 있다. 그리고 그 구조적 위기는 자본주의 금융에 자신들의 특권을 재주장할 수 있는 필수적 발판을 마련해 주었다.

전후 타협은 세계대전 기간 동안 나타난 우호적인 기술적 경향——이러한 경향은 그에 뒤따른 번영에 의해 창조된 동역학적 과정에 도움을 주었다 (특히 임금과 이윤율을 동시적으로 성장시킬 수 있었던 역량)——으로부터 초래되었다.

1970년대 자본 수익성이 하락하자 사회민주적 타협을 통해 활로를 개척할 수 있는 정치적 세력은 등장하지 못했고, 필수적인 민중적 지지도 얻어내지 못했다. 그 후퇴에도 불구하고 똑같은 정책을 되풀이하는 게 일반적이었고(fuite en avant), 그것은 누적적 인플레이션이라는 상황에서 진행되었다. 신용제공자 수입의 기업으로의 막대한 이전——채무자(기업)에게 유리한——은 발생하는 위기의 효과를 유예시켰을 뿐 어떠한 새로운 경제적 상황의 수립으로는 이어지지 않았다. 이것이 유럽 및 미국의 경우였으며, 라틴아메리카의 경우 훨씬 더 광범위하고 극적이었다.[27] 그 고유한 폭력성과 더불어 특정한 목표를 위해 긴축재정을 부과한 신자유주의적 정책이 등장하였다.

동맹 내의 소유에 대한 질문

전후 수십 년 동안 나타났던 기업관리직들의 자율성 측면에서 보면, 이러한 관리직들은 소유자들의 후견으로부터 충분히 벗어났을 뿐 아니라, 기업 경영이 소수의 또 다른 임금소득자들에게 의존하게 됐다는 의미에서, 일종의 '집산적 소유' 형태가 떠오르기도 한다. 일반적으로 공공 또는 민간 대기업은 협동조합도 아니었고 '자주관리'적 절차에 복속되어 있지도 않았다. 설사 그와 같았다고 할지라도, 그것은 '사용할 수 있는 힘[사용권]'(le

---

27) 몇몇 국가에서는 수 년 동안 매년 수천 퍼센트가 넘는 인플레이션율을 기록하기도 했다.

pouvoir d'user) ——자본주의적 소유와 관계된 특권의 억제 이상으로 적용된 이전의 소유권 정의 ——이 대개 임노동자들의 수중에 있었다는 점을 증명해야 할 필요는 있다. 그런데 우리는 그러한 것이 자주관리적 실천을 내세우던 몇몇 현실 사회주의 국가의 사례에는 해당되지 않는다는 점을 알고 있다.

동맹이라는 문제는 형식적으로가 아니라 그 자체로 정치적 논쟁 및 세력관계의 결과인 실천의 총체적 결과로서 정의되는 잡종형성을 수립하는, 매우 특정한 형태 내에 있는 소유에 관한 문제를 제기한다. 소유는 그것의 실질적인 기준이 사용권의 **실행**에 있는 일종의 행동(un fait)이다. [사용권의 실행을 위한] 모든 수단들에 대한 관리직들의 영향력이 어느 정도가 될지는 관리직과 근본계급들 ——이 경우에는 그들 중 임노동자 분파 ——사이의 계급적 성격에 의존하고 있다. 그리고 그러한 힘들이 전후 **타협** 속에서 형성된 것도 이러한 식으로 잘 설명된다. 하지만 **동맹**이라는 제약은 기업 내 대항세력의 점진적 출현을 필요로 한다. 일정 및 형식적 제도의 문제가 아니라 과정의 이행 문제이다. 그럼에도 불구하고 일종의 직접적 요구 조건이 문제가 된다. 왜냐하면 동맹의 동역학이란 관리 특권을 약화시킴과 동시에 자본가들로의 후퇴 또한 금지시켜야 하기 때문이다. 하지만 그러한 요구 조건은 **형식적인** 형태 이외로는 '완전히, 즉각적으로' 표현될 수 없다. 이는 각 조직, 평범한 생산자 조합 또는 기업들이 어떤 권한과 더불어 동일한 위계를 수립한다는 걸 알기 때문이다. 관리자들이 임노동자의 '대표자'로 자칭하고, 끊임없이 나름의 실천을 통해 계급으로 구성되는 경향을 띠면서, '대항세력'은 그 자체로 제도가 주는 편안한 형태 속에서 안주하는 경향을 갖는다. 우리가 문제 삼고 있는 동맹의 문제설정은 '시장사회주의'나 '자주관리주의'와는 달리 바로 관리 특권의 정상화 자체를 문제 삼는다(「보충설명6」).

우리는 여기서 '두 개의 전선'——자본가들에 대항하지만 관리직 및 전문가들의 우월한 지위에 대한 비판과 관련된——이라는 개념을 재발견한다. 하지만 우리는 이러한 문제를 기업의 경영에 한정된 방식으로만 논의할 수는 없다. 왜냐하면 이러한 제도의 '활용'이란 것과 가격, 투자, 보수 및 규제, 그리고 정책의 조정이라는 훨씬 더 일반적인 쟁점들을 분리할 수가 없기 때문이다. 그 사회적 내용——노동조건과 보수——은 국가기관들에 의해 규정된 규제 및 법체계에 의존하고 있다. 그것은 환경보호에 대해서도 마찬가지이다. 두 개의 전선에서 투쟁은 기업의 안과 밖에 있는 이러한 모든 영역에서 이루어진다. 적대계급으로 획득하게 된 소유라는 것도 결국 민주주의에 대한 일반적 요구가 없다면 빈말에 불구하다. 소유[권]가 사용[권]을 지배하지 못하기 때문이다.

[보충설명6] 시장사회주의와 자주관리사회주의

이 절에서는 시장사회주의와 자주관리사회주의 관점을 개관하고 있다. 그리고 이 책에서 우리는 이러한 관점들과 동일한 정치적 목적을 공유하고 있기 때문에, 이러한 관점들에 대해 언급하지 않을 수 없다. 하지만 분석의 전제는 매우 다르며, 그것은 상당히 다른 본질에 대한 실천적 접근과 관련이 있다.

'시장사회주의'는 현실 사회주의의 오류에 대한 치유책으로서 '계획화'를 '시장'으로 대체해야 한다고 이야기하고 있다. 그것은 과도한 중앙 집중적 계획이 없는 현실 사회주의의 복제품이다.[28] 물론 그것은 그러한 형세 내에서 관리직 계급의 지위에

---

28) Tony Andréani éd., *Le socialisme de marché*, Paris: Le Temps des cerises, 2003. 이 책도 함께 보라. T. Andréani, *Le socialisme est (a)venir*, Paris: Syllepse, 2001.; Bertell Ollman, *Market Socialism, The Debate among socialists*, New York-Londons:

대한 인식이라는 결정적 질문을 가지고 있지 않다. 이러한 계급적 성격은 드물게 인식되었다.[29] 대체로 이러한 문제는 기초적 집단들의 민주주의적 제도 및 보수 수준과 관련된 처방을 내리는, 급진적인 평등주의적 주장과 관련되어 있다. 하지만 우리는 수입과 권력의 불균등을 재생산하고, 그것을 영속화시키는 능력과 관련한 전문가 및 관리직의 무한한 창조력을 알고 있다. 다른 맥락에서 중국과 같이 시장사회주의를, 자본가들의 복귀를 은폐하면서 관리 권력을 강화하는 공적 교리로서 활용할 수도 있다.

'자주관리사회주의'는 시장사회주의와 마찬가지로 그러한 형세의 변종이다. 그것 또한 '소비에트주의'와는 거리를 두고 있다. 하지만 우리는 유고슬라비아와 같은 상징적 사례를 통해 그것을 실현하는 데 생길 수 있는 문제들——특히 노동자 조합 수준에서 이루어지는 '소유' 권력의 재생산, 시장 밖에서 이루어지는 조정에 대한 의문(특히 투자와 관련한 중재)——을 인식하고 있다. 관리직 계급권력에 대한 의문도 쉽게 사라지지 않는다. 기업 내부의 노동자 권력의 쟁취를 가리키는 자주관리질서라는 말은 아주 중요한 역사적 쟁취 및 경험을 야기해야만 한다. 이러한 의미에서 현실성이 없지는 않다. 하지만 그것을 표방하고 있는 정치 조직 내에서 자주관리에 대한 언급은 종종 효율적 실천과는 거의 관계없는 겉보기식의 자기 동일성의 긍정을 뒷받침하는 또 다른 기능을 가지고 있다.

여기서 제시되는 문제설정은 또 다른 본질을 갖는다. 그것은 새로운 사회의 틀을 제시하는 구성주의적 방식을 취하지 않으며, 직접적으로 실존하는 사회 권력 관계의 영역 위에서 정의된다. 우리는 자본가들을 후퇴시키는 **동맹**과 동시에 이러한 동맹 내부에서 수행해야 할 관리직과 전문가의 지배에 대한 **계급투쟁**을 추천하고 싶다.

Routledge, 1998.

29) John Roemer, *Future for Socialism*, Londons: Verso, 1994, p.117. 여기서 뢰머는 '관리 시장사회주의'(Managerial Market Socialism)라는 개념을 사용하고 있다.

동맹 내의 계급투쟁

[계급투쟁을] 촉진하는 민중계급과 주동자인 관리직 및 전문가들의 동맹은 분명히 동맹이지만, 계급적이다. 자본주의적 소유에 대항하여 만들어진 이러한 투쟁은 이윤의 논리가 아닌 [또 다른] 논리를 개방하고, 그 안에서 관리직과 전문가들은 어떤 방식으로든 [계급으로서] 재발견된다. 계급동맹은 인민의 적과의 타협이 아니다. 마치 헤게모니적 과정과 같이 그것은 상대방의 '동의'를 목표로 하고 있으며, 거기에 들러붙어 있는 고유한 논리를 찾아낼 필요가 있다. 하지만 상대편은 여전히 적대계급이다. 이율배반적 동거이다. 마르크스가 쓴 바와 같이, 가장 단순한 노동에서 조정과 명령, 구상 업무로 가는 위계적 공간을 나타내는 방식인 그가 '지적 노동과 육체노동의 분할'이라고 지칭한 것이 잔존하는 한 우리는 여전히 그 전조만을 볼 뿐이다. 그것은 그가 '공산주의의 첫 국면'이라 지칭했던 것이다.

동맹의 담론에 대한 거부, 즉 걸핏하면 다른 이들이 그 결과들을 감내해야 하는 위험을 지닌, '전위'가 주도하는 혁명적 급진주의에 대한 열광적인 긍정은 운동을 지도한다는 **도덕적** 주장을 명목으로, 과장되고 허풍 섞인 부정을 동반하면서 관리직과 전문가 계층 내부에서의 그 지배계급의 고유한 성격을 은폐하는 사회적 반역으로 이어지게 된다. 근본계급의 동역학에 기초한 동맹의 정치는 오히려 사회조직의 다양한 정치·문화적 차원 안으로 공동의 민주적 투쟁이 수렴하는 과정 속에서 나타나는 상호공존 방식을 탐구하는 것이다. 그리고 이러한 민주적 전투는 그 모든 수준에서 자기도취적인 전문가적 능력, 인정된 지식과 사회적 코드의 전횡, 전문가와 관리직의 시련을 마주한다. 요컨대 동맹은 어려운 기획이며, 무릅써야 하는 상당한 위험이기도 하다.

하지만 마르크스주의적 관점의 특성은 이를 최종적으로 달성하여야 할 과업으로 상정하고 있지 않다는 점이다. 그것은 매 순간 그리고 지체 없이 비가역적인 '지양'의 동역학을 부과하는 걸 목표로 하고 있다. 그것은 민주주의의 실천적 실현에 관한 동역학과 관련된 도전이었다. 동시에 그것은 경제질서 내의 대표적인 중앙적 민주주의 ──넓은 의미에서 정책과 선택권을 정의하는──와 기업 및 구역, 그리고 연구 및 교육 기관 등, 경제적 쟁점과 관련한 민주주의 그 자체 내에서 만들어지는 더 직접적이고 국지적인 민주주의와 관계가 있다. 그것은 또 다른 역사적 과업으로 단숨에 전환되는 항상적인 개입을 내포하고 있으며, 그러한 또 다른 과업은 바로 능력과 관리의 위계적 제약을 지양하고 모든 계급관계를 폐지하는 동맹으로의 전환(métamorphosé)을 의미한다.

'민주주의적 요청'은 급진적 좌파의 모든 프로그램의 지주(pilier)로서, 위와 같은 방식으로 이해된다. 하지만 거기에는 바람직한 의식을 선언하는 문제가 아니라 우리가 그것을 **충실히 이행할 수 있는지**를 인식하는 문제와 관련되어 있다. 말하자면 우리가 현실 사회주의 속에서 지배적이었던 관리권력을 재현시키지 않는 도정 속에 진입할 수 있을지를 인식하는 것이다. 그것은 '동맹 및 그 지양'의 질서에 대한 것이다. 동맹을 수용하고 **그리고** 그 계급적 본질을 인식하는 것이다. 그렇지 않으면 민주적 선언은 빠르게 신화화될 것이다. 호명되는 사람들은 아마 다음처럼 대답한다. "우리는 물론 민주주의가 **투쟁**이라는 것을 알고 있다." 그렇다. 하지만 덧붙여야 할 것이 있다. "그래. **계급투쟁** 말이다." 이는 앞서 이야기한 개념들의 도입을 통해 제출될 수 있는 관점이다. 개인적 운명 이외에 그것은 새로운 사회질서가 수립되는 조건과 수립되는 국가 권력의 계급적 본질을 가리키고 있다. 어디에서 질문을 시작할까? "어떤 계급들인가?" 그것이 우리가 주목해 온 이 책의 주요 대상이다.

우리가 주목하고 있는 어떤 측면에서 일상적 전투는 유토피아와 동일한 평면에 있다고 여겨지지 않을 수 없다. 이러한 유토피아라는 이름이 지금부터 문제시될 수밖에 없지만, 그러한 요구는 계급투쟁이 존재한 이래로 투사들의 실천과 의식을 관통하였다. 더 특수한 사례들이 더 일반적인 반성을 제공할 수 있음에도 불구하고 여기는 그러한 프로그램들을 정의하는 장소——그러한 장소들에 따른 수많은 변수들——는 아니다(「보충설명7」). 그로 인해 오히려 우리는 글로벌 공간 속의 다양한 층위들을 이해해야만 한다.

[보충설명7] **현실과 유토피아 사이에서:** 프랑스 반자유주의 좌파의 경험

2007년 대선 무렵 만연했던 반자유주의적 강령은 전후 사회-민주적 타협을 환기시키며, 그것을 더 심화된 궤도 위에 올려놓은 그런 의미에서의 다소 급진적인 형태의 개혁 조치들을 제시하였다. 이를 이번 절에서 제시한 원칙의 관점에서 볼 수 있다.

우리는 이를 다양한 수준에서 이해할 수 있다. 주주의 엄격한 이해관계와는 분리된 기업 관리 형태로의 복귀와 고용을 중심으로 한 공공정책, 사회보장과 공적 서비스의 보존과 보강, 국제적 수준에서는 민족적 이해를 보호하는 무역과 자본 이동에 관한 특정한 메커니즘을 들 수 있다. 물론 이러한 프로그램은 전후 초기 몇십 년간 가장 비난받았던, 특히 국제적 연대성(대외부채, 국제 무역 및 투자와 관련된)이라는 측면과, 그리고 무엇보다도 사회-민주적 타협에서는 그다지 고려되지 않았던 생태적 긴급성과 관련하여 기존의 문제설정과 급진적으로 단절하고 있다는 점을 분명히 하고 있다.

이러한 기준이 기입된 일반적 맥락을 이 책에서 '동맹'이라고 부르는데, 이는 동역학적 관점 속에서 사회-민주적인 유형의 타협을 넘어서려는 의지로 이해할 수 있다. 이러한 과업이 달성될 때까지 자본가들의 수입과 권력을 저지하기 위한 좌파의

진정한 정책을 수행하려는 결정이었다. 우리 모두는 바로 조직과 강령에 따라 다소 명백한 반자유주의와 반자본주의의 경계에 있다. 그것은 항상 근본계급과 전문가 및 관리직 사이에서 역동적인 정치적 유대를 촉진하는 것과 관련이 있다.

하지만 이러한 강령은 동맹이 여전히 적대적이라는 확신을 표현하고 있다. 권력은 부패한다는 주장에 의거한 거부 이외에도, 라틴아메리카 몇몇 국가들에서 요컨대, '사회주의'로서 표현될 수 있는 강력한 민중운동을 바탕으로 한 정부 구성을 목격할 수 있다. 과거의 오류를 회피할 수 있는 가능성에 대해 인식해야 하는 과제가 남아 있다.

10장

대안마르크스주의의 정치학

우리는 앞서 '네오마르크스주의적 정치'라는 이름으로 다음과 같은 세 가지 요구사항을 통합하는 성찰에 대해서 설명하였다. 우선 비할 바 없이 다양한 고통과 모욕, 타격을 입은 다중 내부에 있는 근본계급들이 이루는 단결의 정치가 있으며, 자본주의적 소유 진영에 반하는 '관리자와 전문가'와의 동맹의 정치, 마지막으로 이러한 진영의 특권의 점진적으로 소멸을 목표로 하는 이전의 요구사항과 분리 불가능한 두번째 전선에 대한 투쟁의 요구가 있다. 하지만 여기까지의 분석은 사실상 민족국가라는 고전적 틀 속에서 나타나는 것으로서 계급관계의 추상적 한계 속에 있다. 우리는 더 일반적인 맥락에서, 동일한 현대적 사회형태 내에 기입된 혁명적 전제와 일치되는 관점 속에서 **정치적 주체**가 어떤 조건에서, 그 이전의 시효 없는 사회적 실천에 출발하여 출현하는지를 살펴보았다. 이러한 정치적 주체는 '우리'라고 말할 수 있는 역량을 가지고 헤게모니를 강력히 요구하고 있다.

그처럼 시작해야 하는 이유는 현대 자본주의 세계가 민족적 실체들의 다수성 속에서 태어났고 확산되었기 때문이다. 그것은 민족국가 형태 아래서 전형적인 현대적 제도를 '수립'하게 되었다. 하지만 이러한 **제도들보**

다 덜 중요한 것도 아니면서 오래되지도 않은 것이 우리가 '세계체계'라고 지칭하는 비-제도(non-institution)이다. 자본주의 세계는 사실상 그것이 시작된 이후에 민족국가들 사이뿐만 아니라 이러한 민족국가들과 민족들로 승인받지 못하고 국가를 이루지 못한 노예주의 ——주변부와 중심부 그 자체 내부의 ——및 식민화를 통해 착취당하는 주변 공간들 사이의 대립, 불평등, 비대칭, 전쟁적 관계라는 또 다른 차원을 가지고 있다. 이로부터 보편적 의미를 갖는 역사적 정치 주체로 향하게 하는 건 어떤 것인가?

이러한 점에서 고전 마르크스주의는 국제주의라는 효과적 도식을 보유하고 있었다. 다양한 국가의 노동자계급은 자신들 사이의 굳건한 결속력을 갖는다. 노동자계급 각자는 자신의 국가에서 혁명을 수행하여야 하며, 적어도 급진적 개혁을 이루어야 한다. 하지만 각자는 동일한 계획을 촉진하고 있는 다른 모든 사람들에게 서로 의존한다. 말하자면 그들은 "나란히 전진하며 함께 싸운다".

하지만 이러한 이상은 중심부와 주변부 사이에 존재하는 계급투쟁의 목표의 차이라는 중대한 장애물에 직면했다. 무엇보다도 주변부는 사실상 다른 본질을 갖는——계급**투쟁**이라기보다는 오히려 해방**전쟁**인——식민지배로부터의 해방이 우선적 문제인 곳이다. 계급적대에 대한 투쟁이 아니라 적과의 전쟁이다. 바르톨로메 데 라스카사스가 묘사한 "서인도[제도]의 말살"[1]로부터 중국과 인도, 아프리카의 파괴[2]까지 제국주의는 자본주의 내적으로 도착적이고 절멸적인 또 다른 차원을 나타냈다. 하지만 인민

---

1) Bartolomé de Las Casas, *Histoire des Indes*, Paris: Seuil, 2002.
2) 식민화에 대한 여러 책들 중에서 마이크 데이비스의 저작이 식민주의적 침략과 더불어 발생한 전 지구적 파괴의 결과와 관련하여 특히 중요하다. Mike Davis, *Génocides tropicaux, Catastrophes et famines coloniales*(1870~1900), *Aux origines du sous-développement*, Paris: Découverte, 2003.

의 전쟁은 계급투쟁과 결합하지 않았다.

만약 제국주의적 체계가 여전히 존재하고 8장에서 본 것처럼 가까운 장래에 도래할 세계-국가가 **계급적인 세계적 국가**로 나타난다면, 우리가 지금부터 어떤 표현으로 인류 공동체와 그 공동체가 헌신할 수 있는 관점 및 그 실현 경로를 사고할 수 있는지에 대해 알아보는 것이 남은 문제이다.

1. 인민의 정치

지역에서 국가로

사회적 투쟁은 항상 '아래에서', 즉 지역에서 시작하며 그 취약성의 정도에 따라 연대의 기획이 구상되는, 근접되어 있는 어떤 제한된 공간에서 출현한다.

하지만 교환과 통제——시장과 조직——의 흐름 속에서 가장 빈곤한 삶, 가난 그 자체가 나타난다. 지역은 더 넓은, 도시적이고 국가적인 수많은 갈래들과 연결된다. 이러한 투쟁으로부터 삶의 장소와 그것의 조건들 사이의 관계를 본능적으로 알고 있는 대변자들이 갑자기 등장한다. 우선 국가적 민족 공간이——IMF의 지배와 같은 자본주의적 금융의 침투가 현실화되는 것처럼 보일 때 나타날 수도 있는 것들을 제외한다면——지역을 규정한다. 그것은 실상 오늘날 새로운 민족적 실체들의 출현 주위에서 목격되고 있는 강한 집착과 고통이 설명하고 있는 것과 같은 지리적 경계 및 문화적 규정에 대한 것이 결코 아니다.

우리는 여태껏 존재하지 않았던 민족국가들에 대한 주민들의 강렬한 동일시를 목격한다. 종종 그것은 아주 새로운 기원에 대한 신화, 즉 가족 로망스(roman familial)적인 역사의 장에 내던져진 것처럼 보이기도 한다.

그 이유는 민족국가가 현대 사회의 하나의 **필요조건**이기 때문이다. 그것은 어떤 의미인가? 그것은 민족국가 없이는 메타구조적 요구——자유, 평등, 합리성으로서 인식되는 현대의 자연법칙——가 존재할 수가 없다는 의미이다. 한나 아렌트(Hannah Arendt)의 무국적자에 대한 분석을 상기해 보자. 인간의 권리는 시민의 권리가 인정되는 한에서만 존재할 수 있다. 왜냐하면 승인된 정당한 권력인 시테(cité)만이 어떤 권리에 대한 실현을 보증할 수 있기 때문이다. 사실 바로 거기에 문제가 있다. 그리고 이 민족국가의 '구조적 영역'에서 노동 시장과 능력의 층위들의 흐름을 이끌어 나가는 각자는 서로를 인정하며 상호적 의존을 기대할 수 있다. 우리는 민족국가 영역에서 법을 만들고, 재화들(의 가치)과 사람들을 평가하며 규칙들을 만든다. 그리고 '아래로부터의' 계급투쟁이 전개되는 것도 바로 이 영역이다.

따라서 모든 것이 현대성의 소용돌이 속으로 빨려들어 가게 되었다. 마침내 오히려 그것은 경향적으로 이전의 사회적 연대성의 형태——가족적이고 종족적(tribu)이던——를 초월한다. 그래도 아프리카의 마무드 맘다니(Mahmood Mamdani)가 강조한 것처럼 '인종'(race)이 최악의 것은 아니다.[3] 적어도 우리가 냉대받는 것도 일반 법률의 틀 내에서 그러하기 때문에 인종적으로 낙인 찍힌 이차적 구역의 시민이 존재하는 건 아니다. 최악은 포스트식민주의적 제국주의의 마지막 창작물인 어떤 '공동체적 사회집단'(tribus)에 속해 있는지와 관련이 있다는 것이다.

그 이유는 세계가 오직 시장에 의해서만 규제된 것이 아니기 때문이다. 사실 그건 오늘날 민족들의 배치에 내재한 폭력을 설명하는 것이다. 권

---

3) 아프리카적 맥락에서 인종과 종족성(ethnicité)에 대해서는 다음을 보라. É. Balibar éd., *Actuel Marx: Le racisme après les races*, No. 38, 2005.

력, 즉 특권과 재능의 분배 또한 국가제도에서 만개하는 조직적 형태를 따른다. 그러한 관점에서 우리는 대안마르크스주의의 입장에서 네오마르크스주의로부터 교훈을 얻어 낼 수 있다. 고전 마르크스주의로는 결코 '민족문제'를 정확하게 이해할 수가 없다. 특히 종국적인 조직화, 즉 모든 이들의 발언(la parole)의 조직화인 헌법을 제출하는 국가제도의 주권적 '총괄성'에 따라서, 시장과 조직 사이의 착종을 이론적으로 제기하기에는 부족했다. (원칙적으로는 모든 상업적 요구 조건과 후견주의clientelisme 그 이상의) 발언(voix)과 담론(discours)의 조직화이다. **원칙적으로** 그것은 사회적 폭력의 정당한 사용을 규정한다. '원칙적으로'라는 용어가 여기서 중요하다고 볼 수 있다.

이러한 고찰은 식민지적 분할에서 비롯된 영토적 정체성이 문제시되고 있고, 특히 공통의 대중적 언어가 부재하거나 자원의 과다한 불균등성을 이유로 대립하고 있는, 국지적 대립이 진행 중인 장소들을 분석하는 요소로서만 도입되는 건 아니다. 그것은 민족국가적 차원의 실존적 중요성이라 간주되는 정치적 민주주의를 위한 투쟁이 모든 곳에서 본질적 목적이라는 더 일반적인 이념으로 이어진다. 이는 중심부의 인민들에게뿐만 아니라 식민지를 경험한 희생자인 대부분의 인민들에게 진실이다. '아래로부터'의 투쟁에 대해서 이야기한다면, 바로 **민족국가**의 민주주의 안에서 세계 무대의 적극적인 행위자가 되는 인민들의 능력이 자리 잡게 된다.

국가에서 대륙으로

현대 역사 속에서 (중심부의 인민들에 의해 '주변부'라고 지칭되는) 인민들의 등장은 2차세계대전 직후 제3세계 운동 내에서 일어났다. 반둥(Bandung)이 대표적 사례라 할 수 있다. 특정 시기의 식민지로부터의 해방은 인민들 사이의 연대성을 구성하는 데 결정적 역할을 하였다. 이 시기는 다른 한편으로 자본주의적 금융이 민중계급과 조직의 엘리트들 사이의 동맹으로 인해 자신들이 위축되어 있음을 자각하던 시기였다. 이는 중심부 국가들 내에서 발생한 사회민주적 타협과 공명하는 것이었다.

이러한 민중운동은 아마도 우리가 세계체계의 '대륙화'라고 지칭할 수 있는 새로운 순환 속으로 들어오기 이전에는 더 이상 나아갈 수 없다. 사실 경제·정치적 조직은 기술발전과 더불어 증대하는 고유한 단계들이 있다. 이 단계들의 주어진 조건이 그 자체로 결정적이며 역사적인 특이성에 의해 지속적으로 중단된다는 것이 드러나더라도 말이다. 민족적 공간은 신자유주의적 세계화의 탐욕스러운 욕망에 대해서는 매우 협소한 차원으로 보인다. 오늘날 문제시되고 있는 건 대륙적 층위이다. 미국에 대해 중국, 인도, 라틴아메리카, 유럽이라는 독립체들이 마주하고 있다. 그리고 다른 한편으로 고대적 문명 위에 수립된 이슬람, 고대적 공동체 문화를 간직하고 있는 아프리카 지역이 있다. 이러한 층위에서 이 독립체들은 고전적 제국주의에 대항하고, 새로운 탐욕을 억제할 수 있을 것이다. 바로 대륙화를 통해서 인류는 중심부/주변부라는 배치를 잠재적으로 더 균형 잡힌 다원적 체제로 변화시키길 희망할 수 있다.

이는 민족적 공간에서 발전된 근본계급의 투쟁 또는 시민의 힘이 그 모든 활력을 보존하고 있다는 걸 조건으로 하고 있다. 대륙은 민족을 보호하고, 그 자원과 문화를 방어하는 데 도움을 준다. 그리고 그 자신을 자본주의적 시장의 지점에 불과한 것이 아니라 스스로 경제적 기획을 전개해 나갈 수 있는 공간들인 진정한 민족들로 구성해 나간다. 특히 그것은 인민의 전투와 계급투쟁이 목표를 만들어 내야만 한다는 것을 의미한다.

인민과 계급의 얽힘

자본주의를 정의하는 데 있어 '생산양식'이라는 용어는 어떤 점에서는 기만적인데, 이는 자본주의를 계급구조, 즉 계급관계와 계급투쟁으로만 환원할 수 없기 때문이다. 우리는 처음부터 자본주의를 그 주변에 있는 인민에 대한 **자본의 전쟁**(guerre du capital)이라고 말하였다. 이러한 투쟁은 본질적으로 포스트식민지적인 —여기서 '포스트'란 말은 폭력과 복종의 과거에 대한 오늘날 우리 내부에 있는 능동적 현재를 의미한다—사회를 통해 북반구와 남반구 모두에서 계속되고 있다.

계급투쟁과 인민들의 투쟁이 갖고 있는 대의의 단일성을 이해하지만 그것을 실현하기 어려운 것은, 단지 그것이 오늘날에도 식민지적 종속 또는 포스트식민지적 국가으로부터 벗어나려는 전쟁, 즉 해방전쟁이기 때문만은 아니다. 명백히 그것은 우선적으로, 중심부의 계급들이 필연적으로 제국주의적 지배와 얽혀 있는 상황이기 때문이다. 현대 사회에서 계급지배와 인민을 억압한 책임을 자본주의 그 자체에 돌릴 필요가 있다(7장). 그렇기는 하지만, 자신을 이러한 이중적 전선 속에서 인민과 계급 전체를 해방하는 총체적 대안의 담지자들인 '자본주의의 무덤을 파는 인부'로서 인식하는 단일한 역사적 주체는 아직 나타나지 않았다.

이를 인류가 매우 다양한 역사적 과정을 따라가고 있다는 단일한 관점 하에서 포괄하기는 그만큼 더 어려워 보인다. 중국과 인도처럼 인류는 매우 빨리 [다양한 역사 과정을] 따라잡고 능가한다. 그건 더 거대한 산업적 모험 속에서 반복되고 이미 초월된다. 이러한 새로운 중심부가 이제는 자기 자신의 내·외부적 주변부를 갖는다. 게다가 인류는 그 성장성을 과도하게 집중시키면서 마르크스주의의 상상을 초월하는 거대한 도시들 속에서 그 성장과 재난, 그리고 미래에 대한 지식을 배가시켜 생존하였다. 마르크스주의는 프롤레타리아를 기업, 감옥 등에 연결시켰다. 또 다른 한편으로 모든 것이 판매되고 구입될 수 있다. 소유지와 거기에 속한 사람들까지 말이다.

바로 이전 장에서 논의한 용어법에 따른 대중적 '헤게모니'가 출현할 수 있는 조건은 따라서 극도로 다양하다. 대중적 저항의 오래된 전통 또는 시기와 장소에 따라 서방에서 출현한 전략들에 ――귀족주의적 또는 제국주의적 통치 전통의 주기적 복귀에 맞서 ――영향을 받고 있는 투쟁의 형태가 있으며, 오늘날 이는 거대한 능력들이 출현하는 한가운데에 있다. 게다가 종종 동일한 맥락이지만 다른 패러다임에서 끌어온 강력한 연대성으로부터 출현하는 계급형태가 있기도 하다. 농촌에서는 거대 금융에 대항하는 전투를 벌이면서 직접적 민주주의로 결집하고 새로운 조류에 맞추어 나가는 오래된 공동체의 경향이 존재한다. 거대 도시의 주변부에서는 그날 그날 비공식 시장의 영역에서 조직되고 있는, 남성은 물론이고 여성까지 포괄하는 다중적 네트워크의 새로운 공동체들이 나타난다.

"만국의 노동자여, 단결하라!"라는 오래된 명령어를 명백히 성서에 나오는 단순한 말처럼 읽어서는 안 되며, 결코 존재한 적이 없는 것으로 가정해야 한다.

2. 세계-인민의 혼잡한 출현

여기서 '인민'을 말하는 것에 대해 깜짝 놀랄 수도 있다. 사실상 다양화된 형태로만 인민이 존재하며, 실제로는 **복수의 인민들**이 존재하지는 않을 것이다. 그런데 이 인민은 하나이며 보편적으로 선언된다. 모든 민족들이 언젠가 다시 모이도록 요구되는 '하느님의 백성'과 관련되어 있는 것인가?

서구의 현대성이 항상 무의식적으로 공동의 운명으로 가정된 것을 말하기 위해 기독교의 표현을 찾아낸다는 건 사실이다. 그리고 여기서 '인민' 개념은 현대 철학의 전통과 관련이 있고, 그러한 개념에 상당히 명확한 의미를 부여한다. 하지만 이를 이어받은 마르크스주의는 동시에 그것을 전복시킨다. 마르크스주의는 그 본래의 운동들과 어쩌면 그 본질적 동기에서 자유주의에 대한 **정치적** 비판과 동일시될 수 있다. 마르크스주의는 정치적 질서——자유, 평등, 그리고 합리적인 것으로서 상호적으로 인정되는——를 표현하는 요구 조건들이 경제적 관계 속에서 실현될 때만 현실성을 가진다고 주장한다. 정치적 범주로서 인민은 경제적 현실, 즉 우리의 일상적이고 물질적인 실존 속에서 드러날 때만 인민이다. 만일 우리가 세계-인민에 대해 말할 수 있다면 그 이유는 더디지만 피할 수 없는 세계-국가의 출현이 예상되기 때문이다.

전대미문의 새로움: 인류가 정치적 공동체를 자처하다

우리는 어떤 고정된 진화에 의해 자본주의적 사회형태와 계급구조가 발전해 온 민족국가라는 매트릭스가, 어떻게 중세적 기원을 갖는 도시국가에서 오늘날 그 면모가 드러나고 있는 대륙-국가까지 점진적으로 더 큰 공간을 요구하는지에 대해 보았다. 이미 동일한 결과로 이어지는 동일한 원인으로 인해 조만간 세계적 층위의 국가성이 예상되고 있다.

잉태 중인 세계-국가(8장)는 세계체계와 **상관관계**와 **모순**을 동시에 유지한다. 즉 한편으로는 제국주의적 지배력을 가능케 하고, 그러한 행위에 정당성의 외양을 부과함으로써 세계체계를 도구화한다. 또 다른 한편으로 심지어 가장 강력한 자들도 함부로 도전하기 힘든 합법성을 가지고 있다는 모순이 있다. 이러한 점에서 보면 이는 현대 국가와 유사한 상황 속에 있다는 걸 알게 된다. 정치적 심급으로서 현대 국가는 경제적 지배력과 상관관계를 갖지만 '아래로부터'의 투쟁이 실행되는 장소도 구성한다. 세계-국가가 자리 잡게 되는 건 최악의 조건 속에서 출발하는 것과 다름없다. 하지만 그건 민족국가들에서도 별반 다르지 않았다.

우리가 본 것처럼 세계-국가의 가능성은 하나의 유토피아가 아니다. 그건 어떤 특정한 의지, 의도의 결과가 아니라 순전히 국제적인 질서의 급변에 의해 완성된 누적적 결과이다. 어떤 면에서는 우리의 등 뒤에서 등장하였다. 하지만 그것을 통해 현대적 사회형태의 논리 속에서 전대미문의 새로운 진실이 떠오른다. 바로 인류가 **정치적 공동체**로 구성되는 것이다. 인류의 공간은 시초 이래로 거대한 혁신이 전체 공동체 내에서, 더디기는 하지만 거의 한쪽 끝에서 다른 쪽 끝까지 순환된다는 의미에서 **문화적 공동체**를 형성한다는 점에서 각각 모두 다르다. 그런데 거기에 완전히 새로운 특징이 추가된다. 그것은 공동체적 요구인데, 이러한 요구는 겨우 몇십 년 전부터나 가능했던 것으로 인류가 **정치적** 공동체로도 구성된다고 단언하고 있다. 이는 칸트가 이미 사용한 정식(**국제연맹**Vökerbund)과 같은 단순한 '민족[국가]들의 사회'와 같은 이백 년의 꿈을 의미하는 것은 아니고, 일반적으로 받아들여지는 '국제적 공동체'에 불과한 것도 아니다. 그것은 그 자신이 스스로 변화를 추구하고 있는, 진정한 의미의 '코스모폴리탄적' 세계 공동체라고 부를 수 있다. '우리'라고 말할 수 있는 정치 주체로의 구성에 대한 요구를 제시하는 보편적 공동체이다.

그런데 우리가 말한 것처럼 자본주의적 조건 속에서 이러한 잉태 중인 세계-국가는 우리의 등 뒤에서 구성되는 계급국가의 특징 안에서만 그 윤곽을 드러낼 수 있다. 무자비한 신자유주의적 경제법칙 안에서 이러한 국가는 민중에 대한 도전이며, 세계국가와 동시에 나타나는 '세계-인민'[4]에게 도전하는 것이다. 어떤 조건 속에서 그러한가?

세계-국가가 바로 민족국가처럼 세 가지 헤게모니적 관점을 개방하며 세계적 차원의 계급투쟁이 '세 가지 게임'의 형태를 취한다는 건 당연하다.

우리는 이미 한편으로는 자본주의적 소유 및 시장을 중심으로, 그리고 다른 한편으로는 조직을 중심으로 구성되는 두 개의 지배 극에 대해 다루었다. 하지만 더 복잡한 성질을 가지고 있는 세번째 용어로 인해 이야기는 복잡해진다. 사실 계급관계는 여기서 비대칭적인 세계체계를 표현하는 또 다른 것과 교차한다. 정치적 공동체로서 인류의 필요조건을 가정하는 '근본적인' 관점은 계급과 인민이라는 두 개의 사회적 관계가 충돌하는 사회투쟁의 공동체를 통해서만 구성될 수 있다. 그리고 여기에 민족국가의 차원에서처럼 세번째, 즉 성별들 사이의 사회적 관계가 충돌한다. 바로 우리가 '세계-인민'으로서 동일시하는 세번째 차원의 문제이다. 우리는 각각을 '계급', '인종'(우리가 타당성을 입증해야만 할 '인민'이라는 기준에 따르는), '젠더' 관계로 지칭한다. 우리는 이러한 보편적 인민의 정치적 관점을 정의하려고 한다.

하지만 그건 우리가 두 가지 다른 관점 또는 오히려 계급지배의 두 가지 극에 주어진 두 개의 대조적 이데올로기적 형태에 대한 우선적 검토를 전제하고 있다.

초자유주의적 관점: 국가 없는 권리인가 권리 없는 국가인가?

여기서 일종의 교리로서 자유주의적 헤게모니의 관점은 일종의 극단적인 소유자적 개인주의로서 나타나게 된다. 하지만 그것은 뛰어난 보편적 주

---

4) 우리는 '인민'이라는 용어의 다의성에 대해 알고 있다.

장과 더불어 제시된다. 즉, 우리는 모두 '자유롭고, 평등하며 합리적'이다. 바로 이것이 현대성[5]의 공통적 전제이다. 하지만 자유주의적 시각에서 보면 '합리적인' 것은 자신의 이익을 합리적으로 추구하면서 **경제인들이** 서로를 드러내는 시장을 통해서만 존재한다. 그리고 예컨대 모든 이들은 시장 안에서 가장 큰 이익을 얻을 수 있다. 따라서 시장적 유대 이외의 다른 사회적 유대는 더 이상 필요가 없다. 국가도 필요가 없거나 아주 조금만 필요할 뿐이다. 특히 세계-국가 같은 건 혐오의 대상이다. 교환의 법칙에 따라 수립된 시민사회가 사회적 운동을 규제할 것이다. 즉 '국가 없는 권리'만이 남아 있다. 그러한 점에서 우리의 대표자들은 시장의 자연법칙을 존중하기 위해 존재한다. 물론 세부적인 부분의 정교화에 적당한——'독립적인', 말하자면 사적인——제도들이 필요할 것이다. 마찬가지로 다른 사적인 제도들이 다른 것들을 조정한다. 그것이 정의로운 것과 정의롭지 못한 것을 평가한다. 국가는 이러한 업무를 위한 경찰관의 역할——진정으로 유용하고 어느 정도 가치 있는 유일한 기능——을 한다. 이러한 역할을 우리를 위해 자신을 내던지는 우리 시대의 진정한 영웅과 비교할 수 있다. 물론 법은 행사되지 않는 권리에 어떤 권리도 부여하지 않는다. 여기서 자선이 가능할 수도 있다.

이러한 문제가 우리의 눈이 멀어 그렇다는 식으로 여겨지는 건 기적이다. 현재 자유주의는 전 세계적 규모로 확장되었다. 더 이상 보편적 시장에 족쇄를 채울 수가 없게 되었다. 국가와 민족은 야만적인 구시대의 산물이었다. 그것은 상품의 자연적 논리가 지배하지 못하도록 방해하는 역할을 하였다. 오늘날 우리는 그러한 상품적 논리에 우리 자신을 내맡기고 있다.

---

5) J. Bidet, *John Rawls*를 보라.

보편적 시장이 국가를 폐지하고 있다. 우리는 인간의 권리가 동시에 상품 소유의 권리이기도 한——하나가 다른 것에 의해 서로 상호적으로 정의되는——시대에 들어섰다.

그러한 권리가 더 풍부한 권리가 아님을 이해하기는 쉽다. 그것이 자유, 평등, 합리성이라는 현대적 전제(présupposé)에 준거하고 있지만 세 번째 용어 내에 다음과 같은 문제적 규정소(déterminant)를 삽입해야 한다. 오직 사적 소유만이 합리적이라는 것이다. 사실 이는 로크(Locke)에 의해 규정된 것인데, 바로 자유주의 토대를 이루는 테제이다. 사적 소유만이 생산적이다. 사적으로 소유되지 않는 땅이나 기업은 방치되거나 쇠퇴한다. 특히 생산수단에 대한 사적 소유는 '합리적 사실'로서 입증되며, 법 위에 선다.

우리가 알고 있는 것처럼 현실에서는 교리와 사실 사이의 괴리가 매우 크다. 자유로운 교환을 찬양하는 사회적 세력들이 실제로 가장 강력한 보호주의를 추구하는 세력이다. 그리고 세계적 규모의 국가(l'État mondial)로 인해 예상될 수 있는 거대한 리바이어던의 위험에 대해 경고하고 있는 세력들은 명확하게 세계-국가를 전체주의적 맥락에서 구성하는 세력이며, 자본주의적 시장의 법칙에 대해 복종할 것을 요구한다. 자유주의적 관점에서 제국적이고 계급적인 논리는 이런 식으로 활용된다. 지배계급과 제국주의적 위계는 세계체계 속에서 완전히 뒤얽힌 세계-국가의 흥미로운 부분들이다. 세계-국가를 지배계급과 제국주의적 위계의 도구로 이용하려고 한다.

이러한 점에서 교리는 파괴적 목표를 추구한다. 이러한 자유주의적 교리는 사회적 국가제도 및 자본주의적 소유의 전반적 역량을 제한할 수 있는 모든 것의 파괴를 정당화하려는 목표를 갖고 있다. 바로 자본의 운동과 상업적 교환의 한계를 파괴하는 것이다(7장). 이러한 의미에서 아래에서 논의할 사회-민주적 관점과 경쟁관계에 있는 자유주의적 교리는 가능한 긴밀하게 통제할 수 있는 조직적 형태를 목표로 최대의 작전 공간을 확보하는 경향이 있다. 그러한 교리는 세계-국가라는 어떤 이념을 은폐하고 있는 경향이 있으며, 실현되어 나아가고 있는 추세이다.

사회-민주적 관점: 보충적 사회계약

바로 그러한 어떤 정신분열증적 상황에 대해, '위로부터의' 또 다른 헤게모니 극인 조직 극이 자신들의 고유한 언표적 개입을 수행할 것이 틀림없다. 오늘날 이는 데이비드 헬드[6]에 따르면 '사회-민주주의'라고 지칭되는 모든 기획을 말하는 것이다. 이 또한 동일한 메타구조적 선언——우리는 자유롭고, 평등하며 합리적이다——에서 유래한다. 하지만 이번에는 '합리성'이 시장관계를 포함하고 규제하는 공동의 정치 조직에서 기인한다.

이러한 세계적 '사회-민주주의'는 자신을 다른 이들에게 이해시킬 수단을 갖고 있으며, 관리직과 전문가들과 같은 엘리트에게 많은 지지를 받고 있다. 또한 공적 세계 정치의 논쟁과 국제 기관의 담론에서 중요한 지위를 차지하고 있다. 하지만 매우 무기력한 상태에 빠져 있다. 사회-민주주의의 '역사적' 지위는 2차세계대전 이후 타협을 지탱하고 있던 역사적으로 규정된 기초와 그 타협을 공고화시켰던 힘을 나타내는 것이었다. 사회적 국가로서 민족국가라고 부를 수 있다. 세계화 시대의 사회-민주주의는 '세계적 사회계약' 형태 아래의 더 거대한 층위 위에서 자신의 프로젝트를 반

---

6) 가장 대표적인 것은 다음과 같다. David Held, *Un nouveau contrat mondial, Pour une gouvernance social-démocrate*, Paris: Presses de la Foundation nationale des sciences politique, 2005.

복할 수만 있다. 하지만 이러한 사회계약은 세계국가가 아직 막 시작하는 단계에 불과하고, 제국주의적 세력관계가 여전히 우세한 관계로 인해 온건한 형태로만 발전될 수 있다. 그리고 이러한 이유로 인해 '세계적 사회계약'이라는 담론은 현실적 영향력을 거의 가지고 있지 않으며, 결국 신자유주의에 굴복하였다.

하지만 이러한 이유로 이 접근을 기피할 필요는 없다. 그것은 어떤 '사회계약'에 준거하여 국가들뿐만 아니라 사람들 사이에서도 수립될 수 있는 관계 모두를 고려한다. 물론 그것은 초자유주의의 세계적 교리에서도 표현되고 있는 것이다. 하지만 자유주의가 국가를 야경꾼으로만 인식하려는 반면, 사회계약적 비전은 세계적 수준에서 민족국가 내에서 실현된 민주주의적 요구를 갱신하도록 부추긴다. 그러한 이유로 우리는 초민족적 (supranational)인 의미에서 국제기구의 개혁에 대한 종종 의미 있고, 게다가 매우 합리적인 일련의 기획들을 나열할 수 있다. 그건 단순히 국가들에 부과된 권력(적어도 어떤 범위 내에서)이라기보다는 공통적 역량으로서 평등한 협조와 합의 방식 및 원칙에 기초를 두고 있는 것이다. UN의 민주화는 될 수 있는 한, 민족국가를 위한 타당한 기준과 관련된 민주적 절차를 마련하는 데 있다. 이러한 기준들은 다른 기관에 대해서도 유효하다. 특히 경제 기반 또는 기술 형성과 같은 영역 내에서 정치적 개입을 행사하는 경제기구들에 대해서 그러해야 한다. 그러한 기획의 가장 정점에는 경제적으로 뒤쳐진 민족들에게 세계시장에 접근할 수 있는 수단을 제공하는 방식이 있다.

이러한 일들은 아무것도 아니지만, 관점의 한계가 존재한다. 사회-민주주의적 프로그램은 자유주의의 틀 내에 남아 있으며, 급진적 비판은 불가능하다. 이는 3장에서 서술한 의미로 고유하게 '케인스주의적' 타협——자본주의적 시장을 자유롭게 남겨 둔 채 거시경제적 영역에서 국가가 개입하는——의 방식이다. 이러한 상황이 세계적 차원에서도 벌어지고 있음을 인식할 수 있다.

잘 알려진 대로 이러한 자유주의에 대한 비판적 주장은 조직적 수단과 모든 이들에 의해 승인될 수 있는 타협 및 원칙, 그리고 규칙을 촉진하여 치료될 수 있다고 합의된 자본주의 시장의 '외부성'——이미 자유주의적 사상에 상대적으로 종속되어 있음을 나타내는 정식——에서 출발한다. 하지만 그 이론의 취약성은 하이에크가 설명한 것처럼 현실적으로 '공공재'라고 말하는 것에서 오는 불운한 효과 때문이 아니라 자본의 '외부성'을 고려하지 않았기 때문이다. 이러한 것이 각각의 고유한 관심에 의해 수행되는 연구에 따라 재발견될 수 있다는 점은 사실이다. 하지만 공공재뿐만 아니라 모두와 관계된 각자에게 행해지는 조건들 또한 자유주의와는 동떨어져 있다. 마르크스가 제공한 증명에 따르면 그 구체적 생산논리는 사실상 이윤(자본의 수익성) 이외에는 다른 목적이 없다. 그 밖의 모든 것은 그러한 기획의 외부——외재성, **외부성**——에 존재한다. 즉 그 모든 것이 정확히 계급투쟁의 대상이며 계급투쟁은 사람들에게 그러한 사실을 폭로한다.

그렇지만 하버마스로부터 영향을 받은 사회-민주주의는 이러한 측면을 사고하는 데 이르지 못한다. 민주적 소통을 통한 정치적 규제자로서 내세워질 수 있다고 믿어지는 원칙에 의해 제공되는 설명만이 있다. 특히 각주에서 제시한 데이비드 헬드의 작업을 보면 '대칭의 원리'라는 것이 등장한다. 그것은 주권을 구성하는 건 법적으로 시민이라는 점을 뚜렷이 드러내는 것이다. 바로 그것이 **관련된** 것들을 결정한다. 그다음에는 어떠한가? 경계들에 걸쳐서 기입된 국가의 한계를 넘어서는 문제들——환경 오염, 이민, 기타 등등——은 그때부터 어떻게 되는 것인가? 우리가 결국 유일

세계, 결국 민족국가 속에 있을 때는——정의(justice)를 통해 모든 이들이 관련된다——불충분한 대답을 할 수 있을 뿐이다. 여전히 '공정한 제3자'의 원칙이 존재하고 있는데, '만일 세계가 동등하게 모든 이들의 것이라면' (적어도 그러한 점에서 우리가 동등한 책임을 갖는다면) 이 제3자는 다른 모든 사람들이다. 우리는 바로 그러한 원칙이 강자와 약자 사이의 '원칙 없는 협상'을 정당화하고 은폐하는 건 목표로 하며, 적어도 효과를 갖는다는 걸 알고 있다.

현실적으로 이러한 것은 적어도 우리가 다른 측면에서 사태를 파악하고 있을 때만 '인류의 정치'가 가능할 수 있다는 점에서 우리의 테제가 될 수 있을 것이다. 이는 오만한 이상적 시장논리나 사회계획으로 조화되는 유토피아적 조직의 문제가 아니라——코페르니쿠스적 혁명을 대가로 하면서——누가 이러한 조정을 실행할 것인가에 대한 것이다. 하지만 담지자일지도 모르는 주체를 어떻게 식별할 것인가? 그리고 그들에게 어떤 이름을 부여할 것인가?

세계-인민을 위한 관점

세번째 헤게모니적 관점도 동일한 전제조건이자 선언에 준거하고 있다. 우리는 자유롭고, 평등하며 합리적이다. 하지만 이는 이러한 전제조건을 전 세계적인 객관적 정황 속에서 받아들이고 있다. 자유롭고 평등하다는 건 우리가 세계를 활용하는 상호작용 속에서만 존재하며, 어떤 권리로 인해 우리가 세계를 그렇게 활용——우리가 살고 있는 행성에서 차지하고 있는 몫——할 수 있는지에 대해서는 인류의 어떤 구성원도 자문할 수 있다는 것을 말하고 있다. '우리가 자유롭고, 평등하며 합리적'이라는 말은 사실 우선 어떤 의미에서 로크가 이미 말한 것처럼, '세계는 우리에게 동일하게 주어져 있다'는 걸 승인한다.

우리는 그것이 소유가 아니라 책임의 공동체가 문제라는 격언에 대한 것임을 알고 있다. 이러한 (원칙적인) 본래의 공동체를 자유주의자나 조직가들도 인정하고 있다는 점을 기억하자. 그들은 인간 사회가 그 복잡성으로 인해 직접적인 소통에 기초해서만 구성될 수 없다는 이념을 각자의 방식으로 따르고 있다. 이것이 바로 인간 사회가 단순히 **공동체**가 아니라 사회인 이유이다. 마르크스가 말한 것처럼 두 개로 구별할 수 있는 중요한 '매개' ─시장과 조직─가 필연적이다. 그렇기는 하지만 그러한 매개가 우선 시장, 상품적 협정을 통해 그러고 나서는 최종적 열쇠를 제공하는 것처럼 보이는 '생산수단에 대한 공동소유'를 통해 이루어진다고 믿고 있다. 이러한 두 개의 1차적 조정원칙은 사회적 분할 ─**현대적 사회형태의 현대적 계급요소**─의 요인들이기도 하다. 그것은 우리의 공통적이라고 가정된 물질적 기반[우리가 활용하고, 우리 모두에게 속해 있는 세계, 그 세계는 공공재이다]에 대한 막대하게 불균등한 지배력을 행사하게 되는 원인이 된다. 자본주의 세계체계의 비대칭성은 불공정한 분배와 결합된 것이다. 그리고 평등에 대한 선언 아래서 벌어지는 성별 간의 불평등도 여기에 결합된다.

인류의 정치는 '우리'라고 말할 수 있는 역량으로서 정치를 정의하려 한다. 따라서 그것은 이러한 계급·인민·성별이라는 삼중의 계급분할을 지양하고 폐지하는 걸 목표로 한다. 자, 이것이 우리가 탐구하도록 남겨진 점이다. 하지만 '네오마르크스주의'가 사회주의 모델을 제안하는 것이 아니듯, 우리는 여기서 현실화될 수 있는 원칙 또는 구축될 수 있는 제도들을 정의하는 '대안세계화' 프로그램을 처방하는 건 아니다. 우리는 어떤 조건에서 오직 현 시기의 거대한 대결 속에서 어렴풋이 세계-인민이 출현하는지를 명백하게 하려고 시도할 것이다.

세계적 층위의 투쟁으로서 생태

하지만 그전에 인간 행동의 틀을 재현할 필요가 있다. 사실 우리가 분석을 시작할 때 이야기하고, 그것에 따라 인류의 공간이 오늘날 정치적 공동체의 지위에 접근한다고 한 '전대미문의 새로움'은 생태학적 관점에서 더 우려되는 또 다른 새로움의 수준에 도달하게 되었다.

우리가 사용할 "세계는 우리의 것이다"라는 이념은 심지어는 어떤 의미를 갖는다고 가정하더라도 합리적 기초를 가지고 있지 않다. 그러나 그것은 역사적이고, 사회적이며 현실적인 기초를 지니고 있다. 자연의 '주인과 지배자'가 존재한다는 주장은 사실상 자본주의적 생산논리, 즉 생태적인 훼손에는 무관심한 추상적 부, 다시 말해 이윤의 무제한적 축적 내에서 실천적으로 뚜렷이 윤곽을 드러내고 있다. 그것은 또한 그 자체로만 또 다른 목적을 지닌 권력을 위한 통제되지 않는 권력의 축적을 부추기는 **조직적** 논리에 자리 잡고 있다. 만약 이러한 주장이 오늘날 쉽게 말해지는 것처럼('도구화'되었다고 말하는 이성의 신뢰 상실) 인간 이성을 사로잡고 있다면, 그것은 현실적으로 우리의 집단적이고 사회적인 오성, 시장과 조직의 두 가지 구성적 형태를 사로잡고 있기 때문이다. 그러한 두 형태는 현대 사회형태의 두 가지 **계급적 요소**이기도 하다.

이러한 의미에서 생태적 투쟁은 세계체계의 비대칭적 조건 안에서 이루어지는 계급권력과의 대결 ──여전히 더 깅화되고, 군사화된── 을 전제로 한다. 하지만 그러한 투쟁은 투쟁의 장소가 사회 속에 있기는 하지만, 전체 내에서와 전체 ──각자 모두── 로서의 인류를 전제로 하고 있기 때문에, 이러한 맥락, 즉 민중투쟁과 계급투쟁의 한계를 넘어서고 있다. 그리고 그것은 정치적 투쟁의 한계를 넘어선다. 그러한 투쟁이 우리, 즉 상호작용하고 있는 동시대의 당사자들 사이에서 일어나는 대립들에만 관련되어 있는 것이 아니라 우리와의 논쟁 속에서 자기를 드러내지 않는 미래 세대와 관련된 우리의 책임과도 관련이 있다. 이런 의미에서 그것은 **윤리**에 속해 있고, 여기 우리의 **정치적 문제설정**을 초과한다.

그러나 우리는 지금 여기서 이러한 기대를 초월하는 '책임'에 대해 응답해야 한다. 그리고 권력자들이 우리 앞에서 응답하여야만 한다. 우리 모두는 소유와 권력에 대한 지나친 역량을 줄이겠다는 우리의 약속에 대해 동시대인들 앞에서 응답하여야만 한다. 윤리가 정치를 내몰지는 못한다. 생태적인 절박성으로 정치 요구가 대체되지는 않는다. 녹색으로 적색이 대체되지는 않는다. 그것은 좌파에 역사적으로 새로운 내용을 부여한다. 이미 마르크스주의적 분석이 인간과 자연 사이의 관계가 갖고 있는 생태적 문제로 사회관계를 파악하면서 예상하였던 것이다. '생산력'과 사회적 관계는 항상 '생산관계' 속에서 총체적으로 사고되는 것이다. 지금부터 그러한 관계를 파괴적 관계로 고찰하는 것이 문제가 될 것이다. 그렇기는 하지만 그러한 관계들은 세계-국가의 구성적인 계급관계로서 나타난다. 그리고 우리를 호명하는 것도 바로 그러한 관계이다. 이제부터 인간들은 세계의 시민이다. 그들이 그와 같이 생태적으로 호명되는 공동의 불안정한 세계 속에 있기 때문이다.

게다가 이러한 호명은 우리에게 제시되는 우리의 머리 위에 있는 수수께끼적인 자연적 총체성(totalité)으로부터 유래하지 않는다. 그것은 현대적 사회형태에 전제되어 있는 고유한 '상호-호명'으로만 존재한다.[7]

인종에 의해 다중화된 계급

마르크스가 말한 것처럼 자본주의적 계급관계는 '평등이라는 선입견'에 기초하고 있다. 하지만 민족적 구조 안에 기입될 때만 진실이다. 그렇기는 하지만 우리가 본 것처럼 세계'체계'로서 자본주의는 민족적 계급 '구조'를 뛰어넘는다. 그러한 세계적 과정 속에서 자본은 점유할 수 있는 모든 노동력을 사용한다. 특히 몇 세기 동안 주변부에서의 노예, '납치'가 노동력 이용을 위해 발생하였다. 하지만 그런 방식으로 노예를 영유하고 노동하도록 하기 위해서는 그들을 민족으로부터 배제하는 것이 필수적 ──정확하게 자유, 평등, 합리성이라는 메타구조적 주장 때문에 ──이었다. 그 모든 [메타구조적] 주장 자체를 부정할 필요가 있었다. 그렇지만 이러한 부정으로 인해 어떤 독특하고 필연적인 형식적 구조가 드러난다. 이는 인간 존재로부터 **자유롭**다고 (**따라서** 민족 공간 안에서 시민으로) 인정되는 그 존재의 **평등성**을 제거하여 **합리적 성격**을 부정하고 있을 때만 가능하다. 자유로운 존재를 부정하려면 어떤 다른 사람이 평등하다고 생각하도록 만드는 그 합리성을 부정하여야만 한다. 따라서 그러한 인종은 열등하다고 선언된다. 그들은 이제 사람이 아닐 것이다. 현대적 의미에서 인류로부터 배제된다는 건 민족으로부터 배제된다는 의미 ──그 역도 마찬가지 ──이기도 하다. 바로 그러한 것이 현대적 노예를 가능하게 하는 사회적 조건이다. 이로 인해 계급관계와 민족관계는 최고의 도착적 관계를 맺게 된다.

우리는 계급장치와 민족장치 사이의 엄밀한 관계를 노예제라는 상징

---

7) 자연 내부의 상호-호명(inter-interpellaton)이다. 우리는 여기서 스테판 아버가 제시한 경로를 따라 연장하길 원한다(Stéphane Harber, *Critique de l'antinaturalisme: Étude sur Foucault, Butler, Habermas*, Paris: PUF, 2006). 그것은 현대적 구성주의를 수용하면서 우리의 자연성에 대한 궁극적 재인식으로 인도하고 있다. 역설적으로 인류가 또한 자연과 관련한 책임에 대해 고백하기에 이른 건 특수한 인공적 가공물이 정치적 종으로서 발현되는 순간이다. 하지만 그러한 책임은 주권자적 책임이 될 수는 없다. 인류는 **자연적** 사물들의 단순한 배열 이상이 아니기 때문이다. 인간적인 문제로 자연을 영위할 수 있다면, 우리 자신이 완전히 그리고 그저 자연이기 때문에, 우리는 자연을 상대방으로서 호명할 수 없고, 단지 우리 자신으로 자연을 승인하는 방식으로서 그것을 식별할 수 있다.

적 사례를 통해 파악할 수 있다. 자본주의적 계급관계를 정착시키는 '인종'은 노예 또는 강제노동(péonage)과 같은 극단적 계급관계의 형태를 정당화한다. 인종은 정치공동체의 소외를 규정하는 어떤 본질적 차이를 표명한다. 진정한 인간으로 되지 못하여 시민 ──적어도 임금노동자의 일부──이 될 수도 없다. 이런 식으로 아렌트의 말이 갖고 있는 모든 진실을 받아들일 수 있다. 그녀가 보기에 시민이 될 수 없는 자는 '인간의 권리'를 주장할 수 있는 어떤 자격도 없었다.

2차세계대전 이후에 식민지에서 일어난 폭동과 처참한 인종청소로 인해 인종차별은 공식적으로 금지되었고, 현대 국가의 공적 담론에서 배제되었다. 하지만 인종주의적 요소들은 그대로 남아 있었다. 다른 이름을 갖고 있었지만 동일한 것을 의미하였다. 아마도 그것은 이제 문화 또는 전통의 차이로 나타나는 것 같다. 여기서 차이란 서구 백인들의 심리적 환상에서 비롯된 규범에 의해 발생한다. 아마도 문화는 오래전에 증명된 종교의 경우처럼 별개의 동일성을 근거로 한다. 그러한 특색으로 인해 사람들은 '버릴' 수 없는 영원한 표식을 지닌다. 권력자들은 본능적으로 두려움──낙인 찍는 방식으로 떨어져 나갈 수 있다는 것에 대한──을 조작하는 데 능숙하다. 이를 통해 계급관계에 대한 최적의 효율 및 한 세대에서 다른 세대로의 계급관계를 유지시키는 보다 나은 기회를 확보한다.

이는 인종이 특정한 매개물이 되는 계급과 민족 간의 유기적 관계에 대한 또 다른 증거이다. 그것들의 대부분은 서로 교차한다. 부유한 국가들은 다른 곳에서 온 주민들을 시민적 맥락에 위치시키는 공적 지위를 부여받은 시민으로 인정하는 것에 대해 격렬하게 반대한다.[8] 이러한 상황에서

---

8) 특히 제라르 누아리엘(Gérard Noiriel)의 작업을 참조하라.

그러한 임노동적 상황은 여기에 동반되는 불안정성과 그로부터 유래하는 극단적인 인격적 종속으로 구래의 노예제에 가깝게 된다. 그리고 또한 사회적 관계에서 주변부에 존재한다는 이유로 인간 취급을 받지 못하는 경우도 그러하다.

젠더에 의해 다중화된 인종

문화적으로 '완곡하게 표현된' 인종이라는 낙인의 고유한 특성은 물리적인 표시로 물질화되며, 가족적 구조와 맞물린 사회적 성별 관계 또한 내포하고 있다.

자본주의적인 노예적 관계에서 남성적 지배는 여성에 대한 전유로 표현된다. 또한 그것은 그에 따라 민족적 공동체 바깥으로 밀려나 노예제의 본래적 저장고 주변으로 전락하는 혼혈 자녀들의 탄생을 통해 표현된다. 계급 및 민족, 인종, 젠더관계와 교차되면서 여성의 신체에 예속화라는 고리가 채워지게 된다.[9] 인종적 구별을 뒤섞는 혼혈의 출현으로 불평등과 평등을 지칭하는 의심스러운 지표들이 재현될 것이다. 카리브 해의 대농장주들은 그들의 [인종적] 우위를 뒷받침하는 데 적합한 이론이 필요했다. 과학자들은 이러한 고약한 발명품을 만드는 데 어려움이 없었다. 계급적 우위의 응고물인 '민족적 기질'이라는 본질적 정체성을 후손에 물려주는 건 여성이었다. 흑인 여성이 아이들은 본질적인 기질을 물려받는다. 그러한 아이들은 노예제에 알맞다. 우리는 인종주의가 단순히 빗나간 잘못된 이념인 '선입견'이 아니라고 본다. 그것은 '이데올로기'이다. 그것은 젠더관계와 민

---

9) 엘자 도린의 책(Elsa Dorlin, *La matrice de la race*, Paris: Découverte, 2006)은 노예제가 더 엄격한 계급관계 속에 포함되기 위해 민족에서 지속적으로 배제된다는 점을 분석하고 있다.

족 형태 속에 내포되어 있는——그리고 그 상호적인——계급적 장치이다. 그것은 계속적으로(pour l'éternité) 계급관계를 떠받치고 있다.

오늘날 보편적인 이민 상황은 남성과 마찬가지로 여성에게도 관련되어 있다. 여성이 단지 아내일 뿐만 아니라 그들의 노동이라는 점에서 관련되어 있다는 것이다. '돌봄', 성 또는 산업화된 가사노동이라는 비천한 업무에 막대하게 유인되고 있는 여성들은 대체로 남성에게는 금지된 조건들이 부여되는 상황에 처하게 된다. 필리핀, 루마니아, 말리, 페루의 여성들은 그들을 도구화하는 자본의 유입과 그들의 경제를 빈곤화하는 자본의 역유출에 따라 결정된, 풍요와 부족이 교차하는 단 하나의 세계 속에서 살고 있다. 그녀들은 어디에서도 지불수단의 유통을 보증해 주는 세계-국가의 잠재적 시민권조차 가지고 있지 않다. 그것은 민족관계의 근본적인 비대칭성 안에 있는 계급적인 남성적 지배이다.

3. 인류의 정치를 향해

우리가 보아 온 이러한 다양한 복잡성들이 인류에게 새로운 정치적 공간——우리가 '잉태 중인 세계-국가'라고 부르는——을 개방하는 단일한 원칙 주위에서 오늘날 재구성되고 있다. 하지만 이러한 단일성은 구래의 사회적 분할에 더 많은 힘을 부여하기 위해서만 존재하는 것 같다. 그리고 인류의 정치라는 과업은 매우 어려울 것으로 예측된다.

지배적 형상과 식별

우리는 자본주의 세계체계 속에 겹쳐진 세계-국가 속에서 개입된 몇 가지 형상——인종, 계급, 젠더——에 대해 논해 보았다. 세계-국가의 등장에 조응하는 세계-인민의 동일성은 이런 불확실한 안개 속에서 등장한다. 하지만 지배적 형상 또한 명확한 것은 아니다. 세상을 지배하는 권력자들의 질서는 어떻게 나타나는가? 공통의 적을 식별할 수 있을 때만 대중투쟁들이 수렴할 수 있을 것이다. 그렇지만 이러한 '자본주의-제국주의'의 형상을 파악하기는 어려운 것처럼 보인다.

이는 한 세기 이상 마르크스주의를 사로잡은 주제이기도 하다. 부르주아는 누구인가? 전통적 제국주의론이 말하는 것처럼 서로 경쟁하는 부르주아의 무리들이 존재하고 있는 것인가? 아니면 구성 중인 세계적 부르주아들이 있는 것인가? 그것도 아니면 비인격화된 모호한 제국주의적 힘이 존재하는 것인가? 신자유주의적 세계화로 인한 금융자본주의의 범람이 불러일으킨 지배관계에 대한 새로운 은폐과정이 발생하였다. '세계적 자본', 즉 '시장' 뒤에 은폐된 주체를 무엇이라 부를 것인가?

이와 관련된 해석상의 난점은 경계를 넘어 통합된 국제적 부르주아에 대해 말하는 것을 금지하고 있는, 자본주의적 지배의 지형과 관련이 있다(7장). 미국의 부르주아는 세계 나머지 지역에서 행사하고 있는 지배로부터 상당한 수입(점증하고 있는)을 올리고 있다. 동시에 미국은 자신의 헤게모니적 지위를 통해 세계 다른 지역 부르주아 계급의 저축과 거기에 특히 피지배국가들의 부르주아들의 저축을 집중시키고 있다. 유럽은 이차적인 제국주의적 그물망을 통해 협력적인 동시에 경쟁적 위치에 자리 잡는다. 우리는 오늘날 라틴아메리카 및 그 외 지역에서 민중운동들이 신자유주의적 정치와 대립하는 정부를 구성할 때까지 서로 동맹하고 세력을 장악하는 걸 보고 있다. 식별과 적대에 대한 질문이 새롭게, 이러한 지역적 차원에서 제기된다. 어떤 사회적 세력이 이러한 정치 배후에서 윤곽을 드러내는가? 물론 신자유주의적 세계화 속에서 가장 유리한 통합을 추구하는 지역

엘리트들도 있을 것이다. 어떤 과정들은 종종 그 모순에도 불구하고 결국 성공한다. 그러나 우리는 또한 국내 지배계급 내의 상호관계를 표현하는 위계적 네트워크 안에서 형성되는 글로벌 권력을 말할 수 있다.

그러한 권력에 부여된 이름들 중에서 가장 잘 알려진 것이 '제국'이다.[10] 그러나 그것은 아마 가장 그럴듯하지 못한 것들 가운데 하나일 것이다. 그것은 물론 열강을 떠오르게 한다. 그것은 동시에 결코 벗어날 수도 없고, 총괄적인 극악한 생활을 촉진하는 '위로부터의' 권력이다. 그러나 그것은 그에 대한 직접적인 대립으로서 끝없이 다양하며, 독특한 인간 다중의 진정한 역량을 나타낸다. 그럼에도 불구하고 어제를 생각할 수 있게 하는 개념들을 배제하면서 오늘을 생각한다는 건 어려워 보인다. 어떤 새로운 것도 그것들의 자격을 박탈할 수는 없다. 계급, 국가, 제국주의에 대해 규정된 '예리한' 개념들은 반대자와 참가자, 친구와 적, 경향과 반경향, 축적과 사회투쟁 전략, 동맹과 타협, 승리와 패배를 구별할 수 있는 근거를 만든다. 우리는 그것을 비판하고 더 넓은 기초를 재정초할 수 있다. 그러나 그것을 철학에서 차용된 초역사적인 개념을 통해 대체하려는 시도에는 오직 설득력 있는 제안의 수준에서만 취급될 뿐이다.

적을 식별하기 위해서 우리는 제국주의적 세계체계와 세계-국가——체계 속에 착종된 세계적 계급구조——사이의 관계 속에서 모순적이고 혼합적인 형상을 드러내려고 시도하였다. 그러한 식으로 공통적인 이해를 공유하는 자본가 전체의 혼합적인 정체성이 나타난다. 그러한 공통적 이해관계는 이러한 이해관계를 사회적으로 지탱할 수 있는 더 거대한 역능을 뚜렷이 드러내는 정체성 및 안전보장이사회 또는 WTO의 규

---

10) M. Hardt & T. Negri, *Empire*.

범에서 선언된, 세계적 주체성으로 제기되기 위한 그들의 역량과 교차된다. 따라서 이러한 정체성은 글로벌 계급관계를 떠받치는 '체계적' 중심성, 즉 제국주의적 중심성과 '세계-국가'적인 중심성의 중첩된 형태(surimpression) 속에 다양하게 주어지게 된다. 그러한 중심성은 그들이 위성국에 부과하는 헤게모니, 그들이 부과하기에 이르는 권고 또는 법규, 최종적으로 착수되는 행동 또는 가상의 합의, 그들이 과시하는 자본, 전문가와 군대를 통해 실현된다.

세계-인민의 다양한 형태의 역량

민족국가 내부의 계급권력에 대해, 명확히 정의된 의미를 기초로 하여 우리는 당과 운동, 연합과 동맹의 밀접한 관계를 원용해 왔다. 여기서 이는 다른 형상으로 소환될 필요가 있다. 다른 식으로 표현하면 그것은 매우 복잡하고 구체적인 현실의 탐구를 위해 불안정한 일반성의 형태로 제시되었다. 안데스 고원의 원주민들과 사헬(Sahel)[서아프리카 스텝지대]의 농부들과, 마킬라도라(Maquiladora)의 노동자들과 발전된 중심부의 견고하게 조직된 노동자들 또는 최근의 일회용 노동자들, 거대 도시의 실업자 또는 노동자 대중, 인도의 [카스트제도 최하에 있는] 달리트(Dalits)들과 중국의 농민공들 사이에 어떤 '민중적' 통일성이 있을 수 있을까?

글로벌 세계의 진정한 적은 세계화된 자본주의이다. 인민과 계급 사이의 모순과 괴리에도 불구하고 모든 층위와 모든 영역에서 인간적 삶에 대한 모든 열망은 '위로부터' 그러한 열망을 관리하고, 신체 모든 부분을 침투하는 이러한 보편적 장치 속에서 강제되는 충돌 지점을 발견한다.

그로 인해 직접적으로 어떤 통합된 주체가 생겨나지는 않는다. 하지만 단결의 새로운 원리는 보편적인 정치적 공동체 속에서 현재적 명령을 통해 주어진다. 그러나 단결은 복잡한 다중적 층위에서 펼쳐지는 세계적 대립 속에서만 실제로 구성된다.

제국주의적 **체계**——거기에서 유래하는 절멸적 역량——는 우선 인민의 투쟁의 차원에 속한다. 세계에 합당한 균형을 부여하기 위한 민족국가들과 대륙들 내의 인민의 조직적 역량과 관계가 있다. 그러나 이러한 인민투쟁은 민족의 중요성 때문에 대단히 쉽게 도구화되는 민족주의적 위험에 노출되어 있다.

1848년 [출간된] 『공산주의자 선언』은 모든 나라의 프롤레타리아가 자본주의에 맞서 궐기하라고 요청하는 전 세계적 공간을 개방하였다. 1954년 반둥선언은 식민지 인류가 서구의 지배자에 맞서길 요청하였다. 그것은 제3세계와 인터내셔널의 시대였다.

우리는 또 다른 시대에 접어들었다.[11] 세계-국가의 위선적인 외양 아래서 우리는 제국주의적 세계체계의 기만적 능력을 쉽게 식별할 수 있다. 하지만 '우리 이 땅[세계]의 인민들'이라고 말하는 주권적 언어는, 그것이 믿을 수 없는 것이라 하더라도, 이미 보편적 정치공동체가 불가피하게 나타나고 있다는 점을 증거하고 있다. 그것은 물론 계급국가의 형태를 띠고 있다.

만약 그러하다면, 세계-인민은 남반구 인민들의 저항의 축으로서 그리고 민중계급의 연합으로서 이중적 전선에서만 역사적 주체로 출현할 수 있을 것이다. 그것은 전 세계적 경쟁 상황에 놓여 있는 전 지구적 노동자들과 관련된 계급적 문제이다. 이는 젠더의 문제이기도 한데, 과거에는 도시

---

11) 그중에서 2006년 바마코(Bamako)에서 채택된 호소문이 그것을 증거하고 있다. [2006년 아프리카 말리의 바마코에서 열린 세계사회포럼에서 채택된 호소문을 말하고 있다. 신자유주의적 세계화에 대항한 제3세계 민중의 단결을 호소하였다.— 옮긴이]

에서 나타나고, 대다수가 남성이었던 계급이 다양한 형태의 비가시적이고 농민적이며, 유동적이고 비공식적이며, 불안정한 이주민들 및 여성으로 구성되는 또 다른 측면을 포함하고 있기 때문이다. 또한 그것은 계급관계 이상의 젠더적 관계의 문제로, 우리는 어떠한 젠더 유형이 승인받기 위해 투쟁하여야만 하는지 알고 있다.

세계-인민은 조합 조직과 협력 생산, 해방적 반역, 대중교육, 정치적 권력 및 공적 공간과 공공서비스를 확보하려는 운동 속에서 자기 자신을 인식한다. 제국주의적 전쟁에 대한 그들의 전투적 응답, 그들이 만들어 내는 전통과 사회적 반역이 존재한다.

세계-인민은 최종적으로 세계적 층위에서 '우리'라고 말해야만 하는 도전에 직면해 있다. 따라서 세계-인민은 국지적(local) ──다시 말해 기업적이거나 특정 구역(quartier)에서 존재하며 ──이고, 민족적(national)이고 지역적(région)이며, 세계적(mondial) 시민이다. 단순히 국제적인 것이 아니라 세계적인 기관을 요구한다. 우선 인민의 자율성을 보장하는 또 다른 규범들과 식량주권을 요구하며, 경제 범죄를 심판할 수 있는 법정을 주장한다.

세계-인민은 단순히 이념적인 도덕적 주체가 아니다. 그것은 어떤 규정적 이념으로 권리를 방어한다. 그들이 제시하는 권리는 모두가 동의할 수 있는 권리이다. 그것은 사회의 조직적 위계관계와 관련이 있는 권력 집중의 누적적 동역학은 물론이고, 추상적 부의 자본주의적 추적에 동반되는 폭력을 거부한다. 그것은 시장에 제한적 공간을 부여하면서, 인간 생활(보건, 식량), 문화(교육과 과학), 자연(생물다양성)의 비상품적 지위를 규정한다. 재생 불가능한 자원 ──석유, 물, 토지──이 인류 공통의 자원으로서 민족들과 인민들을 통해 관리되어야 한다고 주장한다.

권리의 영역에 자리 잡게 된다는 것으로서 단순히 그러한 저항이 여기 그리고 지금부터 정당하다는 의미를 갖게 되는 것은 아니다. 그것이 '위로부터의' 폭력에 맞서 그들의 역량을 구성한다는 점에서 정당하고 합당하다. 이번에는 인민들을 관통하고, 그 경계를 넘는 다양한 형태의 문화와 사회운동 및 인민들 사이의 동맹과 단결을 통해서 말이다. 그 속에서 그들에게 주어진 약속과 일치하는 정치적 공동체를 모색한다.

새로운 인터내셔널은 전 지구적일 것이다. 우리가 본 것처럼 그러한 이야기는 계속된다. 수많은 이야기들이 서로 관련을 맺는다. 그러나 어떤 결말도 정해져 있지는 않다.

참고문헌

김덕민. 「공산주의는 어디에?: 자크 비데의 *Court traité des idéologies*(2008)에 대한 연구노트」, 『진보평론』, 53호, 2012, pp.237~253.

Amin, Samir. *L'accumulation â l'échelle mondiale*, Paris: Anthropos, 1970. [김대환 옮김, 『세계적 규모의 자본축적』 1, 2, 한길사, 1986.]

Andréani Tony. (éd), *Le socialisme de marché à la choisée des chemins*, Paris: Le Temps des cerises, 2003.

Arrighi, Giovanni, *The Long Twentieth Century*, 2nd edition, London: Verso, 2009. [『장기 20세기』, 백승욱 옮김, 그린비출판사, 2014.]

Bailes, Kendall. *Technology and Society Under Lenin and Stalin: Origins of the Soviet Technical Intelligentsia, 1917~1941*, Princeton: Princeton University Press, 1978.

Balibar, Étienne & Immanuel Wallerstein. *Race, Nation, Classe: Les identité ambiguë*, Paris: Découverte, 1988.

Beaud, Stéphane & Michel Pialoux. *Retour sur la condition ouvière*, Paris: Fayard, 1999.

_____. Violences, urbaines, violences sociales, Paris: Fayard, 2003.

Berle, Adolf. *Power without Property*, London: Macmillan, 1960.

Berle, Adolf & Gardiner Means. *The Modern Corporation and Private Property*, London: Macmillan, 1932.

Bidet, Jacques, "Bourdieu et le matèrialisme historique", *Dictionnaire Marx contemporain*, Paris: PUF, 2001, pp.407~421.

_____."Le collectivisme", R. Motamed-Nejad éd., *URSS et Russie*, Paris: PUF, 1997.

Bihr, Alain. *Entre bourgeoise et prolétariat: L'encadrement capitaliste*, Paris: L'Harmattan, 1989.

Bloch-Lainé, F. *Pour une réforme de l'enterprise*, Paris: Seuil, 1963.

Brunhoff, S de et al. *La finance capitaliste*, Paris: PUF, 2006.

Bourdieu, Pierre. *La noblesse d'État*, Paris: Minuit, 1989.

Boukharine, Nicholas. *La théorie du matérialisme histoirique*(1921), Paris: Anthropos, 1977.

Butler, Judith & G. Spivak. *L'État global,* tran. F. Bouillot, Paris: Payot, 2007.

Calinicos, Alex. *The Resources of Critique*, Cambridge-Boston: Polity, 2006, pp.161~171.

Chandler Jr. Alfred D. *The Visible Hand: The Managerial Revolution in American Business*, Cambridge (Mass.): The Belknap Press of Harvard University Press, 1977.

Duménil, Gérard & Dominique Lévy. "Le néolibéralisme sous hégémonie états-unienne", *La finance mondialisée: Racines socilales et politiques, configurations, conséquences*, F. Chesnais éd., Paris: La Découverte, 2004, pp.71~98.

Chiapello, Ève & Luc Boltanski. *Le nouvel esprit du capitalisme*, Paris: Gallimard, 1999.

Davis, Mike. *Génocides tropicaux. Catastrophes naturelles et famines coloniales (1870~1900). Aux origines du sous-développement,* Paris: Découverte, 2003.

De las Casas, Bartolome. *Histoire des Indes*, Paris: Seuil, 2002.

Duménil, Gérard & Dominique Lévy. "Neoliberal Income Trends: Wealth, Class and Ownership in the USA", *New Left Review*, No. 30, 2004, pp.105~133.

_____ et als. "Cadrisme et socialisme: Une comparison URSS-Chine", *Transitions*, 1999, No.40, pp.195~228.

Dorlin, Elsa. La matrice de la race, Paris: Découverte, 2006.

Foucault, Michel. *Naissance de la biopolitique: Cours au Collége de France, 1978~1979*, Paris: Gallimard-Seuil, 2004. [『생명관리정치의 탄생: 콜레주 드 프랑스

강의 1978~79년』, 오트르망 옮김, 난장, 2012.]

Galbraith, John K. *Le Nouvel État industriel: Essai sur le système économique américain(1969)*, Paris: Gallimard, 1989.

Gramsci, Antonio. "L'instrument de travail", 14, février 1920, *Gramsci dans le texte*, Paris: Éditions Sociales, 1975, pp.64~70.

_____. "Américanisme et fordisme", Cahier 22, 1934; Cahiers 19 à 29, *Cahiers de prison*, Paris: NRF-Gallimard, 1992.

Harber, Stéphane. *Critique de l'antinaturalisme: Étude sur Foucault, Butler, Habermas*, Paris: PUF, 2006.

Hardt, Michael & Antonio Negri. *Empire*, Paris: Exils, 2000. [『제국』, 윤수종 옮김, 이학사, 2001.]

_____. *Multitudes*, Paris: La Découverte, 2004. [『다중』, 정남영·서창현·조정환 옮김, 세종서적, 2008.]

Harvey, D. *A Brief History of Neoliberalism*, Oxford: Oxford University Press, 2007. [『신자유주의: 간략한 역사』, 최병두 옮김, 한울, 2007.]

Held, David. *Un nouveau contrat mondial, Pour une gouvernance social-démocrate*, Paris: Presses de la Foundation nationale des sciences politique, 2005.

Helleiner, Eric. *States and the Reemergence of Global Finance, from Bretton-Woods to the 1990s*, Ithaca-London: Cornell University Press, 1994. [『누가 금융세계화를 만들었나?』, 정재환 옮김, 『후마니타스, 2010.]

Hilferding, Rudolf. *Le capital financier: Étude sur le développement du capitalisme(1910)*, Paris: Minuit, 1970. [『금융자본론』, 김수행 외 옮김, 비르투출판사, 2011.]

Hobsbawm, Eric. *Nations and Nationalism since 1780: Programme, Myth, Reality*, Cambridge: Cambridge University Press, 1990. [『1780년 이후의 민족과 민족주의』, 강명세 옮김, 창작과비평사, 1998.]

Holloway, John. *Change the World Without Taking Power: The Meaning of Revolution Today*, Londons: Pluto Press, 2002.

Kergoat, Danièle. "Le rapport social de sexe. De la reproduction des rapports sociaux à leur subversion", *Actuel Marx: les rapports sociaux de sexe,* No. 30, Paris: PUF, 2001.

Konràd, György & Iván Szelényi. *La marche au pouvoir des intellectuels. Le cas des pays de l'Est*, Paris: Le Seuil, 1979.

Lénine, Vladimir. "L'impérialisme, stade suprême du capitalisme"(1916), *Œuvres*, t. 22, Paris: Édition Sociales, 1976, pp.201~327. [『제국주의론』, 남상일 옮김, 백산서당, 1986.]

_____. "Sur l'infantilisme de gauche et les idées petites bourgeoise"(1918), *Œuvres*, t. 27, Paris: Éditions Sociales, 1976.

_____. "Que faire?"(1902), *Œuvres*, t. 5:Paris: Éditions Sociales, 1976, pp.353~542. [『무엇을 할 것인가?』, 최호정 옮김, 박종철출판사, 1999.]

Lew, Roland. *L'intellectuel, l'État et la révolution: Essai sur le communisme chinois*, Paris: L'Harmattan, 1997.

Lewin, Moshe. *Le siécle soviétique*, Paris: Fayard, 2003.

Lojkine, Jean. *L'adieu à la classe moyenne*, Paris: Dispute, 2005.

Mamdani, Mahmood. " Race et ethnicité dans le contexte africain", *Actuel Marx: Le racisme aprés les races*, Paris: PUF, No. 38. 2005.

Marx, Karl. *Contribution à la critique de l'economie politique*, Paris, Editions Sociales, 1957, pp.4~5. [『정치경제학 비판을 위하여』, 김호균 옮김, 중원문화사, 2007.]

_____. *Le Capital*, livre I, t. I, Paris: Édition Sociales, 1978, p.73. [『자본』 1권, 강신준 옮김, 길, 2008.]

Mills, Charles W. *Les cols blancs(1951)*, Paris: Seuil, 1970.

Ollman, Bertell. *Market Socialism, The Debate among socialists*, New York-Londons: Routledge, 1998.

Pijl, K. van der. *The Making of the Atlantic Ruling Class*, Londons-New Yok: Verso, 1984.

Piketty, Thomas & Emmanuel Saez. "Income inequality in the United States, 1913~1998", *The Quarterly Journal of Economics*, Vol. CXVIII, 1, pp.1~39.

Poulantzas, Nicos. "Marxism and social Classe", *New Left Review*, No. LXXVIII, 1973, pp.27~54.

Rancière, Jacques. *La mésentente*, Paris: Galilée. 1995.

Ricardo, David. *Des Principles de l'economie politique et de impôt(1817)*, Paris: Flammarion, 1917.

Roemer, John E. *Future for Socialism*, Londons: Verso, 1994.

Saad-Filho, Alfredo & Deborah Johnston éds. *Neoliberalism: A Critical Reader*, London: Pluto Press, 2005. [『네오리버럴리즘』, 김덕민 옮김, 그린비출판사, 2009.]

Schmitt, Karl. *Der Begriff des Politischen*, Berlin, 1928. [『정치적인 것의 개념』, 김효전·정태호 옮김, 살림, 2012.]

Schumpeter, J. *Capitalisme Socialisme, et démocratie(1942)*, Paris: Payot, 1990. [『자본주의·사회주의·민주주의』, 변상진 옮김, 한길사, 2011.]

Smith, Adam. *Enquête sur la nature et les causes de la richesse des nations(1976)*, Paris: PUF, 1995. [『국부론』, 김수행 옮김, 비봉출판사, 2007.]

Tcheprakov, Victor. *Le capitalisme monopliste d'État*, Moscou: Édition du Progrés, 1969.

Trotsky, Leon. "Rapport au 12e Congrés du PC(b)R"(1923), *La lutte antibureaucratique en URSS*, t. 1, Paris: Union générale d'édition, 1975.

Von Hayek, F. *The Road to Serfdom*, Chicago: The University of Chicago Press, 1980. [『노예의 길』, 김이석 옮김, 나남, 2006.]

Wallerstein, Immanuel, Compredre le monde, Paris: La Découverte, 2004.

_____. *Le capitalisme historique*, Paris: La Découverte, 1979. [『역사적 자본주의/자본주의 문명』, 나종일·백경영 옮김, 1993.]

_____. *Le système du monde du siècle à nos jours*, Paris: Flammarion, 1980, 1984.

_____. The Modern World-System, New York: Academic Press, 1974. [『근대세계체제』1, 까치, 나종일 외 옮김, 까치, 2013 ;『근대세계체제』 2, 유재건 외 옮김, 까치, 2013;『근대세계체제』3, 김인중 외 옮김, 까치, 2013.]

Weinstein, J. *The Corporate Ideal in the Liberal State: 1900~1918*, Boston: Beacon Press, 1968.

Whitaker, Chico. *Changer le monde, (Nouveau) mode d'emploi*, Paris: Les Éditions de l'Atelier, 2006.

Wright, Erik O. Class, *Crisis and the State*, Londons: New Left Books, 1978.

Zeitlin, Maurice. *The Large Corporation and Contemporary Classes*, New Brunswick: Rutgers University Press, 1988.

_____. & Richard E. Ratcliff. *Landlords and Capitalist: The Dominant Class of Chile*, Princeton: Princeton University Press, 1988.

옮긴이 후기

프랑스의 철학자 자크 비데와 경제학자 제라르 뒤메닐은 서로 다른 영역에서의 오랜 작업 끝에 『대안마르크스주의』를 내놓았다. 이 두 사람이 가지고 있는 전체 작업의 틀이 이 이후로 바뀐 적이 없기 때문에 이 책은 어느 순간 오래된 책이 되고 말았지만, 여전히 그들의 새로운 목소리를 반영하고 있다. 제라르 뒤메닐은 옮긴이에게 항상 자신들의 작업과 한국의 독자들 사이에 가교가 될 수 있는 서문을 쓰기를 충고해 왔고, 마찬가지로 옮긴이 또한 새로운 책의 서문에 그러한 내용이 포함되기를 요청해 왔다. 오랜 번역 작업을 거치면서 옮긴이는 이들의 논의에 대해 이해할 수 있었고, 관련된 논문을 발표하기도 하였으며, 앞으로의 작업 또한 이 책에서 진행된 논의들에 기대어 진행하려고 한다.

이 책은 대안마르크스주의라는 이름에서 어떤 강령을 제시하는 건 아니다. 이 책은 저자들의 나이만큼이나 오랫동안 논쟁되었던 것들 전체를 포괄하고 있다. 자본주의와 사회주의, 그리고 마르크스주의와 네오마르크스주의, 그리고 포스트마르크스주의에서 논쟁되어 왔던 많은 것들을 이 작은 책에서 풀어내고 있는 것이다. 이 때문에 독자들이 어떤 부분에서 길을 잃을 수도 있겠지만, 이내 곧 돌아올 것이다. 그 수많은 지류들은 결국 하나의 호수에 모여들기 때문일 것이다.

　잘 알려진 바대로 제라르 뒤메닐은 경제학자로서 오랫동안 작업을 진행해 왔다. 마르크스주의 경제학을 진일보시킨 현대자본주의 연구의 대가로서 자리를 잡고 있다. 특히 뒤메닐은 그의 동료인 도미니크 레비와 함께 마르크스주의 경제학의 이론적 혁신, 즉 노동가치론으로부터 출발하여 미시적 행위 결정과 고전파-마르크스주의 (불)균형이론, 거시적 불안정성이론, 그리고 잘 알려진 이윤율 분석 및 신자유주의 비판까지 오랫동안 다량의 작업을 해온 학자이다. 자크 비데는 우리에게는 『자본의 경제학, 철학, 이데올로기』라고 번역된 책을 통해 마르크스의 『자본』 연구자로서 알려져 있지만, 『일반이론』이라는 저서를 통해 좀더 넓은 범위의 정치철학 연구를 수행한 사람이기도 하며, 최근에는 신자유주의에 조응하는 국가적 형태에 대한 연구와 푸코, 부르디외, 존 롤스 등의 마르크스 바깥에 있는 사회·정치 철학자들에 대한 연구까지 진행하고 있다. 비데의 경우 1938년생이고, 제라르 뒤메닐은 1942년생으로 적지 않은 나이도 불구하고 여전히 활발한 활동을 하고 있기도 하다.

마르크스주의는 민주주의의 이론적 엔진이다

약 200년 전 마르크스와 엥겔스가 전 유럽에 공산주의의 유령이 떠돌고 있다고 이야기한 이후로 마르크스주의는 전 세계로 퍼져 나갔으며, 아직도 그 유령은 사라지지 않았다. 하지만 그 마르크스주의로 진행된 실험은 명백히 패배 또는 실패하였다. 정치와 사회운동, 그리고 학계에서 여전히 마르크스 또는 마르크스주의는 누군가에 입에 오르내리지만 절대로 긍정적인 의미도 아니며, 그 어딘가에서 탄탄한 영향력을 끼치면서 버티고 있는 것도 아니다. 정말 그것은 부정적인 의미에서 유령 신세가 되고 말았다. 마르크스도 부정한 그 '마르크스주의자들'이 아무리 그것은 과학적이고, 신성한 교리라고 외칠지라도 말이다. 한국에서도 마찬가지다. 학계의 끄트머리에서 그들을 발견할 수 있고, 옮긴이 또한 그러한 부류 중에 하나지만, 그들이 하나같이 외치는 그 '과학성'과 '신성함'에는 낯이 뜨거울 수밖에 없다. 만약 그것이 그토록 '과학적'이며, '신성'하다면 [최소한 한국에서] 도대체 그것으로 무엇을 분석했으며, 그것이 남긴 유산은 무엇인가? 마르크스주의와 마르크스주의의 이름으로 실행됐던 모든 시도는 처절히 실패했음을 자각하여야 할 것이다. 실패를 실패라고 말하지 않는 '오기'와 '우격다짐'은 그나마 남아 있는 그 유산의 긍정성마저 사라지게 할 것이 너무도 명백하다. 주류화나 일탈로 이어진 포스트마르크스주의의 실패가 마르크스주의의 부활을 의미하는 건 아니기 때문이다.

하지만 그것이 실패했다고 해서, 부당했다고 말할 수는 없을 것이다. 마르크스주의의 가장 핵심적인 기여는 현대 사회가 계급적 형태를 띠고 있다는 것을 밝혔다는 점에 있다. 마르크스는 이것이 경제적 관계에 기초하고 있다고 보았으며, 현대 사회의 지배적 형태인 자본주의는 한편으로 착취, 다른 한편으로는 파괴에 기초하고 있음을 보였다. 따라서 현대 사회의 불평등과 생태적 파괴의 가속화는 단순히 일회적 사건이나 도덕성, 또는 행위자들의 능력차에서 비롯되는 것이 아니라 바로 구조적 행위의 결과로서 분석될 수 있는 것이다. 만약 마르크스주의가 과학이라면 현대 사회의 상황을 통해 마르크스가 말한 착취와 파괴가 실증되어야 하며, 이를 논리적으로 설명해야만 한다. 게다가 이보다 더 중요한 사실은 이러한 마르크스주의적 관점을 통해 민주주의가 더 나아갈 수 있다는 점이다. 인류가 이루어 낸 중요한 정치적 성과인 민주주의는 이제 뒤로 돌릴 수가 없다.

이러한 민주주의의 비가역성은 민주주의가 바로 동역학적 과정임을 이야기하는 것이다. 현대 사회에 대한 마르크스주의의 계급관계 분석은 우리들의 문제가 단순히 인류학적으로 주어진 문제가 아니라 특정한 시기에 특정한 매개를 거쳐 구조적으로 끊임없이 그 모습을 달리하면서 나타나고 있는 현상이라는 것을 뜻하며, 이는 민주주의의 문제로서 항상 제기될 것임을 천명하는 것이다. 따라서 민주주의는 마르크스주의 속에서 구조적으로 생산될 수 있는 문제를 발견할 수 있다. 이것이 마르크스주의가 그 실패에도 불구하고 여전히 현대 사회를 분석하는 주요한 자원 중 하나로 남을 수 있는 근거이다. 마르크스주의는 다시 말해, 민주주의를 멈추지 않게 하는 이론적 엔진이다. 마르크스가 과학은 곧 혁명이라고 말한 것은 바로 이런 의미에서일 것이다. 여기 새롭게 제시되고 있는 대안마르크스주의가 여전히 마르크스주의일 수 있는 이유도 그것은 바로 계급 분석에 대한 갱신을 요구하고 있기 때문이다.

대안마르크스주의의 출발점

그렇다면 무엇에 실패했나? 우선 현대 사회를 계급관계로 분석했던 마르크스주의는 그 계급관계의 폐지를 목표로 삼았다. 바로 '공산주의' 정치이다. 하지만 마르크스주의의 이름으로 진행되었던 현실적 실천으로 계급관계가 폐지되지 않았다는 것이 바로 그 첫번째 실패 이유일 것이다. 이는 매우 복잡한 역사적 동역학과 관련이 있다. 최소한 저자들은 현실(적으로 존재했던) 사회주의는 자본가 또는 자본주의적 소유자가 없는 사회라고 보고 있다. 자본가 또는 자본주의적 소유자가 없는 사회라 함은 자본주의가 아님을 뜻한다. 그렇다면 어떤 이들에게는 익숙할 현실 사회주의가 사실상 자본주의였다는 이른바 '국가자본주의'적 시각과는 그 궤를 달리한다는 점을 인식할 필요가 있다. 실상 '국가자본주의'라는 관점은 꽤나 알려진 시각임에도 불구하고, 이론적으로나 경험적으로 정당화되기가 힘들다. 우선 자본가 없는 자본주의가 성립할 수 있는가? 현실적인 자본관계의 담지자가 없는 자본주의의 성립 여부이다. 이는 마땅히 열려진 논쟁의 주제이지만, 옮긴이는 저자들과 함께 그것이 성립될 수 있다는 점에 회의적이다. 다시 말해 자본가 있는 사회주의는 성립하지만, 자본가 없는 자본주의는 어떤 이유로도 성립할 수 없다.

그렇다면 그것은 어떤 계급이 지배하는 사회였는가? 그전에 이것이 대체로 마르크스주의의 실패와 관련된 두 가지 상반된 시각과 연관되어 있음에 주목할 필요가 있다. 첫째, 실패를 인정하되 실패한 이유는 인민의 배신과 제국주의 공작이었다는 주장이다. 둘째, 실패는 하였지만 계급은 없었다는 관점이다. 이 두 가지 시각은 교묘하게 연결되어 있으며, 이는 사실 현존하는 몇몇의 사회주의적 체제를 옹호하는 입장이다. 이는 특히 북한과 같은, 남아 있는 사회주의의 유물을 철저하게 옹호하는 관점으로 쓰이고 있다. 이들 국가에 존재하는 묘한 그로테스크한 상황이 바로 제국주의의 끊임없는 이간질과 공작에 원인이 있으며, 그로 인해 어쩔 수 없는 모습을 지니고 있게 되었다는 이른바 '내재적' 관점이다. 하지만 옮긴이 본인을 비롯해 저자들은 이러한 관점에 철저히 반대하고 있다. 어떤 이유로도 그러한 사회가 인류 미래의 대안으로서 제시될 수 없다. '반제국주의'라는 이름으로 군비를 확장하고, 관료적 지배체제 ──우리는 이것을 매우 비민주적이며 비효율적이라는 의미로 쓰고 있다──를 확고히 하는 그러한 행태가 인류의 미래로서 제시될 수 없기 때문이다. 독자들이 이미 읽었겠지만, 제국주의라는 용어는 여전히 마르크스주의적 실천이 제공하고 있는 주요한 자산이다. 그럼에도 불구하고 이에 대한 사회적 운동과 투쟁이 반

제국주의라는 이름하에서 이루어진 반인륜적인 실천의 모습을 띠어야 할 이유는 없으며, 제국주의의 군사적 폭력에 대한 군사적 경쟁(전쟁)은 오로지 인류의 절멸만을 가지고 올 것이라는 생각을 옮긴이와 저자들은 공유하고 있다. 다시 한번 어떤 이유로도 용납될 수 없는 관점임을 강조하고 싶다.

이 책에서 제기되고 있는 이른바 '동맹'이라는 관점 또한 관심 있는 분들에게 논쟁의 대상이 될 것이라고 본다. 여기서 말하는 '동맹'은 관리직과의 동맹인데, 일단 두 저자 사이의 관점이 약간 상이하다는 것을 알아두면 좋다. 먼저 철학자인 자크 비데는 자신의 틀인 현대성 이론의 관점에서 동일한 지배계급의 두 축으로서 시장과 조직을 말하고 있다. 하지만 이 두 축은 상호보완적인(정치·경제적) 관점에 있지만, 적대적이기도 하다. 따라서 지배계급은 하나이다. 조직적 극에 있는 지배세력과의 동맹을 통해, 시장극(pole)을 매개로 하는 지배계급을 약화시키는 것이 문제이다. 하지만 경제학자인 제라르 뒤메닐에 따르면 세 개의 계급이 있다. 민중계급과 그에 대응하는 관리자계급, 그리고 자본가계급이 있다. 두 분 모두의 의견을 한꺼번에 들을 기회가 없어 옮긴이의 짐작이지만 그 중간 선, 비데적 의미의 근본계급 또는 뒤메닐적 의미에서 민중계급이 세 개의 전선을 마주하게 된다는 식으로 합의를 이룬 것으로 보인다. 문제는 이러한 동맹에 대한 의견이 오래된 사회민주주의적 타협을 연상시킨다는 데 있다. 전후(戰後) 사회민주주의적 타협이야말로 이러한 동맹의 탁월한 사례로 이야기되고 있기 때문이다.

그러나 저자들이 그러한 과거의 사회민주주의적 타협으로 회귀를 대안으로 이야기하고 있지 않음은 분명하다. 왜냐하면 타협의 주체 중 한 축을 그것이 또 다른 계급이건 아니면 또 다른 극에 준거한 지배계급의 한 세력이건 간에 인민의 대리자가 아닌 계급으로 명확히 규정짓고 있기 때문이다. 이는 한편으로는 마오주의적인 사회주의 내의 계급투쟁을 연상시키기도 하지만, 중국의 사례가 이러한 계급적 성격을 명확히 인식한 것이 아니었기 때문에 그것과 일치하는 것도 아님에 주의할 필요가 있다. 거기에다 제라르 뒤메닐의 동맹에 대한 제안은 자본주의적 소유의 진화 과정, 다시 말해 오래된 생산력과 생산관계 변용 과정에 대한 연구로부터 비롯된다. 조절이론 등의 포스트적 조절양식 또는 포스트포드주의적 생산양식과는 다르다. 자본주의적 소유권의 구현체로서 금융을 표현하고 있다는 점에 주의해야 한다. 결국 동맹은 소유자–관리자 동맹, 그리고 세계체계적으로는 신자유주의적 제국주의 혼합체(neoliberal-imperial mix)에 대항하는 일차적 전선이다. 바로 이 지점에서 우린 우리 시대를 가로지르고 있는 '정치의 위기'를 만난다.

정치의 위기

특히 유럽에서의 극우의 부상과 동아시아 (영토·정치·문화적) 갈등 및 세계체계 전반의 무질서 상태는 이러한 '정치의 위기' 상황을 확연히 드러낸다. 노르웨이에서 벌어진 브레이비크의 학살은 그 상징적 사건에 불과하였다. 유럽 전역에서 극우 세력의 부상은 주목할 만한데, 특히 프랑스에서 마린 르펜의 국민전선(FN)은 지방선거와 유럽의회 선거에서 약진하면서, 사르코지의 대중운동연합(UMP)의 지위를 위협하고, 현 집권당인 사회주의당(PS)을 압박하고 있다. 물론 유럽 지역의 상황에 따라 이러한 양상은 다르게 나타나고 있지만, 우크라이나의 내전에 비견하는 상황과 맞물려 누구도 무시할 수 없는 수준으로 발전하였다. 90년대 발칸의 비극과 맞물려 부각되었던 유럽 정치의 위기는 이제 모든 정치 세력들이 두려워할 만큼 확대되어 있다. 프랑스의 경우에는 복잡한 정치 상황 내에서 대중적 지지를 얻으려는 노력이 주로 이민자에게 책임을 떠넘기는 방식으로 이루어졌다. 이 과정에서 대중운동연합은 극우파인 국민전선과 가까운 쪽으로 이동하였고, 국민전선은 극단적 이미지를 약화시키기 위해 대중운동연합 쪽으로 향했으며, 심지어 전체적인 틀을 기존의 신자유주의적 정책을 비판하는 쪽으로 이동하였다. 대중운동연합은 이러한 혼란한 상황 아래서 자신의 지지기반을 잃어버리게 되었다. 게다가 사회주의당은 사회자유주의에 대한 반성과 그로부터의 전환을 약속했지만, 실제로 오히려 다시 사회자유주의를 강화시키는 모습을 보이면서, 전통적 좌파 지지층이 대거 지지를 철회하는 상황으로 이어졌다. 이는 유럽 사회에서 숨죽이고 있던 반인륜적인 망령이 신자유주의의 실패를 통해 등장하는 과정이기도 하다. 그 특수한 지역적 특색이 있겠지만 비슷한 양상이 유럽 대부분의 지역에서 나타나고 있다.

한국과 동아시아 상황을 고려해 보자. 한국은 오히려 2008년 금융위기 가운데서 일시적으로 경제 전반이 위축되었지만, 1997년의 충격과는 다른 양상이다. 오히려 한국의 요구는 2008년 금융위기로 인한 충격 자체라기보다는 지난 97년 이후 지속되었던 (투자) 스태그네이션 상황과 맞물려 있다. 97년 이후 고정자본축적의 침체는 불평등의 심화 및 (실업을 포함하는) 노동조건의 악화로 이어졌다. 97년 이후에 진행된 자유화(liberalization)는 민주화라는 이름으로 행해졌는데, 묘한 이중적 얽힘과 더불어 정치의 위기 상황으로 진입하게 되었다. 한국의 민주화 세력은 신자유주의를 지역 엘리트 및 재벌 세력을 약화시킬 목적으로 하여 신자유주의적 개혁을 더욱 강력하게 진행시킬 수 있는 추진력을 얻게 되었다. 이는 급속도로 진행되어 현재 한국 기업의 부채 비율은 90년대 300% 수준에서 외환위기 이후 100% 수준까지 감소하였다. 그러나 이러한 자금조달에 대한 금융 부담의 급격한 축소에도 불구하고, 한국의 고정자본 성장률은 이전에 비해 대거 감소하였다. 이를 야기한 가장 중요한 요인 중 하나는 금융부문의 구조 변화인데, 이는 소비자대출의 강화 및, 성장성보다는 수익성에 기준을 둔 투자행위로 변화를 촉진하면서, 고정자본 성장률의 약화는 물론이고, 가계부채의 급격한 확대를 가져왔다. 민주화 세력은 여기서 더 나아가 상시적 구조조정 및 국제적 경쟁(FTA로 상징되는)을 강조하면서, 노동자 계층에 대한 위협을 강화하였다. 이는 사실상 일부 사람들에 의한 '민주화'에 대한 조롱으로까지 이어지고 이를 상징하는 다양한 역사적 사건을 폄하하는 상황으로 발전하였다. 2008년 금융위기는 한국 정치세력에게도 하나의 기회였지만, 위기는 가속화되고 있다. 어떤 세력도 이에 대한 구체적인 대안적 기획이 없었고, 또 한 번 실체 없는 민주화와 독재에 대한 향수가 대결하는 그로테스크한 상황이 벌어지고 말았다. 이 상황에서 민주화 세력을 자임했던 사람들은 그 정치적 색깔까지 바꾸고, 대안적 기획과는 어떤 관련도 없는 인사들을 영입하면서, 현재 집권당과의 차이가 사라지고 있는 것은 물론, 집권당은 민주화 과정을 폄하하거나 조롱하는 세력과 영합하며 한국 정치의 위기를 가속화시키고 있다.

여기에 동아시아 전체의 변화를 우리는 상기할 필요가 있다. 유럽과 마찬가지로 한국뿐만 아니라 동아시아 전체가 정치 위기 상황에 진입하고 있다. 중국의 급속한 성장은 동아시아가 2008년 금융위기에도 불구하고 그 위기로부터 탈출하는 주요한 고리 역할을 하였다. 하지만 그동안 축적된 모순적 상황은 이제 동아시아 관계 위기의 주요한 원인이 되고 있다. 중국은 국제적 분업체계에 합류하게 되면서, 이전에는 사회주의의 일부였던 발전적 민족주의를 노골적으로 강화하고 있다. 중국의 발전은 이제 중국의 옛 영광을 복구할 수단이 된 것이다. 이러한 과정에서 전환이 요구되고 있는 북한은 지배체제를 유지하기 위해 또 한 번 기괴한 변화의 길을 모색하고 있다. 제국주의의 위협에 대한 생존을 구실로 핵무장을 기획하고 공공연히 천명함으로써 동아시아의 정치적 위기를 가속화시키고 있다. 일본의 기존 정치세력들은 중국과 북한의 위협을 핑계 삼아 반동적인 형태의 전환을 꾀하고, 자국 내의 비상식적·반인륜적 세력들을 용인하거나 부추기는 모습을 취하고 있다. 이 과정에 깊숙이 개입되어 있는 미국은 기회주의적인 모습을 반복하면서, 자신들의 이익에 맞게 동아시아의 상황을 관리하려고 하지만, 이는 또한 이 위기적 상황을 악화시키는 역할도 하고 있다. 게다가 한국의 노동운동 및 사회운동의 쇠퇴는 어떠한 대안도 없다는 신자유주의의 슬로건을 오히려 강화시켜 주고 있고, 일본의 사회운동은 동일본 대지진을 통해 드러난 일본 사회의 이중적 측면에도 불구하고 여전히 미미한 채로 남아 있다. 중국의 노동·사회운동 또한 중국 당국의 통제와 폭력에 의해 그리 낙관적이지 않은 상황에 직면해 있다.

대안마르크스주의

앞서 말한 대로 대안마르크스주의는 우리에게 어떤 강령을 제시하는 것이 아니라 출발점을 제시한다. 출발점을 제시하고 논쟁을 개시하기에는 우리의 상황의 너무나 악화되어 있고, 그러므로 너무 늦은 것이라 생각될 수 있겠지만, 저자들이 분석하고 있는 이 논쟁점들을 논의하기 전에는 또는 논의하지 않고서는 어떤 새로운 대안도 제시될 수 없다고 옮긴이는 생각한다. 그 일차적 논쟁의 출발점은 기존의 사회운동과 실패한 마르크스주의 및 사회주의에 대한 토론이다. 현실 사회주의의 몰락 이후, 우리는 한동안 이 주제가 마치 해결된 듯이, 이미 끝난 듯이 여겨 왔지만, 그렇지 않다. 대안마르크스주의는 분명 우리가 새로운 논쟁을 재개하는 데 도움을 줄 것이다. 그리고 그 모든 비극에도 불구하고 마르크스주의(와 그 개념들)가 여전히 민주주의의 이론적 엔진으로 자리매김하고 있으며 할 수 있다는 걸 보여 줄 것이다.

우리는 한국의 상황은 물론이고, 오랫동안 사회주의와 관련된 정치적 분화와 논쟁이 벌어졌던, 유럽의 상황을 특히 적극적으로 주목할 필요가 있다. 유럽은 하나의 모델이 아니라 중요한 논쟁의 대상이다. 그것은 한국에서도 마찬가지고 유럽 자체에 대해서도 진실이다. 유럽의 실패에 대한 대안으로서 라틴아메리카나 (일부) 아시아의 모델을 연구하는 것도 중요하겠지만, 그 민주주의의 정도와, 20세기 중반 이후로 축적된 '사회-국가'의 역사를 볼 때 유럽을 중요한 사례와 의제로서 삼아야 한다. 다시 말해 우리가 배우고 따라할 만한 유럽적 모델이라는 건 현재 존재하지 않는다. 하지만 정치의 위기 상황에서 유럽이 앞으로 나아갈 방향, 그것이 성공할지 실패할지 모르겠지만, 그것이 보여 줄 결과에 주목하여야 한다. 앞으로 유럽적 사회-국가의 대안이 라틴아메리카에서 제공될 수도 있고, 이곳에서도 바로 그 라틴아메리카에 희망을 걸고 있는 사람들도 있지만, 대안과 실패의 틈바구니 속에서 유럽은 우리에게 상당한 교훈을 던져 줄 것이다. 모든 것은 펼쳐져 있으며, 선택은 독자들의 것이다.

이제 『대안마르크스주의』가 독자들의 앞에 나선다. 익숙치 않은 표현들, 생소한 개념들을 번역해 내려고 옮긴이 스스로도 이해하기 위해서 상당한 노력을 하였다. 우선 이 번역은 옮긴이 스스로의 생각을 정립하는 데 중요한 역할을 했다. 사실 이 번역 과정에서 가장 많은 깨달음을 얻은 것은 누구보다도 옮긴이 자신이다. 이 번역은 단순히 외국어를 한국어로 옮기는 수준의 과정이 아니라 옮긴이 스스로의 연구 과정이 담겨져 있다.

작은 부분을 할애해서 감사의 말씀을 전하자면, 오랫동안 번역이 마무리되기를 기다려 주신 그린비출판사 여러분께 큰 감사드린다. 그리고 저자들 중 제라르 뒤메닐이 여러모로 이 번역에 애정을 갖고 우정을 나눠 준 데에 다시 한번 감사를 드린다. 새로운 동료인 파리 데카르트 대학 사회학과 석사 과정에 있는 김성환 군은 어려운 프랑스어 표현을 그의 친구들과 함께 다른 표현으로 바꾸어 보내주어 번역 과정에 힘을 실어주었다. 그리고 아직 한국에 소개되지도 않은 이론을 부족하나마 발표할 수 있게 해주시고, 짧은 시간이나마 토론해 주시면서, '신경질적인 글쓰기'에 항상 조언해 주신 백승욱 선생님께 감사한다. 마지막으로 이 책이 한국의 이론적 진전에 큰 기여를 할 것을 믿어 의심치 않는다.

2014년 6월 18일, 파리

김덕민

찾아보기